〔漢〕司馬遷　撰
〔宋〕裴駰　集解
〔唐〕司馬貞　索隱
〔唐〕張守節　正義

點校本
二十四史
修訂本

史記

第八册
卷八一至卷一〇一

中華書局

2013 年 9 月第 1 版　2024 年 6 月第 11 次印刷

ISBN 978-7-101-09501-2

史記卷八十一

廉頗藺相如列傳第二十一

廉頗者，趙之良將也。趙惠文王十六年，廉頗爲趙將伐齊，大破之，取陽晉，【一】拜爲上卿，以勇氣聞於諸侯。藺相如者，趙人也，爲趙宦者令繆賢舍人。

【一】索隱按：陽晉，衛地，後屬齊，今趙取之。司馬彪郡國志曰今衛國陽晉城是也。有本作「晉陽」，非也。晉陽在太原，雖亦趙地，非齊所取。正義故城在今曹州乘氏縣西北四十七里也〔一〕。

趙惠文王時，得楚和氏璧。秦昭王聞之，使人遺趙王書，願以十五城請易璧。趙王與大將軍廉頗諸大臣謀：欲予秦，秦城恐不可得，徒見欺；欲勿予，即患秦兵之來。計未定，求人可使報秦者，未得。宦者令繆賢曰：「臣舍人藺相如可使。」王問：「何以知之？」對曰：「臣嘗有罪，竊計欲亡走燕，臣舍人相如止臣，曰：『君何以知燕王？』臣語曰：『臣嘗從大王與燕王會境上，燕王私握臣手，曰「願結友」。以此知之，故欲往。』相如謂臣曰：『夫趙彊而燕弱，而君幸於趙王，故燕王欲結於君。今君乃亡趙走燕，燕畏趙，其勢必不敢留君，而束君歸趙矣。君不如肉袒伏斧質請罪，則幸得脱矣。』臣從其計，大王亦幸赦臣。臣竊以爲其人勇士，有智謀，宜可使。」於是王召見，問藺相如曰：「秦王以十五城請易寡人之璧，可予不？」相如曰：「秦彊而趙弱，不可不許。」王曰：「取吾璧，不予我城，柰何？」相如曰：「秦以城求璧而趙不許，曲在趙。趙予璧而秦不予趙城，曲在秦。均之二策，寧許以負秦曲。」王曰：「誰可使者？」相如曰：「王必無人，臣願奉璧往使。城入趙，而璧留秦；城不入，臣請完璧歸趙。」趙王於是遂遣相如奉璧西入秦。

秦王坐章臺見相如，相如奉璧奏秦王。秦王大喜，傳以示美人及左右，左右皆呼萬歲。相如視秦王無意償趙城，乃前曰：「璧有瑕，請指示王。」王授璧，相如因持璧卻立，倚柱，怒髮上衝冠，謂秦王曰：「大王欲得璧，使人發書至趙王，趙王悉召羣臣議，皆曰秦貪，負其彊，以空言求璧，償城恐不可得。議不欲予秦璧。臣以爲布衣之交尚不相欺，況大國乎！且以一璧之故逆彊秦之驩，不可。於是趙王乃齋戒五日，使臣奉璧，拜送書於庭。何者？嚴大國之威以修敬也。今臣至，大王見臣列觀，禮節甚倨；得璧，傳之美人，以戲弄臣。臣觀大王無意償趙王城邑，故臣復取璧。大王必欲急臣，臣頭今與璧俱碎於柱矣！」相如持其璧睨柱，欲以擊柱。秦王恐其破璧，乃辭謝固請，召有司案圖，指從此以往十五都予趙。相如度秦王特以詐詳爲予趙城，實不可得，乃謂秦王曰：「和氏璧，天下所共傳寶也，趙王恐，不敢不獻。趙王送璧時，齋戒五日，今大王亦宜齋戒五日，設九賓於廷，〔一〕臣乃敢上璧。」秦王度之，終不可彊奪，遂許齋五日，舍相如廣成傳。〔二〕相如度秦王雖齋，決負約不償城，乃使其從者衣褐，懷其璧，從徑道亡，歸璧于趙。

〔一〕集解韋昭曰：「九賓，則周禮九儀。」索隱周禮大行人別九賓，謂九服之賓客也。列士傳云設九牢也。正義劉伯莊云：「九賓者，周王備之禮，天子臨軒，九服同會。秦、趙何得九賓？但亦陳設車輅文物耳。」

〔二〕索隱廣成是傳舍之名。傳音張戀反。

秦王齋五日後，乃設九賓禮於廷，引趙使者藺相如。相如至，謂秦王曰：「秦自繆公以來二十餘君，未嘗有堅明約束者也。臣誠恐見欺於王而負趙，故令人持璧歸，閒至趙矣。且秦彊而趙弱，大王遣一介之使至趙，趙立奉璧來。今以秦之彊而先割十五都予趙，趙豈敢留璧而得罪於大王乎？臣知欺大王之罪當誅，臣請就湯鑊，唯大王與羣臣孰計議之。」秦王與羣臣相視而嘻。〔一〕左右或欲引相如去，秦王因曰：「今殺相如，終不能得璧也，而絕秦趙之驩，不如因而厚遇之，使歸趙，趙王豈以一璧之故欺秦邪！」卒廷見相如，畢禮而歸之。

【一】索隱音希。乃驚而怒之辭也。

相如既歸，趙王以爲賢大夫使不辱於諸侯，拜相如爲上大夫。秦亦不以城予趙，趙亦終不予秦璧。

其後秦伐趙，拔石城。【一】明年，復攻趙，殺二萬人。

【一】集解徐廣曰：「惠文王十八年。」索隱劉氏云蓋謂石邑。正義故石城在相州林慮縣南九十里也。

秦王使使者告趙王，欲與王爲好會於西河外澠池。【一】趙王畏秦，欲毋行。廉頗、藺相如計曰：「王不行，示趙弱且怯也。」趙王遂行，相如從。廉頗送至境，與王訣曰：「王行，度道里會遇之禮畢，還，不過三十日。三十日不還，則請立太子爲王，以絶秦望。」王許之，遂與秦王會澠池。【二】秦王飲酒酣，曰：「寡人竊聞趙王好音，請奏瑟。」趙王鼓瑟。秦御史前書曰「某年月日，秦王與趙王會飲，令趙王鼓瑟」。藺相如前曰：「趙王竊聞秦王善爲秦聲，請奏盆缻秦王，以相娛樂。」【三】秦王怒，不許。於是相如前進缻，因跪請秦王。秦王不肯擊缻。相如曰：「五步之内，相如請得以頸血濺大王矣！」【四】左右欲刃相如，相如張目叱之，左右皆靡。於是秦王不懌，爲一擊缻。相如顧召趙御史書曰「某年月日，秦王爲趙王擊缻」。秦之羣臣曰：「請以趙十五城爲秦王壽」。藺相如亦曰：「請以秦之咸陽爲趙王壽。」秦王竟酒，終不能加勝於趙。趙亦盛設兵以待秦，秦不敢動。

【一】索隱 在西河之南，故云「外」。案：表在趙惠文王二十年也。

【二】集解 徐廣曰：「二十年。」

【三】集解 風俗通義曰：「缶者，瓦器，所以盛酒漿，秦人鼓之以節歌也。」索隱 缻音缶。正義 缻音缾。

【四】正義 濺音贊。

既罷歸國，以相如功大，拜爲上卿，位在廉頗之右。【一】廉頗曰：「我爲趙將，有攻城野戰之大功【二】，而藺相如徒以口舌爲勞，而位居我上，且相如素賤人，吾羞，不忍爲之下。」宣言曰：「我見相如，必辱之。」相如聞，不肯與會。相如每朝時，常稱病，不欲與廉頗爭列。已而相如出，望見廉頗，相如引車避匿。於是舍人相與諫曰：「臣所以去親戚而事君者，徒慕君之高義也。今君與廉頗同列，廉君宣惡言而君畏匿之，恐懼殊甚，且庸人尚羞之，況於將相乎！臣等不肖，請辭去。」藺相如固止之，曰：「公之視廉將軍孰與秦王？」曰：「不若也。」相如曰：「夫以秦王之威，而相如廷叱之，辱其羣臣，相如雖駑，獨畏廉將軍哉？顧吾念之，彊秦之所以不敢加兵於趙者，徒以吾兩人在也。今兩虎共鬬，其勢不俱生。吾所以爲此者，以先國家之急而後私讎也。」廉頗聞之，肉袒負荆，【二】因賓客至藺相如門謝罪。曰：「鄙賤之人，不知將軍寬之至此也。」卒相與驩，爲刎頸之交。【三】

【一】索隱王劭按：董勛答禮曰「職高者名録在上，於人爲右；職卑者名録在下，於人爲左，是以謂下遷爲左」。正義秦漢以前用右爲上。

【二】索隱肉袒者，謂袒衣而露肉也。負荆者，荆，楚也，可以爲鞭。

【三】索隱崔浩云：「言要齊生死而刎頸無悔也。」

是歲，廉頗東攻齊，破其一軍。居二年，廉頗復伐齊幾，拔之。【一】後三年，廉頗攻魏之防陵、【二】安陽，拔之。後四年，藺相如將而攻齊，至平邑而罷。【三】其明年，趙奢破秦軍閼與下。

【一】集解徐廣曰：「幾，邑名也。」案：趙世家惠文王二十三年，頗將攻魏之幾邑，取之，而齊世家及年表無「伐齊幾，拔之」事，疑幾是邑名，而或屬齊或屬魏耳。田單在齊，不得至於拔也。索隱世家云惠文王二十三年，頗將攻魏之幾邑，取之，與此列傳合。戰國策云「秦敗閼與，及攻魏幾〔三〕。幾亦屬魏。而裴駰引齊世家及年表無「伐齊拔幾」之事，疑其幾是故邑，或屬齊、魏故耳。正義幾音祈。在相潞之閒。

【二】集解徐廣曰：「一作『房子』。」索隱案：防陵在楚之西，屬漢中郡。魏有房子，蓋「陵」字誤也。正義城在相州安陽縣南二十里，因防水爲名。

【三】正義故城在魏州昌樂縣東北三十里。

趙奢者，趙之田部吏也。收租稅，而平原君家不肯出。趙奢以法治之〔四〕，殺平原君用事者九人。平原君怒，將殺奢。奢因說曰：「君於趙爲貴公子，今縱君家而不奉公則法削，法削則國弱，國弱則諸侯加兵，諸侯加兵是無趙也，君安得有此富乎？以君之貴，奉公如法則上下平，上下平則國彊，國彊則趙固，而君爲貴戚，豈輕於天下邪？」平原君以爲賢，言之於王。王用之治國賦，國賦大平，民富而府庫實。

秦伐韓，軍於閼與。王召廉頗而問曰：「可救不？」對曰：「道遠險狹，難救。」又召樂乘而問焉，樂乘對如廉頗言。又召問趙奢，奢對曰：「其道遠險狹，譬之猶兩鼠鬭於穴中，將勇者勝。」王乃令趙奢將，救之。

兵去邯鄲三十里，而令軍中曰：「有以軍事諫者死。」秦軍軍武安西，〔一〕秦軍鼓譟勒兵，武安屋瓦盡振。軍中候有一人言急救武安，趙奢立斬之。堅壁，留二十八日不行，復益增壘。秦閒來入，趙奢善食而遣之。閒以報秦將，秦將大喜曰：「夫去國三十里〔二〕而軍不行，乃增壘，閼與非趙地也。」趙奢既已遣秦閒，乃卷甲而趨之，二日一夜至，令善射者去閼與五十里而軍。軍壘成，秦人聞之，悉甲而至。軍士許歷請以軍事諫，趙奢曰：「內之。」許歷曰：「秦人不意趙師至此，其來氣盛，將軍必厚集其陣以待之。不然，必敗。」趙奢曰：「請受令。」許歷曰：「請就鈇質之誅。」趙奢曰：「胥後令〔三〕邯鄲。」許歷復請諫，〔四〕曰：「先據北山上者勝，〔五〕後至者敗。」趙奢許諾，即發萬人趨之。秦兵後至，爭山，不得上，趙奢縱兵擊之，大破秦軍。秦軍解而走，遂解閼與之圍而歸。

〔一〕集解徐廣曰：「屬魏郡，在邯鄲西。」

〔二〕正義國謂邯鄲，趙之都也。

〔三〕索隱案：「胥」「須」古人通用。今者「胥後令」，謂「胥」爲「須」，須者，待也，待後令。謂許歷之言更不擬誅之，故更待後令也。正義胥猶須也。軍去城都三十里而不行，未有計過險狹，恐人諫令急救武安，乃出此令。今垂戰須得謀策，不用前令，故云「須後令」也。

〔四〕索隱按：「邯鄲」二字當爲「欲戰」，謂臨戰之時，許歷復諫也。王粲詩云「許歷爲完士，一言猶敗秦」，是言趙奢用其計，遂破秦軍也。江遂曰「漢令稱完而不髡曰耐，是完士未免從軍也」。

【五】正義閼與山在洺州武安縣西南五十里〔五〕，趙奢拒秦軍於閼與，即此山也。案：括地志云「言拒秦軍在此山」，疑其太近洺州〔六〕。既去邯鄲三十里而軍，又云趨之二日一夜，至閼與五十里而軍壘成，據今洺州去潞州三百里閒而隔相州〔七〕，恐潞州閼與聚城是所拒據處。

趙惠文王賜奢號爲馬服君，以許歷爲國尉。趙奢於是與廉頗、藺相如同位。

後四年，趙惠文王卒，子孝成王立。七年，秦與趙兵相距長平，時趙奢已死，【一】而藺相如病篤，趙使廉頗將攻秦，秦數敗趙軍，趙軍固壁不戰。秦數挑戰，廉頗不肯。趙王信秦之閒。秦之閒言曰：「秦之所惡，獨畏馬服君趙奢之子趙括爲將耳。」趙王因以括爲將，代廉頗。藺相如曰：「王以名使括，若膠柱而鼓瑟耳。括徒能讀其父書傳，不知合變也。」趙王不聽，遂將之。

【一】集解張華曰：「趙奢冢在邯鄲界西山上，謂之馬服山。」

趙括自少時學兵法，言兵事，以天下莫能當。嘗與其父奢言兵事，奢不能難，然不謂善。括母問奢其故，奢曰：「兵，死地也，而括易言之。使趙不將括即已，若必將之，破趙軍者必括也。」及括將行，其母上書言於王曰：「括不可使將。」王曰：「何以？」對曰：「始妾事其父，時爲將，身所奉飯飲而進食者以十數，【二】所友者以百數，大王及宗室所賞賜者盡以予軍吏士大夫，受命之日，不問家事。今括一旦爲將，東向而朝，軍吏無敢仰視之者，王所賜金帛，歸藏於家，而日視便利田宅可買者買之。王以爲何如其父？父子異心，願王勿遣。」王曰：「母置之，吾已決矣。」括母因曰：「王終遣之，即有如不稱，妾得無隨坐乎？」王許諾。

【一】正義奉音捧。

趙括既代廉頗，悉更約束，易置軍吏。秦將白起聞之，縱奇兵，詳敗走，而絶其糧道，分斷其軍爲二，士卒離心。四十餘日，軍餓，趙括出鋭卒自搏戰，秦軍射殺趙括。括軍敗，數十萬之衆遂降秦，秦悉阬之。趙前後所亡凡四十五萬。明年，秦兵遂圍邯鄲，歲餘，幾不得脱。賴楚、魏諸侯來救，迺得解邯鄲之圍。趙王亦以括母先言，竟不誅也。

自邯鄲圍解五年，而燕用栗腹之謀，曰「趙壯者盡於長平，其孤未壯」，舉兵擊趙。趙使廉頗將，擊，大破燕軍於鄗，殺栗腹，遂圍燕。燕割五城請和，乃聽之。趙以尉文【一】封廉頗爲信平君，【二】爲假相國。

【一】集解徐廣曰：「邑名也。」

【二】索隱信平，號也。徐廣云：「尉文，邑名。」按：漢書表有「尉文節侯」，云在南郡。蓋尉，官也；文，名也。謂取尉文所食之邑復以封頗，而後號爲信平君。

廉頗之免長平歸也，失勢之時，故客盡去。及復用爲將，客又復至。廉頗曰：「客退矣！」客曰：「吁！君何見之晚也？夫天下以市道交，君有勢，我則從君，君無勢則去，此固其理也，有何怨乎？」居六年，趙使廉頗伐魏之繁陽，【一】拔之。

【一】集解徐廣曰：「屬魏郡。」正義在相州内黄縣東北也。

趙孝成王卒，子悼襄王立，使樂乘代廉頗。廉頗怒，攻樂乘，樂乘走。廉頗遂奔魏之大梁。其明年，趙乃以李牧爲將而攻燕，拔武遂、方城。【一】

【一】索隱按：地理志武遂屬河間國，方城屬廣陽也。正義武遂，易州遂城也。方城，幽州固安縣南十里。

廉頗居梁久之，魏不能信用。趙以數困於秦兵，趙王思復得廉頗，廉頗亦思復用於趙。趙王使使者視廉頗尚可用否。廉頗之仇郭開多與使者金，令毁之。趙使者既見廉頗，廉頗爲之一飯斗米，肉十斤，被甲上馬，以示尚可用。趙使還報王曰：「廉將軍雖老，尚善飯，然與臣坐，頃之三遺矢矣。」【一】趙王以爲老，遂不召。

【一】索隱謂數起便也。矢，一作「屎」。

楚聞廉頗在魏，陰使人迎之。廉頗一爲楚將，無功，曰：「我思用趙人。」廉頗卒死于壽春。【一】

【一】正義廉頗墓在壽州壽春縣北四里。藺相如墓在邯鄲西南六里。

李牧者，趙之北邊良將也。常居代鴈門，備匈奴。【一】以便宜置吏，市租皆輸入莫府，【二】爲士卒費。日擊數牛饗士，習射騎，謹烽火，多閒諜，【三】厚遇戰士。爲約曰：「匈奴即入盜，急入收保，有敢捕虜者斬。」匈奴每入，烽火謹，輒入收保，不敢戰。如是數歲，亦不亡失。然匈奴以李牧爲怯，雖趙邊兵亦以爲吾將怯。趙王讓李牧，李牧如故。趙王怒，召之，使他人代將。

【一】正義今鴈門縣。在代地，故云代鴈門也。

【二】集解如淳曰：「將軍征行無常處，所在爲治，故言『莫府』。莫，大也。」索隱按：注如淳解「莫，大也」云云。又〔八〕崔浩云「古者出征爲將帥，軍還則罷，理無常處，以幕帟爲府署，故曰『莫府』」。則「莫」當作「幕」，字之訛耳。

【三】索隱上紀莧反，下音牒。

歲餘，匈奴每來，出戰。出戰，數不利，失亡多，邊不得田畜。【一】復請李牧。牧杜門不出，固稱疾。趙王乃復彊起使將兵。牧曰：「王必用臣，臣如前，乃敢奉令。」王許之。

【一】正義許六反。

李牧至，如故約。匈奴數歲無所得。終以爲怯。邊士日得賞賜而不用，皆願一戰。於是乃具選車得千三百乘，選騎得萬三千匹，百金之士五萬人，【一】彀者十萬人，【二】悉勒習戰。大縱畜牧，人民滿野。匈奴小入，詳北不勝，以數千人委之。【三】單于聞之，大率衆來入。李牧多爲奇陳，張左右翼擊之，大破殺匈奴十餘萬騎。滅襜襤，【四】破東胡，降林胡，單于奔走。其後十餘歲，匈奴不敢近趙邊城。

【一】集解管子曰：「能破敵擒將者賞百金。」

【二】索隱彀音古候反。彀謂能射也。

【三】索隱委謂弃之，恣其殺略也。

【四】集解襜，都甘反〔九〕。襤，路談反。徐廣曰：「一作『臨』。」駰又案：如淳曰「胡名也，在代北〔一〇〕」。索隱上音都甘反，下音路郯反。如淳云「胡名也」。

趙悼襄王元年，廉頗既亡入魏，趙使李牧攻燕，拔武遂、方城。居二年，龐煖破燕軍，【一】殺劇辛。【二】後七年，秦破殺趙將扈輒【三】於武遂〔一〕，【四】斬首十萬。趙乃以李牧爲大將軍，擊秦軍於宜安，【五】大破秦軍，走秦將桓齮。【六】封李牧爲武安君。居三年，秦攻番吾，【七】李牧擊破秦軍，南距韓、魏。

【一】索隱按：煖即馮煖也。龐，音皮江反；煖，音況遠反，亦音喧。

【二】索隱本趙人，仕燕者。

【三】索隱扈，氏；輒，名。漢張耳時別有扈輒。

【四】索隱按：劉氏云「武遂本韓地，在趙西，恐非地理志河閒武遂也」。

【五】正義在桓州稾城縣西南二十里。

【六】索隱音蟻。

【七】索隱縣名。地理志在常山。音婆，又音盤。正義在相州房山縣東二十里也〔二〕。

趙王遷七年，秦使王翦攻趙，趙使李牧、司馬尚禦之。秦多與趙王寵臣郭開金，爲反閒，言李牧、司馬尚欲反。趙王乃使趙葱及齊將顏聚代李牧。李牧不受命，趙使人微捕得李牧，斬之。廢司馬尚。後三月，王翦因急擊趙，大破殺趙葱，虜趙王遷及其將顏聚，遂滅趙。

太史公曰：知死必勇，非死者難也，處死者難。方藺相如引璧睨柱，及叱秦王左右，勢不過誅，然士或怯懦〔一〕而不敢發。相如一奮其氣，威信敵國，〔二〕退而讓頗，名重太山，其處智勇，可謂兼之矣！

〔一〕集解徐廣曰：「一作『掘懦』。」

〔二〕索隱信音伸。

【索隱述贊】清飈凜凜，壯氣熊熊。各竭誠義，遞爲雌雄。和璧聘返，澠池好通。負荆知懼，屈節推工。安邊定策，頗、牧之功。

校勘記

〔一〕乘氏縣西北四十七里也　「四十七里」，本書卷六九蘇秦列傳「過衛陽晉之道」正義作「三十七里」，卷七〇張儀列傳「刦衛取陽晉」正義同。卷四六田敬仲完世家「吾愛宋與愛新城、陽晉同」正義引括地志：「陽晉故城在曹州乘氏縣西北三十七里。」

〔二〕大功　王念孫雜志史記第四：「文選西征賦注、後漢書寇恂傳注、太平御覽兵部、人事部、疾病部引此竝無『大』字。群書治要及通鑑周紀四同。」

〔三〕及攻魏幾　「及」，耿本、黄本、彭本、柯本、凌本、殿本作「反」，戰國策趙策三同。

〔四〕趙奢以法治之　「趙」，原作「租」，據景祐本、紹興本、耿本、黄本、彭本、柯本、凌本、殿本改。

〔五〕洺州武安縣　「洺州」，原作「洛州」。本書卷五秦本紀「中更胡傷攻趙閼與」、卷四三趙世家「而圍閼與」正義皆作「洺州」。卷四九外戚世家「封田蚡爲武安侯」正義引括地志：「武安故城在洺州武安縣西南七里，六國時趙邑，漢武安縣城也。」今據改。

〔六〕疑其太近洺州　「洺州」，原作「洛州」，據黄本改。參見上條。

〔七〕洺州去潞州三百里　「洺州」，原作「洛州」，據黄本改。

〔八〕按注如淳解莫大也云云又　耿本、黄本、彭本、柯本、凌本、殿本作「如淳解莫爲大非也」。

〔九〕襜都甘反　耿本此上有「騆案」二字，與下文「騆又案」相應。

〔一〇〕代北　景祐本、紹興本、耿本、黄本、彭本、柯本、凌本作「代地」。

〔一一〕秦破殺趙將扈輒於武遂　景祐本、紹興本、耿本、黄本、彭本、柯本、凌本、殿本作「秦破趙殺將扈輒於武遂城」。錢大昕考異卷五：「趙世家作『武城』。武遂在燕、趙之交，秦兵未得至其地，恐因上有『武遂方城』之文誤衍『遂』字耳。」

〔一二〕相州房山　「相州」，疑當作「恒州」。按：本書卷四三趙世家正義兩引括地志皆作「恒州」。元和志卷一七河北道二恒州屬縣有房山。

史記卷八十二

田單列傳第二十二

田單者，【一】齊諸田疏屬也。湣王時，單爲臨菑市掾，不見知。及燕使樂毅伐破齊，齊湣王出奔，已而保莒城。燕師長驅平齊，而田單走安平，【二】令其宗人盡斷其車軸末【三】而傅鐵籠。【四】已而燕軍攻安平，城壞，齊人走，爭塗，以轊折車敗，【五】爲燕所虜，唯田單宗人以鐵籠故得脱，東保即墨。燕既盡降齊城，唯獨莒、即墨不下。燕軍聞齊王在莒，并兵攻之。淖齒【六】既殺湣王於莒，因堅守，距燕軍，數年不下。燕引兵東圍即墨，即墨大夫出與戰，敗死。城中相與推田單，曰：「安平之戰，田單宗人以鐵籠得全，習兵。」立以爲將軍，以即墨距燕。

【一】索隱單音丹。

【二】集解徐廣曰：「今之東安平也，在青州臨菑縣東十九里。古紀之酅邑，齊改爲安平，秦滅齊，改爲東安平縣，屬齊郡，以定州有安平，故加「東」字。」索隱按：地理志東安平屬淄川國也。

【三】索隱斷音都緩反。斷其軸，恐長相撥也。以鐵裹軸頭，堅而易進也。

【四】集解徐廣曰：「傅音附。」索隱傅音附。按：截其軸與轂齊，以鐵鍱附軸末，施轄於鐵中以制轂也。又方言曰「車轊，齊謂之籠」。郭璞云「車軸也〔一〕」。

【五】集解徐廣曰：「轊，車軸頭也。音衞。」

【六】集解徐廣曰：「多作『悼齒』也。」

頃之，燕昭王卒，惠王立，與樂毅有隙。田單聞之，乃縱反閒於燕，宣言曰：「齊王已死，城之不拔者二耳。樂毅畏誅而不敢歸，以伐齊爲名，實欲連兵南面而王齊。齊人未附，故且緩攻即墨以待其事。齊人所懼，唯恐他將之來，即墨殘矣。」燕王以爲然，使騎劫代樂毅。

樂毅因歸趙，燕人士卒忿。而田單乃令城中人食必祭其先祖於庭，飛鳥悉翔舞城中下食。燕人怪之。田單因宣言曰：「神來下教我。」乃令城中人曰：「當有神人爲我師。」有一卒曰：「臣可以爲師乎？」因反走。田單乃起，引還，東鄉坐，師事之。卒曰：「臣欺君，誠無能也。」田單曰：「子勿言也！」因師之。每出約束，必稱神師。乃宣言曰：「吾唯懼燕軍之劓所得齊卒，置之前行，【一】與我戰，即墨敗矣。」燕人聞之，如其言。城中人見齊諸降者盡劓，皆怒，堅守，唯恐見得。單又縱反閒曰：「吾懼燕人掘吾城外冢墓，僇先人，可爲寒心。」燕軍盡掘壟墓，燒死人。即墨人從城上望見，皆涕泣，俱欲出戰，怒自十倍。

【一】正義胡郎反。

田單知士卒之可用，乃身操版插，【一】與士卒分功，妻妾編於行伍之閒，盡散飲食饗士。令甲卒皆伏，使老弱女子乘城，遣使約降於燕，燕軍皆呼萬歲。田單又收民金，得千溢，令即墨富豪遺燕將，曰：「即墨即降，願無虜掠吾族家妻妾，令安堵。」燕將大喜，許之。燕軍由此益懈。

【一】索隱操音七高反。插音初洽反。正義古之軍行，常負版插也。

田單乃收城中得千餘牛，爲絳繒衣，畫以五彩龍文，束兵刃於其角，而灌脂束葦於尾，燒其端。鑿城數十穴，夜縱牛，壯士五千人隨其後。牛尾熱，怒而奔燕軍，燕軍夜大驚。牛尾炬火光明炫燿，燕軍視之皆龍文，所觸盡死傷。五千人因銜枚擊之，而城中鼓譟從之，老弱皆擊銅器爲聲，聲動天地。燕軍大駭，敗走。齊人遂夷殺其將騎劫。燕軍擾亂奔走，齊人追亡逐北，所過城邑皆畔燕而歸田單，兵日益多，乘勝，燕日敗亡，卒至河上，【一】

而齊七十餘城皆復爲齊。乃迎襄王於莒，入臨菑而聽政。

【一】索隱河上即齊之北界，近河東，齊之舊地。

襄王封田單，號曰安平君〔一〕。【一】

【一】索隱以單初起安平，故以爲號。

太史公曰：兵以正合，以奇勝。【一】善之者，【二】出奇無窮。【三】奇正還相生，【四】如環之無端。【五】夫始如處女，【六】適人開户；【七】後如脱兔，適不及距：【八】其田單之謂邪！

【一】集解魏武帝曰：「先出合戰爲正，後出爲奇也。正者當敵，奇兵擊不備。」索隱按：奇謂權詐也。注引魏武，蓋亦軍令也。

【二】索隱兵不厭詐，故云「善之」。

【三】索隱謂權變多也。

【四】正義猶當合也。言正兵當陣，張左右翼掩其不備，則奇正合敗敵也。

【五】索隱言用兵之術，或用正法，或用奇計，使前敵不可測量，如尋環中不知端際也。

【六】索隱言兵之始，如處女之軟弱也。

【七】集解徐廣曰：「適音敵。」索隱適音敵。若我如處女之弱〔三〕，則敵人輕侮，開户不爲備也。正義敵人謂燕軍也。言燕軍被田單反閒，易將及劓卒燒壟墓，而令齊卒甚怒，是敵人爲單開門户也。

【八】集解魏武帝曰：「如女示弱，脱兔往疾也。」索隱言克敵之後〔四〕，卷甲而趨，如兔之得脱而走疾也。敵不及距者，若脱兔忽過，而敵忘其所距也。

初，淖齒之殺湣王也〔五〕，莒人求湣王子法章，得之太史嬓之家，【一】爲人灌園。嬓女憐而善遇之。後法章私以情告女，女遂與通。及莒人共立法章爲齊王，以莒距燕，而太史氏女遂爲后，所謂「君王后」也。

【一】正義嬓音皎。

燕之初入齊，聞畫邑人王蠋賢，【一】令軍中曰「環畫邑三十里無入」，以王蠋之故。已而使人謂蠋曰：「齊人多高子之義，吾以子爲將，封子萬家。」蠋固謝。燕人曰：「子不聽，吾引三軍而屠畫邑。」王蠋曰：「忠臣不事二君，貞女不更二夫。齊王不聽吾諫，故退而耕於野。國既破亡，吾不能存；今又劫之以兵爲君將，是助桀爲暴也。與其生而無義，固不如烹！」遂經其頸【二】於樹枝，自奮絶脰而死。【三】齊亡大夫聞之，曰：「王蠋，布衣也，義不北面於燕，況在位食禄者乎！」乃相聚如莒，求諸子，立爲襄王。

【一】集解劉熙曰："齊西南近邑。畫音獲。"索隱畫，一音獲，又音胡卦反。劉熙云："齊西南近邑。"蠋音觸，又音歜。正義括地志云："戟里城在臨淄西北三十里，春秋時棘邑，又云澅邑。"蠋所居即此邑，因澅水爲名也。

【二】索隱按：經猶繫也。

【三】索隱何休云："脰，頸。齊語也。"音豆。

【索隱述贊】軍法以正，實尚奇兵。斷軸自免，反閒先行。羣鳥或衆，五牛揚旌〔六〕。卒破騎劫，皆復齊城。襄王嗣位，乃封安平。

校勘記

〔一〕車軸　此下疑脱"頭"字。按：方言卷九"車轊"郭璞注："車軸頭也。"本書卷一一七司馬相如列傳"軼野馬而轊騊駼"集解引郭璞同。本書卷一〇三萬石張叔列傳"綰以戲車爲郎"索隱、卷一一七司馬相如列傳"軼野馬而轊騊駼"索隱皆云"車軸頭也"。

〔二〕號曰安平君　張文虎札記卷五："單傳似未完，今不可攷。"

〔三〕適音敵若我如處女之弱　耿本、黄本、彭本、柯本、凌本、殿本無此十字，而與上條索隱合一，作「言兵始如處女之軟弱則敵人輕侮開户不爲備」，是。索隱下文釋「後如脱兔，適不及距」，文例與此同。

〔四〕言克敵之後　「克敵」，耿本、黄本、彭本、柯本、凌本、殿本作「克捷」。

〔五〕初淖齒之殺湣王也　張文虎札記卷五：「蔡本、中統、游本此段在索隱述贊之後，疑後人所增。」按：通志卷九三列傳六「初淖齒之殺湣王也」至「立爲襄王」一段在「乃迎襄王於莒，入臨菑而聽政」之上。

〔六〕五牛　疑當作「千牛」。傳云：「田單乃收城中得千餘牛，爲絳繒衣，畫以五彩龍文。」

史記卷八十三

魯仲連鄒陽列傳第二十三

索隱魯連、屈原當六國之時，賈誼、鄒陽在文、景之日，事迹雖復相類，年代甚爲乖絶。其鄒陽不可上同魯連，賈生亦不可上同屈平。宜抽魯連同田單爲傳，其屈原與宋玉等爲一傳，其鄒陽與枚乘、賈生等同傳〔一〕。

魯仲連者，齊人也。好奇偉俶儻之畫策，〔一〕而不肯仕宦任職，好持高節。游於趙。

〔一〕索隱按：廣雅云「俶儻，卓異也」。正義俶，天歷反。魯仲連子云〔二〕：「齊辯士田巴，服狙丘，議稷下，毀五帝，罪三王，服五伯，離堅白，合同異，一日服千人。有徐劫者，其弟子曰魯仲連，年十二，號『千里駒』，往請田巴曰：『臣聞堂上不奮，郊草不芸，白刃交前，不救流矢，急不暇緩也。今楚軍南陽，趙伐高唐，燕人十萬，聊城不去，國亡在旦夕，先生柰之何？若不能者，先生之言有似梟鳴，出城而人惡之。願先生勿復言。』田巴曰：『謹聞命矣。』巴謂徐劫曰：

『先生乃飛兔也，豈直千里駒！』巴終身不談。」

趙孝成王時，而秦王使白起破趙長平之軍前後四十餘萬，秦兵遂東圍邯鄲。趙王恐，諸侯之救兵莫敢擊秦軍。魏安釐王使將軍晉鄙救趙，畏秦，止於蕩陰不進。〔一〕魏王使客將軍新垣衍〔二〕閒入邯鄲，因平原君謂趙王曰：「秦所爲急圍趙者，前與齊湣王爭彊爲帝，已而復歸帝；今齊已益弱〔三〕，方今唯秦雄天下，此非必貪邯鄲，其意欲復求爲帝。趙誠發使尊秦昭王爲帝，秦必喜，罷兵去。」平原君猶預未有所決。

〔一〕集解地理志河内有蕩陰縣。正義蕩，天郎反。相州縣。

〔二〕索隱新垣，姓；衍，名也。爲梁將。故漢有新垣平。

此時魯仲連適游趙，會秦圍趙，聞魏將欲令趙尊秦爲帝，乃見平原君曰：「事將柰何？」平原君曰：「勝也何敢言事！前亡四十萬之衆於外，今又内圍邯鄲而不能去。魏王使客將軍新垣衍令趙帝秦，〔一〕今其人在是。勝也何敢言事！」魯仲連曰：「吾始以君爲天下之賢公子也，吾乃今然後知君非天下之賢公子也。梁客新垣衍安在？吾請爲君責而歸之。」平原君曰：「勝請爲紹介〔二〕而見之於先生。」平原君遂見新垣衍曰：「東國有魯仲連先生者，今其人在此，勝請爲紹介，交之於將軍。」新垣衍曰：「吾聞魯仲連先生，齊國之高士也。衍，人臣也，使事有職，吾不願見魯仲連先生。」平原君曰：「勝既已泄之矣。」新垣衍許諾。

【一】索隱 新垣衍欲令趙尊秦爲帝也。

【二】集解 郭璞曰：「紹介，相佑助者。」 索隱 按：紹介猶媒介也。且禮，賓至必因介以傳辭。紹者，繼也。介不一人，故禮云「介紹而傳命」是也。

魯連見新垣衍而無言。新垣衍曰：「吾視居此圍城之中者，皆有求於平原君者也；今吾觀先生之玉貌，非有求於平原君者也，曷爲久居此圍城之中而不去？」魯仲連曰：「世以鮑焦爲無從頌而死者，皆非也。【一】衆人不知，則爲一身。【二】彼秦者，弃禮義而上首功之國也，【三】權使其士，虜使其民。【四】彼即肆然而爲帝，【五】過【六】而爲政於天下，【七】則連有蹈東海而死耳，吾不忍爲之民也。【八】所爲見將軍者，欲以助趙也。」

【一】集解 鮑焦，周之介士也。見莊子。 索隱 從頌者，從容也。世人見鮑焦之死，皆以爲不能自寬容而取死，此言非也。 正義 韓詩外傳云：「姓鮑，名焦，周時隱者也。飾行非世，廉潔而守，荷擔採樵，拾橡充食，故無子胤，不臣天子，不友諸侯。子貢遇之，謂之曰：『吾聞非其政者不履其地，汙其君者不受其利。今子履其地，食其利，其可乎？』鮑焦曰：『吾聞廉士重進而輕退，賢人易愧而輕死。』遂抱木立枯焉。」按：魯仲連留趙不去者，非爲一身。

【二】[索隱]言衆人不識鮑焦之意，焦以恥居濁世而避之，非是自爲一身而憂死。事見莊子也。

【三】[集解]譙周曰：「秦用衞鞅計，制爵二十等，以戰獲首級者計而受爵。是以秦人每戰勝，老弱婦人皆死，計功賞至萬數。天下謂之『上首功之國』，皆以惡之也。」[索隱]秦法，斬首多爲上功。謂斬一人首賜爵一級，故謂秦爲「首功之國」也〔四〕。

【四】[索隱]言秦人以權詐使其戰士，以奴虜使其人。言無恩以恤下。

【五】[索隱]肆然猶肆志也。

【六】[正義]至「過」字爲絶句。肆然其志意也。言秦得肆志爲帝，恐有烹醢納筦，偏行天子之禮。過，失也。

【七】[索隱]謂以過惡而爲政也。

【八】[正義]若趙、魏帝秦，得行政教於天下，魯連蹈東海而溺死，不忍爲秦百姓。

新垣衍曰：「先生助之將柰何？」魯連曰：「吾將使梁及燕助之，齊、楚則固助之矣。」

新垣衍曰：「燕則吾請以從矣；若乃梁者，則吾乃梁人也，先生惡能使梁助之？」魯連曰：「梁未睹秦稱帝之害故耳。使梁睹秦稱帝之害，則必助趙矣。」

新垣衍曰：「秦稱帝之害何如？」魯連曰：「昔者齊威王嘗爲仁義矣，率天下諸侯而朝周。周貧且微，諸侯莫朝，而齊獨朝之。居歲餘，周烈王崩，〔一〕齊後往，周怒，赴於齊【二】曰：『天崩地坼，天子下席。【三】東藩之臣因齊後至，則斮。』【四】齊威王勃然怒曰：『叱嗟，而母婢也！』【五】卒爲天下笑。故生則朝周，死則叱之，誠不忍其求也。彼天子固然，其無足怪。」

【一】集解徐廣曰：「烈王十年崩，威王之七年。」正義周本紀及年表云烈王七年崩，齊威王十年也，與徐不同。

【二】正義鄭玄云：「赴，告也。」今文「赴」作「訃」。

【三】索隱按：謂烈王太子安王驕也。下席，言其寢苫居廬。

【四】集解公羊傳曰：「欺三軍者其法斮。」何休曰：「斮，斬也。」

【五】正義罵烈王后也。

新垣衍曰：「先生獨不見夫僕乎？十人而從一人者，寧力不勝而智不若邪？畏之也。」【一】魯仲連曰：「嗚呼！梁之比於秦若僕邪？」新垣衍曰：「然。」魯仲連曰：「吾將使秦王烹醢梁王。」新垣衍怏然不悦，曰：【二】「噫嘻，【三】亦太甚矣先生之言也！先生又惡能使秦王烹醢梁王？」魯仲連曰：「固也，吾將言之。昔者九侯、鄂侯、【四】文王，紂之三公也。九侯有子而好，獻之於紂，紂以爲惡，醢九侯。鄂侯爭之彊，辯之疾，故脯鄂侯。文王聞之，喟然而歎，故拘之牖里之庫百日，【五】欲令之死。曷爲與人俱稱王，卒就脯醢之地？齊湣王將之魯，夷維子〔六〕爲執策而從，謂魯人曰：『子將何以待吾君？』魯人曰：『吾將以十太牢待子之君。』夷維子曰：『子安取禮而來待吾君〔五〕？彼吾君者，天子也。天子巡狩，諸侯辟舍，〔七〕納筦籥，〔八〕攝衽抱机，〔九〕視膳於堂下，天子已食，乃退而聽朝也。』魯人投其籥，不果納。〔一〇〕不得入於魯，將之薛，〔一一〕假途於鄒。當是時，鄒君死，湣王欲入弔，夷維子謂鄒之孤曰：『天子弔，主人必將倍殯棺，設北面於南方，然後天子南面弔也。』〔一二〕鄒之羣臣曰：『必若此，吾將伏劍而死。』固不敢入於鄒。鄒、魯之臣，生則不得事養，死則不得賻襚，〔一三〕然且欲行天子之禮於鄒、魯，鄒、魯之臣不果納。〔一四〕今秦萬乘之國也，梁亦萬乘之國也。俱據萬乘之國，各有稱王之名，睹其一戰而勝，欲從而帝之，是使三晉之大臣不如鄒、魯之僕妾也。且秦無已而帝，則且變易諸侯之大臣。彼將奪其所不肖而與其所賢，奪其所憎而與其所愛。彼又將使其子女讒妾爲諸侯妃姬，處梁之宮。梁王安得晏然而已乎？而將軍又何以得故寵乎？」

【一】索隱 言僕夫十人而從一人者，寧是力不勝，亦非智不如，正是畏懼其主耳。

【二】正義 快，於尚反。

【三】索隱 上音依。噫者，不平之聲。下音僖。嘻者，驚恨之聲。

【四】集解 徐廣曰：「鄒縣有九侯城。九，一作『鬼』。鄂，一作『邢』。」 正義 九侯城在相州滏陽縣西南五十里。

【五】正義 相州蕩陰縣北九里有羑城。

【六】索隱 按：維，東萊之邑，其居夷也，號夷維子。故晏子爲萊之夷維人是也。正義 密州高密縣，古夷安城。應劭云「故萊夷維邑也」。蓋因邑爲姓。子者，男子之美號。又云子，爵也。

【七】索隱 辟音避。避正寢。案：禮「天子適諸侯，必舍於祖廟」。

【八】索隱 音管籥。

【九】索隱 音紀。正義 衽音而甚反。

【一〇】索隱 謂闔內門不入齊君〔六〕。正義 籥即鑰匙也。投鑰匙於地。

【一一】正義 薛侯故城在徐州滕縣界也。

【一二】索隱 倍音佩。謂主人不在殯東，將背其殯棺立西階上，北面哭，是背也。天子乃於阼階上，南面而弔之也。

【一三】正義 衣服曰襚，貨財曰賻，皆助生送死之禮。

【一四】索隱 謂時君弱臣彊，故鄒、魯君生時臣並不得盡事養，死亦不得行賻襚之禮。然齊欲行天子禮於鄒、魯，鄒、魯之臣皆不果納之，是猶秉禮而存大體。

於是新垣衍起，再拜，謝曰：「始以先生爲庸人，吾乃今日知先生爲天下之士也。吾請出，不敢復言帝秦。」秦將聞之，爲卻軍五十里。適會魏公子無忌奪晉鄙軍以救趙，擊秦軍，秦軍遂引而去。

於是平原君欲封魯連，魯連辭讓者三〔七〕，終不肯受。平原君乃置酒，酒酣，起，前以千金爲魯連壽。魯連笑曰：「所貴於天下之士者，爲人排患釋難解紛亂而無取也。即有取者，是商賈之事也，而連不忍爲也。」遂辭平原君而去，終身不復見。

其後二十餘年，燕將攻下聊城，【一】聊城人或讒之燕，燕將懼誅，因保守聊城，不敢歸。齊田單攻聊城【二】歲餘，士卒多死而聊城不下。魯連乃爲書，約之矢以射城中，遺燕將。書曰：

【一】正義今博州縣也。

【二】集解徐廣曰：「案年表，田單攻聊城在長平後十餘年也。」索隱按：徐廣據年表，以爲田單攻聊城在長平後十餘年耳，言「二十餘年〔八〕」，誤也。

吾聞之，智者不倍時而弃利，勇士不却死而滅名〔九〕，【一】忠臣不先身而後君。今公行一朝之忿，不顧燕王之無臣，非忠也；殺身亡聊城，而威不信於齊，非勇也；功敗名滅，後世無稱焉，非智也。三者世主不臣，說士不載，故智者不再計，勇士不怯死。

今死生榮辱，貴賤尊卑，此時不再至，願公詳計而無與俗同。

【一】索隱 却死猶避死也。

且楚攻齊之南陽，【一】魏攻平陸，【二】而齊無南面之心，以爲亡南陽之害小，不如得濟北之利大，【三】故定計審處之。今秦人下兵，魏不敢東面；衡秦之勢成，【四】楚國之形危；齊弃南陽，【五】斷右壤，【六】定濟北，【七】計猶且爲之也。且夫齊之必決於聊城，公勿再計。今楚魏交退於齊，而燕救不至。【八】以全齊之兵，無天下之規，與聊城共據期年之敝，則臣見公之不能得也。且燕國大亂，君臣失計，上下迷惑，栗腹以十萬之衆五折於外，【九】以萬乘之國被圍於趙，壤削主困，爲天下僇笑。國敝而禍多，民無所歸心。今公又以敝聊之民距全齊之兵，是墨翟之守也。【一〇】食人炊骨，士無反外之心〔一〇〕，是孫臏之兵也。【一一】能見於天下。雖然，爲公計者，不如全車甲以報於燕。車甲全而歸燕，燕王必喜；身全而歸於國，士民如見父母，交游攘臂而議於世，功業可明。上輔孤主以制羣臣，下養百姓以資說士，【一二】矯國更俗，【一三】功名可立也。亡意亦捐燕弃世，東游於齊乎？【一四】裂地定封，富比乎陶、衛，【一五】世世稱孤，與齊久存，又一計也。此兩計者，顯名厚實也，願公詳計而審處一焉。

【一】索隱 即齊之淮北、泗上之地也。

【二】索隱平陸，邑名，在西界。正義兖州縣也。

【三】索隱即聊城之地也。正義言齊無南面攻楚、魏之心，以爲南陽、平陸之害小，不如聊城之利大，言必攻之也。

【四】索隱此時秦與齊和，故云「衡秦之勢成」也。

【五】索隱弃楚所攻之泗上也。

【六】索隱又斷絶魏之所攻齊右壤之地平陸是也。言右壤斷弃而不救也。

【七】索隱志在攻聊城而定濟北也。

【八】索隱按：交者，俱也。前時楚攻南陽，魏攻平陸，今二國之兵俱退，而燕救又不至，是勢危也。

【九】集解徐廣曰：「此事去長平十年。」

【一〇】正義如墨翟守宋，卻楚軍。

【一一】正義言孫臏能撫士卒，士卒無二心也。

【一二】索隱言既養百姓，又資説士，終擬强國也。劉氏云讀「説士」爲「鋭士」，意雖亦便，不如依字。

【一三】索隱欲令燕將歸燕，矯正國事，改更弊俗也。

【一四】索隱亡音無。言若必無還燕意，則捐燕而東游於齊乎。

【一五】索隱按：延篤注戰國策云「陶，陶朱公也；衞，衞公子荆」，非也。王劭云「魏冄封陶，商君姓衞」。富比陶、衞，謂此也。

且吾聞之，規小節者不能成榮名，惡小恥者不能立大功。昔者管夷吾射桓公中其鉤，篡也；遺公子糾不能死，怯也；【一】束縛桎梏，辱也。若此三行者，世主不臣而鄉里不通。鄉使管子幽囚而不出，身死而不反於齊，則亦名不免爲辱人賤行矣。臧獲且羞與之同名矣，【二】況世俗乎！故管子不恥身在縲紲之中而恥天下之不治，不恥不死公子糾而恥威之不信於諸侯，故兼三行之過而爲五霸首，【三】名高天下而光燭鄰國。曹子【四】爲魯將，三戰三北，而亡地五百里。鄉使曹子計不反顧，議不還踵，刎頸而死，則亦名不免爲敗軍禽將矣。曹子棄三北之恥，而退與魯君計。桓公朝天下，會諸侯，曹子以一劍之任，枝桓公之心【五】於壇坫之上，顏色不變，辭氣不悖，三戰之所亡一朝而復之，天下震動，諸侯驚駭，威加吳、越。若此二士者，非不能成小廉而行小節也，以爲殺身亡軀，絕世滅後，功名不立，非智也。故去感忿之怨，立終身之名；棄忿悁之節，【六】定累世之功。是以業與三王爭流，而名與天壤相獘也。願公擇一而行之。

【一】索隱遺，弃也。謂弃子糾而事小白也。正義管仲傅子糾而魯殺之，不能隨子糾死，是怯懦畏死。

【二】集解方言曰：「荆、淮、海、岱、燕、齊之間罵奴曰臧，罵婢曰獲。」

【三】正義按：齊桓最初得周襄王賜文武胙、彤弓矢、大輅，故爲五伯首也。

【四】索隱魯將曹昧是也。

【五】索隱按：枝猶擬也。

【六】正義忿，敷粉反。悁，於緣反。

燕將見魯連書，泣三日，猶豫不能自決。欲歸燕，已有隙，恐誅；欲降齊，所殺虜於齊甚衆，恐已降而後見辱。喟然歎曰：「與人刃我，寧自刃。」乃自殺。聊城亂，田單遂屠聊城。歸而言魯連，欲爵之。魯連逃隱於海上，曰：「吾與富貴而詘於人，寧貧賤而輕世肆志焉。」【一】

【一】索隱肆猶放也〔二〕。

鄒陽者，齊人也。游於梁，與故吴人莊忌夫子、【一】淮陰枚生【二】之徒交。上書而介於羊勝、公孫詭之閒。【三】勝等嫉鄒陽，惡之梁孝王。孝王怒，下之吏，將欲殺之。鄒陽客游，以讒見禽，恐死而負累，【四】乃從獄中上書曰：

【一】索隱忌，會稽人，姓莊氏，字夫子。後避漢明帝諱，改姓曰嚴。

【二】索隱名乘，字叔，其子皋，漢書並有傳。蓋以銜枚氏而得姓也。

【三】索隱言鄒陽上書自達，而游於二人之閒，或往彼，或往此。介者，言有隔於其閒，故杜預曰「介猶閒也」。

【四】正義諸不以罪死爲累〔一二〕。

臣聞忠無不報，信不見疑，臣常以爲然，徒虛語耳。昔者荆軻慕燕丹之義，白虹貫日，太子畏之；【一】衞先生爲秦畫長平之事，太白蝕昴，而昭王疑之。【二】夫精變天地而信不喻兩主，豈不哀哉！今臣盡忠竭誠，畢議願知，【三】左右不明，【四】卒從吏訊，爲世所疑，是使荆軻、衞先生復起，而燕、秦不悟也。願大王孰察之。

【一】集解應劭曰：「燕太子丹質於秦，始皇遇之無禮，丹亡去，故厚養荆軻，令西刺秦王。精誠感天，白虹爲之貫日也。」如淳曰：「白虹，兵象。日爲君。」烈士傳曰：「荆軻發後，太子自相氣，見虹貫日不徹，曰：『吾事不成矣。』後聞軻死，事不立，曰：『吾知其然也。』」索隱烈士傳曰：「荆軻發後，太子自相氣，見虹貫日不徹，曰『吾事不成』。後聞軻死，事不就，曰『吾知其然』。」是畏也。又王劭云「軻將入秦，待其客未發，太子丹疑其畏懼，故曰畏之」，其解不如見虹貫日不徹也。戰國策又云聶政刺韓傀，亦曰「白虹貫日」也。

【二】集解蘇林曰：「白起爲秦伐趙，破長平軍，欲遂滅趙，遣衛先生説昭王益兵糧，乃爲應侯所害，事用不成。其精誠上達於天，故太白爲之蝕昴。昴，趙地分野〔一三〕。將有兵，故太白食昴。食，干歷之也。」如淳曰：「太白乃天之將軍也。」索隱服虔云：「衛先生，秦人。白起攻趙軍於長平，遣衛先生説昭王請益兵糧，爲穰侯所害，事不成。精誠感天，故太白食昴。昴，趙分也。」如淳云：「太白主西方，秦在西，敗趙之兆也。食謂干歷之也。」又王充云：「夫言白虹貫日，太白食昴，實也。言荆軻之謀、衛先生之策，感動皇天而貫日食昴，是虚也。」

【三】集解張晏曰：「盡其計議，願王知之也。」

【四】索隱言左右之不明，不欲斥王。

昔卞和獻寶，楚王刖之〔一四〕；【一】李斯竭忠，胡亥極刑。是以箕子詳狂，【二】接輿辟世，【三】恐遭此患也。願大王孰察卞和、李斯之意，而後楚王、胡亥之聽，【四】無使臣爲箕子、接輿所笑。臣聞比干剖心，子胥鴟夷，【五】臣始不信，乃今知之。願大王孰察，少加憐焉。

【一】集解應劭曰：「卞和得玉璞，獻之武王。武王示玉人，玉人曰『石也』。刖右足。武王没，復獻文王，玉人復曰『石也』。刖其左足。至成王時，卞和抱璞哭于郊，乃使玉尹攻之〔一五〕，果得寶玉。」【索隱】楚人卞和得玉璞事見國語及呂氏春秋。案世家，楚武王名熊通。文王名貲〔一六〕，武王子也。成王，文王子也，名惲。

【二】【索隱】詳音陽。謂詐爲狂也。司馬彪曰「箕子名胥餘」是也。

【三】【集解】張晏曰：「楚賢人，詳狂避世也。」【索隱】張晏曰「楚賢人」。高士傳曰「楚人陸通，字接輿」是也。

【四】【索隱】謂以楚王、胡亥之聽爲謬，故後之而不用。後猶下也。

【五】【索隱】按：韋昭云「以皮作鴟鳥形，名曰『鴟夷』。鴟夷，皮榼也」。服虔曰「用馬革作囊也，以裹尸，投之于江」。

諺曰：「有白頭如新，【一】傾蓋如故。」【二】何則？知與不知也。【三】故昔樊於期逃秦之燕，藉荆軻首以奉丹之事；【四】王奢去齊之魏，臨城自剄以卻齊而存魏。【五】夫王奢、樊於期非新於齊、秦而故於燕、魏也，所以去二國死兩君者，行合於志而慕義無窮也。是以蘇秦不信於天下，而爲燕尾生；【六】白圭戰亡六城，爲魏取中山。【七】何則？誠有以相知也。蘇秦相燕，燕人惡之於王，王按劍而怒，食以駃騠；【八】白圭顯於中山，中山人惡之魏文侯，文侯投之以夜光之璧。何則？兩主二臣，剖心坼肝相信〔一七〕，豈移於浮辭哉！

【一】索隱案：服虔云「人不相知，自初交至白頭，猶如新也」。

【二】索隱服虔云：「如吳札、鄭僑也。」按：家語「孔子遇程子於途，傾蓋而語」。又志林云「傾蓋者，道行相遇，軿車對語，兩蓋相切，小欹之，故曰傾也」。

【三】集解桓譚新論曰：「言內有以相知與否，不在新故也。」

【四】索隱藉音子夜反。韋昭云：「謂於期逃秦之燕，以頭與軻，使持入秦以示信也〔一八〕。」

【五】集解漢書音義曰：「王奢，齊人也，亡至魏。其後齊伐魏，奢登城謂齊將曰：『今君之來，不過以奢之故也。夫義不苟生以爲魏累。』遂自剄也。」

【六】索隱服虔云：「蘇秦於齊不出其信〔一九〕，於燕則出尾生之信。」韋昭云：「尾生守信而死者。」案：言蘇秦於燕獨守信如尾生，故云「爲燕之尾生」也。

【七】集解張晏曰：「白圭爲中山將，亡六城，君欲殺之，亡入魏，文侯厚遇之，還拔中山。」索隱案：事見戰國策及呂氏春秋也。

【八】集解漢書音義曰：「駃騠，駿馬也，生七日而超其母。敬重蘇秦，雖有讒謗，而更膳以珍奇之味。」索隱案：字林云「決啼二音，北狄之良馬也，馬父驘子〔二〇〕」。正義食音寺。駃騠音決蹄。北狄良馬也。

故女無美惡，入宮見妒；士無賢不肖，入朝見嫉。昔者司馬喜髕脚於宋，卒相中山；【一】范睢摺脅折齒【二】於魏，卒爲應侯。此二人者，皆信必然之畫，捐朋黨之私，挾孤獨之位，故不能自免於嫉妒之人也。是以申徒狄自沈於河，【三】徐衍負石入海。【四】不容於世，義不苟取比周於朝，以移主上之心。故百里奚乞食於路，繆公委之以政；甯戚飯牛車下，而桓公任之以國。【五】此二人者，豈借宦於朝〔三二〕，假譽於左右，然後二主用之哉？感於心，合於行，親於膠漆，昆弟不能離，豈惑於衆口哉？故偏聽生姦，獨任成亂。昔者魯聽季孫之説而逐孔子，【六】宋信子罕之計而囚墨翟。【七】夫以孔、墨之辯，不能自免於讒諛，而二國以危。何則？衆口鑠金，【八】積毁銷骨也。【九】是以秦用戎人由余而霸中國，齊用越人蒙而彊威、宣。【一〇】此二國，豈拘於俗，牽於世，繫阿偏之辭哉？公聽並觀，垂名當世。【一一】故意合則胡越爲昆弟，由余、越人蒙是矣；不合，則骨肉出逐不收，朱、象、管、蔡是矣。今人主誠能用齊、秦之義，後宋、魯之聽，則五伯不足稱，三王易爲也。

【一】集解晉灼曰：「司馬喜三相中山。」蘇林曰：「六國時人，被此刑也。」索隱事見戰國策及呂氏春秋。蘇林云：「六國時人，相中山也。」

【二】索隱案：應侯傳作「折脅摺齒」是也。説文「拉，摧也」，音力答反。

【三】集解漢書音義曰：「殷之末世人。」索隱申屠狄。按：莊子「申屠狄諫而不用，負石自投河」。韋昭云「六國時人」。漢書云自沈於雍河，服虔曰雍州之河，又新序作「抱甕自沈於河」，不同也。

【四】集解列士傳曰：「周之末世人。」索隱亦見莊子。張晏曰「負石欲沈」。

【五】集解應劭曰：「齊桓公夜出迎客，而甯戚疾擊其牛角商歌曰：『南山矸，白石爛，生不遭堯與舜禪。短布單衣適至骭，從昏飯牛薄夜半，長夜曼曼何時旦？』公召與語，説之，以爲大夫。」索隱事見呂氏春秋。商歌謂爲商聲而歌也，或云商旅人歌也，二説並通。矸音公彈反。矸者，白淨貌也。顧野王又作岸音也。禪音膳，如字讀，協韻失之故也。埤蒼云「骭，脛也」。字林音下諫反。

【六】索隱論語「齊人歸女樂，季桓子受之，三日不朝，孔子行」也。

【七】索隱案左氏，司城子罕姓樂名喜，乃宋之賢臣也。漢書作「子冄」。不知子冄是何人。文穎曰「子冄，子罕也」。又按：荀卿傳云墨翟，孔子時人，或云在孔子後。又襄二十九年左傳宋饑，子罕請出粟。按：時孔子適八歲，則墨翟與子罕不得相輩，或以子冄爲是也。

【八】索隱案：國語云「衆心成城，衆口鑠金」。賈逵云「鑠，消也。衆口所惡，雖金亦爲之消亡」。又風俗通云「或説有美金於此，衆人或共詆訿，言其不純金，賣者欲其必售，因取鍛燒以見其真，是爲衆口鑠金也」。

【九】索隱大顏云：「讒人積久譖毀，則父兄伯叔自相誅戮，骨肉爲之消滅也。」

【一〇】索隱越人蒙未見所出。漢書作「子臧」。又張晏云「子臧，越人」。或蒙之字也。

【二】索隱小顏云：「公聽，言不私；並觀，所見齊同也。」

是以聖王覺寤，捐子之之心，【一】而能不說於田常之賢〔二二〕；【二】封比干之後，修孕婦之墓，【三】故功業復就於天下〔二三〕。何則？欲善無厭也。夫晉文公親其讎，彊霸諸侯；齊桓公用其仇，而一匡天下。【四】何則，慈仁慇勤，誠加於心，不可以虛辭借也。

【一】集解徐廣曰：「燕王讓國於其大臣子之也。」

【二】集解應劭曰：「田常事齊簡公，簡公說之，而殺簡公。使人君去此心，則國家安全也。」

【三】集解應劭曰：「紂刳姙者，觀其胎產也。」索隱案：比干之後，後謂子也，不見其文。尚書封比干之墓，又惟云刳剔孕婦，則武王雖反商政，亦未必修孕婦之墓也。

【四】集解謂晉寺人勃鞮、齊管仲也。

至夫秦用商鞅之法，東弱韓、魏，兵彊天下，而卒車裂之；越用大夫種之謀，禽勁吳，霸中國，而卒誅其身。是以孫叔敖三去相而不悔，【一】於陵子仲辭三公爲人灌園。【二】今人主誠能去驕傲之心，懷可報之意，披心腹，見情素，墮肝膽，施德厚，終與之窮達，無愛於士，則桀之狗可使吠堯，【三】而蹠之客可使刺由；【四】況因萬乘之權，假聖王之資乎？然則荊軻之湛七族，【五】要離之燒妻子，【六】豈足道哉！

【一】索隱案：三得相不喜，知其才之自得也；三去相不悔，知非己之罪也。

【二】集解列士傳曰：「楚於陵子仲，楚王欲以爲相，而不許，爲人灌園。」索隱案：孟子云陳仲子，齊陳氏之族。兄爲齊卿，仲子以爲不義，乃適楚，居于於陵，自謂於陵子仲。楚王聘以爲相，子仲遂夫妻相與逃，爲人灌園。烈士傳云字子終。

【三】集解韋昭曰：「言恩厚無不使也。」索隱及下「跖之客可使刺由」，此並見戰國策。

【四】集解應劭曰：「跖之客爲其人使刺由。由，許由也。跖，盜跖也。」索隱服虔云仲由也。應劭云許由也〔二四〕。

【五】集解應劭曰：「荆軻爲燕刺秦始皇，不成而死，其族坐之湛没。吴王闔閭欲殺王子慶忌，要離詐以罪亡，令吴王燔其妻子，要離走見慶忌，以劍刺之。」張晏曰：「七族，上至曾祖，下至曾孫。」索隱湛音沈。張晏云「七族，上至曾祖，下至元孫〔二五〕」。又一說云，父之族，一也；姑之子，二也；姊妹之子，三也；女子之子，四也；母之族，五也；從子，六也；及妻父母凡七。

【六】索隱事見吕氏春秋。

臣聞明月之珠，夜光之璧，以闇投人於道路，人無不按劍相眄者。何則？無因而至前也。蟠木根柢，輪囷【一】離詭，【二】而爲萬乘器者。何則？以左右先爲之容也。【三】故無因至前，雖出隨侯之珠，夜光之璧，猶結怨而不見德。故有人先談，則以枯木朽株樹功而不忘。今夫天下布衣窮居之士，身在貧賤，雖蒙堯、舜之術，【四】挾伊、管之辯，懷龍逢、比干之意，欲盡忠當世之君，而素無根柢之容，雖竭精思，欲開忠信，輔人主之治，則人主必有按劍相眄之跡，是使布衣不得爲枯木朽株之資也。

【一】索隱 孟康云：「蟠結之木也。」晉灼云：「槃柢，木根也。」

【二】集解 張晏曰：「根柢，下本也〔二六〕。輪囷離詭，委曲槃戾也。」

【三】索隱 謂左右先加雕刻，是爲之容飾也。

【四】索隱 案：言雖蒙被堯、舜之道。

是以聖王制世御俗，獨化於陶鈞之上，【一】而不牽於卑亂之語，不奪於衆多之口。故秦皇帝任中庶子蒙嘉之言，以信荆軻之説，而匕首竊發；【二】周文王獵涇、渭，載呂尚而歸，以王天下。故秦信左右而殺，周用烏集而王。【三】何則？以其能越攣拘之語，馳域外之議，獨觀於昭曠之道也。

【一】集解 漢書音義曰：「陶家名模下圓轉者爲鈞，以其能制器爲大小，比之於天。」索隱 張晏云：「陶，冶；鈞，範也。作器，下所轉者名鈞。」韋昭曰：「陶，燒瓦之竈。鈞，木長七尺，有絃，所以調爲器具也。」崔浩云：「以鈞制器萬殊，故如造化也。」

【二】索隱 案：通俗文云「其頭類匕，故曰匕首，短而便用也」。

【三】集解漢書音義曰：「太公望塗覯卒遇，共成王功，若烏鳥之暴集也。」索隱韋昭云：「呂尚適周，如烏之集。」

今人主沈於諂諛之辭，牽於帷裳之制，【一】使不羈之士與牛驥同皁，【二】此鮑焦所以忿於世而不留富貴之樂也。【三】

【一】集解漢書音義曰：「言爲左右便辟侍帷裳臣妾所見牽制。」

【二】集解漢書音義曰：「食牛馬器，以木作，如槽也。」索隱案：言駿足不可羈絆，以比逸才之人。應劭云「皁，櫪也」。韋昭云「皁，養馬之官，下士也」。案：養馬之官，其衣皁也。又郭璞云「皁，養馬器也」。正義顏云：「不羈，言才識高遠，不可羈係。皁，在早反。方言云『梁、宋、齊、楚、燕之閒謂櫪曰皁』。」

【三】集解如淳曰：「莊子云『鮑焦飾行非世，抱木而死』。」索隱晉灼云：「列士傳鮑焦怨世不用己，採蔬於道。子貢難曰：『非其代而採其蔬，此焦之有哉？』弃其蔬，乃立枯洛水之上。」案：此事見莊子及說苑、韓詩外傳，小有不同耳。

臣聞盛飾入朝者不以利汙義，砥厲名號者不以欲傷行，故縣名勝母【一】而曾子不入，【二】邑號朝歌而墨子回車。【三】今欲使天下寥廓之士，攝於威重之權，主於位勢之貴，故回面【四】汙行以事諂諛之人而求親近於左右，則士伏死堀穴巖藪之中耳〔二七〕，【五】安肯有盡忠信而趨闕下者哉！

【一】集解漢書云「里名勝母」也。正義鹽鐵論皆云里名，尸子及此傳云縣名，未詳也。

【二】索隱按：淮南子及鹽鐵論並云里名勝母，曾子不入，蓋以名不順故也。尸子以爲孔子至勝母縣，暮而不宿，則不同也。

【三】集解晉灼曰：「朝歌者，不時也。」正義朝歌，今衞州縣也。

【四】索隱杜預云：「回，邪也。」

【五】集解詩云：「節彼南山，維石巖巖。」

書奏梁孝王，孝王使人出之，卒爲上客。

太史公曰：魯連其指意雖不合大義，然余多其在布衣之位，蕩然肆志，不詘於諸侯，談說於當世，折卿相之權。鄒陽辭雖不遜，然其比物連類，有足悲者，亦可謂抗直不橈矣，吾是以附之列傳焉。

【索隱述贊】魯連達士，高才遠致。釋難解紛，辭祿肆志。齊將挫辯〔二八〕，燕軍沮氣。鄒子遇讒，見詆獄吏。慷慨獻說，時王所器。

校勘記

〔一〕此條索隱原無，據耿本、黄本、彭本、索隱本、柯本、凌本、殿本、會注本補。「上同屈平」，黄本誤作「下同屈平」。

〔二〕魯仲連子　黄本、彭本、柯本、凌本、殿本無「仲」字，疑此衍。按：本書卷四周本紀「號曰『共和』」正義兩稱「魯連子」。

〔三〕今齊已益弱　「齊」下原有「湣王」二字。張文虎札記卷五：「鮑注國策云衍『湣王』字。」今據删。

〔四〕首功之國　通鑑卷五周紀五赧王五十七年「上首功之國」胡三省注引索隱「首功」上有「上」字。

〔五〕來待吾君　「待」字原無。王念孫雜志史記第四：「『來』下脱『待』字，當依趙策補。」今據補。按：此承上「子將何以待吾君」而言，當有「待」字。册府卷八八九總録部敍此有「待」字。

〔六〕闔内門　耿本、黄本、彭本、柯本、凌本、殿本作「閉外門」。

〔七〕魯連辭讓者三　「者」上原有「使」字。王念孫雜志史記第四：「『辭讓』下不當有『使』字，蓋衍文也。趙策作『辭讓者三』。藝文類聚人部、太平御覽封建部、人事部引此竝作『辭謝者三』。文選左思詠史詩注、江淹上建平王書注引此竝作『辭謝』，皆無『使』字。又案：諸書引史記作『辭謝』，而今本作『辭讓』，疑後人依趙策改之也。」今據删。

〔八〕二十餘年　原作「三十餘年」，據耿本、黄本、彭本、柯本、凌本、殿本、會注本改。

〔九〕却死　張文虎札記卷五：「索隱本『却』，故注云『避死』，各本誤『怯』。」按：景祐本、紹興本、耿本、黄本、彭本、柯本、凌本、殿本作「怯死」，下文亦云「勇士不怯死」。注同。

〔一〇〕反外　王念孫雜志史記第四：「『外』，當爲『北』。北，古背字。齊策作『士無反北之心』，是其證。」

〔一一〕肆猶放也　「放」，耿本、黄本、彭本、殿本作「放縱」。

〔一二〕諸不以罪死爲累　「死」字原無，據黄本、彭本、柯本、凌本、殿本、會注本補。按：漢書卷八七上揚雄傳上「欽弔楚之湘纍」顔師古注引李奇曰：「諸不以罪死曰纍。」

〔一三〕趙地分野　景祐本、紹興本、耿本、黄本、彭本、柯本、凌本、殿本作「趙分也」，漢書卷五一鄒陽傳顔師古注、文選卷三九鄒陽獄中上書自明引蘇林並同。

〔一四〕昔卞和獻寶楚王刖之　索隱本作「昔玉人獻寶楚王誅之」，漢書卷五一鄒陽傳、新序卷三雜事三、文選卷三九鄒陽獄中上書自明並同，蓋存史記之舊。

〔一五〕玉尹　漢書卷五一鄒陽傳「昔玉人獻寶，楚王誅之」顔師古注引應劭作「玉人」。

〔一六〕文王名貲　「貲」，原作「賢」，據耿本、黄本、彭本、柯本、凌本、殿本、會注本改。按：本書卷四〇楚世家：「文王熊貲立。」卷一四十二諸侯年表云「楚文王貲元年」。

〔一七〕拆肝　張文虎札記卷五：「中統、游本『拆』作『折』。舊本作『析』，御覽四百七十五引同。」

按：記纂淵海卷一三一注引史記鄒陽傳作「析」。漢書卷五一鄒陽傳、新序卷三雜事三、文選卷三九鄒陽獄中上書自明皆作「析」。「拆」、「析」義、形俱相近。

〔一八〕使持入秦以示信也　「持」字原無，據耿本、黄本、彭本、柯本、凌本、殿本補。

〔一九〕蘇秦於齊不出其信　「齊」，耿本、黄本、彭本、柯本、凌本、殿本作「秦」。按：漢書卷五一鄒陽傳「爲燕尾生」顏師古注、文選卷三九鄒陽獄中上書自明「爲燕尾生」李善注引服虔並作「秦」。

〔二〇〕馬父嬴子　「子」，原作「母」，據耿本、黄本、彭本、柯本、凌本、殿本改。按：本書卷一一〇匈奴列傳「駃騠」索隱引説文：「駃騠，馬父嬴子也。」

〔二一〕借宦　漢書卷五一鄒陽傳作「素宦」，荀悦漢紀卷九景帝紀作「素官」，文選卷三九鄒陽獄中上書自明同。

〔二二〕而能不説於田常之賢　王念孫雜志史記第四：「漢書作『而不説田常之賢』，文選同。新序雜事篇作『能不説於田常之賢』。念孫案：『能』與『而』同。漢書作『而』，新序作『能』，其實一字也。下文『獨化於陶鈞之上，而不牽於卑亂之語』，新序『而』作『能』，是其證也。史記作『而能』者，一本作『而』，一本作『能』，後人誤合之耳。」

〔二三〕復就於　漢書卷五一鄒陽傳、新序雜事三、文選卷三九鄒陽獄中上書自明作「覆於」。

〔二四〕服虔云仲由也應劭云許由也　此十二字原在正文「則桀之狗可使吠堯」句下，據正文文義移。

〔二五〕下至元孫　「元孫」，集解引張晏作「曾孫」，漢書卷五一鄒陽傳顏師古注、文選卷三九鄒陽獄中上書自明李善注引同。

〔二六〕根柢下本也　漢書卷五一鄒陽傳「蟠木根柢」顏師古注引張晏作「柢根下本也」。

〔二七〕巖藪　「藪」，原作「巖」。張文虎札記卷五：「下『巖』字誤也。漢書、文選並作『藪』。集解據誤本强爲之説。」按：新序雜事三亦作「藪」。今據改。

〔二八〕齊將挫辯　「齊」，疑當作「魏」。按：魏將，謂新垣衍。傳云：「魏王使客將軍新垣衍閒入邯鄲。」「魏王使客將軍新垣衍令趙帝秦。」

史記卷八十四

屈原賈生列傳第二十四

屈原者，名平，楚之同姓也。【一】爲楚懷王左徒。【二】博聞彊志，明於治亂，嫺【三】於辭令。入則與王圖議國事，以出號令；出則接遇賓客，應對諸侯。王甚任之。

【一】正義 屈、景、昭皆楚之族。王逸云：「楚王始都，是生子瑕〔一〕，受屈爲卿，因以爲氏。」

【二】正義 蓋今〔二〕左右拾遺之類〔三〕。

【三】集解 史記音隱曰：「音閑。」

上官大夫與之同列，爭寵而心害其能。懷王使屈原造爲憲令，屈平屬草稾【一】未定。上官大夫見而欲奪之，【二】屈平不與，因讒之曰：「王使屈平爲令，衆莫不知，每一令出，平伐其功，曰以爲〔四〕『非我莫能爲』也。」王怒而疏屈平。

【一】索隱 屬音燭。草稾謂創制憲令之本也。漢書作「草具」，崔浩謂發始造端也。

【二】正義王逸云上官靳尚。

屈平疾王聽之不聰也，讒諂之蔽明也，邪曲之害公也，方正之不容也，故憂愁幽思而作離騷。【一】離騷者，猶離憂也。夫天者，人之始也；父母者，人之本也。人窮則反本，故勞苦倦極，未嘗不呼天也；疾痛慘怛，【二】未嘗不呼父母也。屈平正道直行，【三】竭忠盡智以事其君，讒人閒之，可謂窮矣。信而見疑，忠而被謗，能無怨乎？屈平之作離騷，蓋自怨生也。國風好色而不淫，小雅怨誹而不亂。【四】若離騷者，可謂兼之矣。上稱帝嚳，下道齊桓，中述湯武，以刺世事。明道德之廣崇，治亂之條貫，靡不畢見。其文約，其辭微，其志絜，其行廉，其稱文小而其指極大，舉類邇而見義遠。其志絜，故其稱物芳。其行廉，故死而不容。自疏濯淖【五】汙泥【六】之中，蟬蛻於濁穢，【七】以浮游塵埃之外，不獲世之滋垢，皭然【八】泥而不滓者也。【九】推此志也，雖與日月爭光可也。【一〇】

【一】索隱慅，亦作「騷」。按：楚詞「慅」作「騷」，音素刀反。應劭云「離，遭也；騷，憂也」。又離騷序云「離，別也；騷，愁也」。

【二】正義上七感反，下丁達反。慘，毒也。怛，痛也。

【三】正義寒孟反。

【四】正義誹，方畏反。

【五】索隱上音濁，下音鬧。

【六】索隱上音烏故反，下音奴計反。

【七】正義蛻音稅，去皮也，又他卧反。

【八】集解徐廣曰：「皭，疏淨之貌。」 索隱皭音自若反。徐廣云「疏淨之貌」。

【九】索隱泥亦音涅，滓亦音淄，又並如字。

【一〇】正義言屈平之仕濁世，去其汙垢，在塵埃之外。推此志意，雖與日月爭其光明，斯亦可矣。

屈平既絀，其後秦欲伐齊，齊與楚從親，【一】惠王患之，乃令張儀詳去秦，厚幣委質事楚，曰：「秦甚憎齊，齊與楚從親，楚誠能絶齊，秦願獻商、於之地六百里。」楚懷王貪而信張儀，遂絶齊，使使如秦受地。張儀詐之曰：「儀與王約六里，不聞六百里。」楚使怒去，歸告懷王。懷王怒，大興師伐秦。秦發兵擊之，大破楚師於丹、淅，【二】斬首八萬，虜楚將屈匄，【三】遂取楚之漢中地。【四】懷王乃悉發國中兵以深入擊秦，戰於藍田。魏聞之，襲楚至鄧。【五】楚兵懼，自秦歸。而齊竟怒不救楚，楚大困。

【一】正義上足松反。

【二】索隱二水名。謂於丹水之北，淅水之南。丹水、淅水皆縣名，在弘農，所謂丹陽、淅。 正義丹陽，今枝江故城。

【三】索隱屈，姓。匄，名，音蓋也。

【四】集解徐廣曰：「楚懷王十六年，張儀來相；十七年，秦敗屈匄〔五〕。」正義梁州。

【五】索隱按：此鄧在漢水之北，故鄧侯城也。

明年，秦割漢中地與楚以和。楚王曰：「不願得地，願得張儀而甘心焉。」張儀聞，乃曰：「以一儀而當漢中地，臣請往如楚。」如楚，又因厚幣用事者臣靳尚，而設詭辯於懷王之寵姬鄭袖。懷王竟聽鄭袖，復釋去張儀。是時屈平既疏，不復在位，使於齊，顧反，諫懷王曰：「何不殺張儀？」懷王悔，追張儀不及。【一】

【一】索隱按：張儀傳無此語也。

其後諸侯共擊楚，大破之，殺其將唐眛。【一】

【一】集解徐廣曰：「二十八年敗唐眛也。」正義眛，莫葛反。

時秦昭王與楚婚，欲與懷王會。懷王欲行，屈平曰：「秦虎狼之國，不可信，不如毋行。」【一】懷王稚子子蘭勸王行：「柰何絕秦歡！」懷王卒行。入武關，秦伏兵絕其後，因留懷王，【二】以求割地。懷王怒，不聽。亡走趙，趙不內。復之秦，竟死於秦而歸葬。

【一】索隱按：楚世家昭睢有此言〔六〕，蓋二人同諫王，故彼此各隨録之也。

【二】集解徐廣曰：「三十年入秦。」

長子頃襄王立，【一】以其弟子蘭爲令尹。楚人既咎子蘭以勸懷王入秦而不反也。

【一】索隱名橫。

屈平既嫉之，雖放流，睠顧楚國，繫心懷王，不忘欲反，冀幸君之一悟，俗之一改也。其存君興國而欲反覆之，一篇之中三致志焉。然終無可奈何，故不可以反，卒以此見懷王之終不悟也。人君無愚智賢不肖，【一】莫不欲求忠以自爲，舉賢以自佐，然亡國破家相隨屬，而聖君治國累世而不見者，其所謂忠者不忠，而所謂賢者不賢也。懷王以不知忠臣之分，故內惑於鄭袖，外欺於張儀，疏屈平而信上官大夫、令尹子蘭。兵挫地削，亡其六郡，身客死於秦，爲天下笑。此不知人之禍也。易曰：「井泄不食，【二】爲我心惻，【三】可以汲。【四】王明，並受其福。」【五】王之不明，豈足福哉！【六】

【一】索隱此已下太史公傷懷王之不任賢，信讒而不能反國之論也。

【二】集解向秀曰：「泄者，浚治去泥濁也。」索隱向秀字子期，晉人，注易〔七〕。

【三】集解張璠曰：「可爲惻然，傷道未行也。」索隱張璠亦晉人，注易也。

【四】索隱按：京房易章句言「我道可汲而用也」。

【五】集解易象曰：「求王明，受福也。」　索隱按：京房章句曰「上有明王，汲我道而用之，天下並受其福，故曰『王明，並受其福』也。」

【六】集解徐廣曰：「一云『不足福』。」　正義言楚王不明忠臣，豈足受福，故屈原懷沙自沈。

令尹子蘭聞之大怒，卒使上官大夫短屈原於頃襄王，頃襄王怒而遷之。【一】

【一】集解離騷序曰：「遷於江南。」

屈原至於江濱，被髮行吟澤畔。顏色憔悴，形容枯槁。漁父【一】見而問之曰：「子非三閭大夫歟？【二】何故而至此？」屈原曰：「舉世混濁而我獨清，衆人皆醉而我獨醒，是以見放。」漁父曰：「夫聖人者，不凝滯於物而能與世推移。舉世混濁，何不隨其流【三】而揚其波？衆人皆醉，何不餔其糟而啜其醨？何故懷瑾握瑜【四】而自令見放爲？」屈原曰：「吾聞之，新沐者必彈冠，新浴者必振衣，人又誰能以身之察察，【五】受物之汶汶者乎！【六】寧赴常流【七】而葬乎江魚腹中耳，又安能以晧晧之白而蒙世俗之溫蠖乎！」【八】

【一】索隱音甫。

【二】集解離騷序曰：「三閭之職，掌王族三姓，曰昭、屈、景，序其譜屬，率其賢良，以厲國士。」

【三】索隱按：楚詞作「滑其泥」。

【四】索隱按：楚詞此「懷瑾握瑜」作「深思高舉」也。

【五】集解王逸曰：「己靜絜。」

【六】集解王逸曰：「蒙垢污。」 索隱汶汶者，音閔〔八〕。汶汶猶昏暗也。

【七】索隱常流猶長流也。

【八】索隱蠖音烏廓反。温蠖猶惛憒〔九〕。楚詞作「蒙世之塵埃哉」。

乃作懷沙之賦。【一】其辭曰：

【一】索隱按：楚詞九懷曰「懷沙礫以自沈」，此其義也。

陶陶孟夏兮，草木莽莽。【一】傷懷永哀兮，汩徂南土。【二】眴兮窈窈，【三】孔靜幽墨。【四】冤結紆軫兮，離愍之長鞠；【五】撫情效志兮，俛詘以自抑。

【一】集解王逸曰：「陶陶，盛陽貌。莽莽，盛茂貌。」 索隱音姥。 正義莫古反。

【二】集解王逸曰：「汩，行貌。」 索隱王師叔曰：「汩，行貌也〔一〇〕。」方言曰：謂疾行也。

【三】集解徐廣曰：「眴，眩也。」 索隱眴音舜。徐氏云：「眴音眩。」窈音烏鳥反。

【四】集解王逸曰：「孔，甚也。墨，無聲也。」 正義孔，甚。墨，無聲。言江南山高澤深，視之眴；野甚清淨，歎無人聲〔一一〕。

【五】集解王逸曰：「鞠，窮。紆，屈也。軫，痛也。愍，病也。」 索隱離滑。滑，病。鞠，窮。

刓方以爲圜兮，常度未替；【一】易初本由兮，君子所鄙。【二】章畫職墨兮，前度未改；【三】內直質重兮，大人所盛。【四】巧匠不斲兮，孰察其揆正？玄文幽處兮，矇謂之不章；【五】離婁微睇兮，瞽以爲無明。【六】變白而爲黑兮，倒上以爲下。【七】鳳皇在笯兮，【八】雞雉翔舞。【九】同糅玉石兮，一槩而相量。【一〇】夫黨人之鄙妒兮，羌不知吾所臧。【一一】

【一】集解王逸曰：「刓，削；度，法；替，廢也。言人刓削方木，欲以爲圓，其常法度尚未廢也。」索隱刓音五官反。謂刻刓方木以爲圓，其常法度尚未廢。

【二】集解王逸曰：「由，道也。」正義本，常也。鄙，恥也。言人遭世不道，變易初行，違離常道〔一二〕，君子所鄙。

【三】集解王逸曰：「章，明也。度，法也。言工明於所畫，念其繩墨，修前人之法，不易其道，則曲木直而惡木好。」索隱章，明也。畫，計畫也。楚詞「職」作「志」。志，念也。餘如注所解。

【四】集解王逸曰：「言人質性敦厚，心志正直，行無過失，則大人君子所盛美也。」

【五】集解王逸曰：「玄，黑也。矇，盲者也。詩云『矇瞍奏公』。章，明也。」

【六】集解王逸曰：「離婁，古明視者也。瞽，盲也。」正義睇，田帝反，眄也〔一三〕。

【七】索隱音户。

【八】集解徐廣曰：「笯，一作『郊』。」駰案：王逸曰「笯，籠落也」。索隱笯音奴，又女加反。徐云一作「郊」。按：籠落謂藤蘿之相籠絡。正義應瑞圖云〔一四〕：「黃帝問天老曰：『鳳鳥何如？』天老曰：『鴻前而麟後，蛇頸而魚尾，龍文而龜身，燕鴿而鷄喙，首戴德，頸揭義，背負仁，心入信，翼俟順，足履正，尾繫武，小音金，大音鼓，延頸奮翼，五色備舉。』」

【九】索隱楚詞「雉」作「鶩」。

【一〇】集解王逸曰：「忠佞不異。」

【一一】集解王逸曰：「莫昭我之善意。」索隱按：王師叔云：「羌，楚人語辭。言卿何爲也。」正義羌音彊。

任重載盛兮，陷滯而不濟；【一】懷瑾握瑜兮，窮不得余所示。【二】邑犬羣吠兮，吠所怪也；誹駿疑桀兮，固庸態也。【三】文質疏内兮，衆不知吾之異采；【四】材樸委積兮，莫知余之所有。重仁襲義兮，謹厚以爲豐；【五】重華不可牾兮，【六】孰知余之從容！古固有不並兮，豈知其故也？【七】湯禹久遠兮，邈不可慕也。懲違改忿兮，抑心而自彊；離湣而不遷兮，願志之有象。【八】進路北次兮，【九】日昧昧其將暮；含憂虞哀兮，【一〇】限之以大故。【一一】

【一】集解王逸曰：「言己才力盛壯，可任用重載，而身陷沒沈滯，不得成其本志也。」

【二】集解王逸曰：「示，語也。」
【三】集解王逸曰：「千人才爲俊，一國高爲桀也。庸，厮賤之人也。」索隱按：尹文子云「千人曰俊，萬人曰桀」。今乃誹俊疑傑，固是庸人之態也。
【四】集解徐廣曰：「異，一作『奧』。」駰案：王逸曰「采，文采也」。
【五】集解王逸曰：「重，累也。襲，及也。」
【六】集解王逸曰：「牾，逢也。」索隱楚詞「牾」作「遻」，並吴故反。王師叔云「牾，逢也」。
【七】索隱楚詞作「莫知其何故」。
【八】集解王逸曰：「象，法也。」
【九】正義北次將就。
【一〇】索隱楚詞作「舒憂娛哀」。娛音虞。娛者，樂也。
【一一】集解王逸曰：「娱，樂也。大故謂死亡也。」

亂曰：【一】浩浩沅、湘兮，【二】分流汩兮。【三】脩路幽拂兮，【四】道遠忽兮。曾唫恒悲兮，永歎慨兮。世既莫吾知兮，人心不可謂兮。【五】懷情抱質兮，獨無匹兮。伯樂既歿兮，驥將焉程兮？【六】人生稟命兮，各有所錯兮。【七】定心廣志，餘何畏懼兮？【八】曾傷爰哀【一五】，永歎喟兮。【九】世溷不吾知，心不可謂兮。知死不可讓兮，願勿愛兮。

明以告君子兮，吾將以爲類兮。【一〇】

【一】索隱王師叔曰：「亂者，理也。所以發理辭指，撮總其要，而重理前意也。」

【二】索隱二水名。按：地理志湘水出零陵陽海山，北入江。沅即湘之後流也。正義說文云：「沅水出牂柯，東北流入江。」「湘水出零陵縣陽海山，北入江。」按：二水皆經岳州而入大江也。

【三】集解王逸曰：「汨，流也。」

【四】索隱楚詞作「幽蔽」也。

【五】集解王逸曰：「謂猶說也。」索隱楚詞無「曾唫」已下二十一字。

【六】集解王逸曰：「程，量也。」

【七】集解王逸曰：「錯，安也。」

【八】索隱楚詞「餘」並作「余」。

【九】集解王逸曰：「喟，息也。」

【一〇】集解王逸曰：「類，法也。」正義按：類，例也。以爲忠臣不事亂君之例。

於是懷石遂自投汨羅以死〔一六〕。【一】

【一】集解應劭曰：「汨水在羅，故曰汨羅也。」索隱汨水在羅，故曰汨羅。地理志長沙有羅縣，羅子之所徙。荆州記「羅縣北帶汨水」。汨音覓也。正義故羅縣城在岳州湘陰縣東北六十里。春秋時羅子國，秦置長沙郡而爲縣也。按：縣北有汨水及屈原廟。續齊諧記云：「屈原以五月五日投汨羅而死，楚人哀之，每於此日以竹筒貯米投水祭之。漢建武中，長沙區回白日忽見一人，自稱三閭大夫。謂回曰：『聞君常見祭，甚善。但常年所遺，並爲蛟龍所竊，今若有惠，可以楝樹葉塞上，以五色絲轉縛之，此物蛟龍所憚。』回依其言。世人五月五日作粽，并帶五色絲及楝葉，皆汨羅之遺風。」

屈原既死之後，楚有宋玉、唐勒、景差〔一〕之徒者，皆好辭而以賦見稱；然皆祖屈原之從容辭令，終莫敢直諫。其後楚日以削，數十年竟爲秦所滅。

〔一〕集解徐廣曰：「或作『慶』。」索隱按：楊子法言及漢書古今人表皆作「景瑳」，今作「差」是字省耳。又按：徐、裴、鄒三家皆無音，是讀如字也。

自屈原沈汨羅後百有餘年，漢有賈生，爲長沙王太傅，過湘水，投書以弔屈原。

賈生名誼，〔一〕雒陽人也。年十八，以能誦詩屬書聞於郡中。吴廷尉爲河南守，聞其秀才，〔二〕召置門下，甚幸愛。孝文皇帝初立，聞河南守吴公〔三〕治平爲天下第一，故與李斯同邑而常學事焉，乃徵爲廷尉。廷尉乃言賈生年少，頗通諸子百家之書。文帝召以爲博士。

【一】索隱名義。漢書並作「誼」也。

【二】正義顏云：「秀，美也。」應劭云：「避光武諱改『茂才』也。」

【三】索隱按：吴，姓也。史失名，故稱公。

是時賈生年二十餘，最爲少。每詔令議下，諸老先生不能言，賈生盡爲之對，人人各如其意所欲出。諸生於是乃以爲能不及也。孝文帝説之，超遷，一歲中至太中大夫。

賈生以爲漢興至孝文二十餘年，天下和洽，而固當改正朔，易服色，法制度，定官名，興禮樂，乃悉草具其事儀法，色尚黄，數用五，【一】爲官名，悉更秦之法。孝文帝初即位，謙讓未遑也。諸律令所更定，及列侯悉就國，其説皆自賈生發之。於是天子議以爲賈生任公卿之位。絳、灌、東陽侯、馮敬之屬盡害之，【二】乃短賈生曰：「雒陽之人，年少初學，專欲擅權，紛亂諸事。」於是天子後亦疏之，不用其議，乃以賈生爲長沙王太傅。【三】

【一】正義漢文帝時黄龍見成紀，故改爲土也。

【二】正義絳、灌，周勃、灌嬰也。東陽侯，張相如。馮敬時爲御史大夫。

【三】索隱誼爲傅是吴芮之玄孫産襲長沙王之時也，非景帝之子長沙王發也。荆州記「長沙城西北隅有賈誼祠及誼坐石牀在也〔一七〕」。

賈生既辭往行，聞長沙卑溼，自以壽不得長，又以適去，【一】意不自得。及渡湘水，爲賦以弔屈原。其辭曰：

【一】集解徐廣曰：「適，竹革反。」韋昭曰：「謫，譴也。」索隱韋昭云：「適，譴也。」字林云：「丈戹反。」

共承嘉惠兮，【一】俟罪長沙。側聞屈原兮，自沈汨羅。造託【二】湘流兮，敬弔先生。遭世罔極兮，乃隕厥身。嗚呼哀哉，逢時不祥！鸞鳳伏竄兮，【三】鴟梟翺翔。闒茸尊顯兮，【四】讒諛得志；賢聖逆曳兮，方正倒植。【五】世謂伯夷貪兮，謂盜跖廉；【六】莫邪爲頓兮，【七】鉛刀爲銛。【八】于嗟嚜嚜兮，生之無故！【九】斡弃周鼎兮寶康瓠，【一〇】騰駕罷牛兮驂蹇驢，【一一】驥垂兩耳兮服鹽車。【一二】章甫薦屨兮，【一三】漸不可久；【一四】嗟苦先生兮，獨離此咎！【一五】

【一】集解張晏曰：「恭，敬也。」

【二】索隱造音七到反。

【三】索隱竄音如字，又七外反。

【四】索隱闒音天臘反。茸音而隴反。案：應劭、胡廣云「闒茸，不才之人，無六翮翺翔之用而反尊貴」。字林曰「闒茸，不肖之人」。

【五】索隱胡廣云：「逆曳，不得順隨道而行也。倒植，賢不肖顛倒易位也。」

【六】索隱案：漢書作「隨、夷溷兮跖、蹻廉」，一句皆兼兩人。隨，卞隨也。夷，伯夷也。跖，盜跖也。蹻，莊蹻也。

【七】集解應劭曰：「莫邪，吳大夫也，作寶劍，因以冠名。」瓚曰：「許慎曰莫邪，大戟也。」索隱應劭曰：「莫邪，吳大夫也，作寶劍，因名焉。」吳越春秋曰：「吳王使干將造劍二枚，一曰干將，二曰莫邪。」莫邪、干將，劍名也。頓，鈍也。

【八】集解徐廣曰：「思廉反。」駰案：漢書音義曰「銛謂利」。索隱鉛者，錫也。銛，利也，音纖。言其暗惑也。

【九】集解應劭曰：「嚜嚜，不自得意〔一八〕。」瓚曰：「生謂屈原也。」

【一〇】集解如淳曰：「斡，轉也。爾雅曰『康瓠謂之甈』，大瓠也。」應劭曰：「康，容也。斡音筦。筦，轉也。一曰康，空也。」索隱斡，轉也，烏活反。爾雅云「康瓠謂之甈」。甈音丘列反。李巡云「康謂大瓠也」。康，空也。晉灼云「斡，古『管』字也」。

【一一】正義罷音皮。

【一二】索隱戰國策曰：「夫驥服鹽車上太山，中阪遷延，負轅不能上，伯樂下車哭之也。」

【一三】集解應劭曰：「章甫，殷冠也。」

【一四】集解劉向別録曰：「因以自諭自恨也。」

【一五】集解應劭曰：「嗟，咨嗟。苦，勞苦。言屈原遇此難也。」

訊曰：【一】已矣，國其莫我知，獨堙鬱兮【二】其誰語？鳳漂漂其高遰【三】兮，夫固自縮而遠去。【四】襲九淵之神龍兮，【五】沕【六】深潛以自珍。彌融爚【七】以隱處兮，【八】夫豈從蟻與蛭螾？【九】所貴聖人之神德兮，遠濁世而自藏。使騏驥可得係羈兮，豈云異夫犬羊！【一〇】般紛紛其離此尤兮，【一一】亦夫子之辜也！【一二】瞝九州【一三】而相君兮，何必懷此都也？鳳皇翔于千仞之上兮，覽悳煇而下之；【一四】見細德之險徵兮〔一九〕，搖增翮【一五】逝而去之。【一六】彼尋常之汙瀆兮，【一七】豈能容吞舟之魚！橫江湖之鱣鱏兮〔二〇〕，【一八】固將制於蟻螻。【一九】

【一】集解李奇曰：「訊，告也。」張晏曰：「訊，離騷下章亂辭也。」索隱誶曰。李奇曰：「誶，告也，音信。」張晏曰：「訊，離騷下章誶亂也。」劉伯莊音素對反。訊猶宣也，重宣其意。周成解詁音碎也〔二二〕。

【二】索隱漢書作「壹鬱」，意亦通。

【三】索隱音逝也。

【四】索隱縮，漢書作「引」也。

【五】集解鄧展曰：「襲，重也。」或曰襲，覆也，猶言察也。 索隱襲，復也。莊子曰「千金之珠，必在九重之淵而驪龍頷下」，故云「九淵之神龍」也。

【六】集解徐廣曰：「亡筆反。」張晏曰：「沕，潛藏也〔三〕。」 索隱張晏曰：「沕，潛藏也。」音密，又音勿也。

【七】集解徐廣曰：「一云『偭蟂獺』。」

【八】集解徐廣曰：「一本云『彌蝎爚以隱處』也。」 索隱漢書作「偭蟂獺」，徐廣又一本作「彌蝎爚以隱處」，蓋總三本不同也。案：蘇林云「偭音面」。應劭云「偭，背也。蟂獺，水蟲害魚者。以言背惡從善也」。郭璞注爾雅云「似鳧，江東謂之魚鴳」。 正義顧野王云：「彌，遠也。融，明也。爚，光也。」沒深藏以自珍，彌遠明光以隱處也。

【九】集解漢書「螘」字作「蝦」。韋昭曰：「蝦，蝦蟇也。蛭，水蟲。螾，丘螾也。」 索隱螘音蟻。漢書作「蝦」。言偭然絶於蟂獺，況從蝦與蛭螾也。蛭音質。螾音引也。 正義言寧投水合神龍，豈陸葬從蟻與蛭蚓。

【一〇】正義使騏驥可得係縛羈絆，則與犬羊無異。責屈原不去濁世以藏隱。騏文如綦也。驥，千里馬。

【一一】集解蘇林曰：「般音盤。」孟康曰：「般音班。」或曰盤桓不去。紛紛，構讒意也。 索隱般音班，又音盤，槃桓也。紛紛猶藉藉，構讒之意也。尤謂怨咎也。

【一二】索隱漢書「辜」作「故」。夫子謂屈原也。李奇曰：「亦夫子不如麟鳳翔逝之故，罹此咎也。」

【一三】索隱瞝，丑知反，謂歷觀也。漢書作「歷九州」。

【一四】索隱案：言鳳皇翔，見人君有德乃下。故禮曰「德煇動乎內」是也。

【一五】集解徐廣曰：「一云『遥增擊』也。」

【一六】正義摇，動也。增，加也。言見細德之人，又有險難微起，則合加動羽翮，遠逝而去之。

【一七】集解應劭曰：「八尺曰尋，倍尋曰常。」索隱音烏獨二音。汙，潢汙；瀆，小渠也。

【一八】集解如淳曰：「大魚也。」瓚曰：「鱣魚無鱗，口近腹下。」

【一九】索隱莊子云庚桑楚謂弟子曰「吞舟之魚，蕩而失水，則螻蟻能制之」。戰國策齊人説靖郭君亦同。案：以此喻小國暗主不容忠臣，而爲讒賊小臣之所見害。

賈生爲長沙王太傅【一】三年，有鴞飛入賈生舍，止于坐隅。楚人命鴞曰「服」。【二】賈生既以適居長沙，長沙卑溼，自以爲壽不得長，傷悼之，乃爲賦以自廣。【三】其辭曰：

【一】正義漢文帝年表云吴芮之玄孫差襲長沙王也。傅爲長沙靖王差之二年也。括地志云：「吴芮故城在潭州長沙縣東南三百里【三】。賈誼宅在縣南三十步。湘水記云『誼宅中有一井，誼所穿，極小而深，上斂下大，其狀如壺。傍有一局脚石牀，容一人坐，形流古制，相承云誼所坐』。」

【二】集解晉灼曰：「異物志云有山鴞〔二四〕，體有文色，土俗因形名之曰服。不能遠飛，行不出域。」　索隱案：鄧展云「似鵲而大」。晉灼云「巴蜀異物志有鳥小如雞〔二五〕，體有文色，土俗因形名之曰服。不能遠飛，行不出域」。荊州記云「巫縣有鳥如雌雞，其名爲鴞，楚人謂之服」。吴録云「服，黑色，鳴自呼」。

【三】索隱案：姚氏云「廣猶寬也」。

單閼之歲兮，【一】四月孟夏，庚子日施兮，服集予舍，【二】止于坐隅，貌甚閒暇。異物來集兮，私怪其故，發書占之兮，筴言其度。【三】曰「野鳥入處兮，主人將去」。請問于服兮：【四】「予去何之？吉乎告我，凶言其菑。【五】淹數之度兮，語予其期。」【六】服乃歎息，舉首奮翼，口不能言，請對以意。【七】

【一】集解徐廣曰：「歲在卯曰單閼。文帝六年歲在丁卯。」　索隱爾雅云「歲在卯曰單閼」。李巡云「單閼，起也，陽氣推萬物而起，故曰單閼」。孫炎本作「蟬焉」。蟬猶伸也。　正義閼，烏葛反。

【二】集解徐廣曰：「施，一作『斜』。」　索隱施音移。施猶西斜也。漢書作「斜」也。

【三】索隱漢書作「讖」。案：説文云「讖，驗言也〔二六〕」。今此「筴」蓋雜筴辭云然〔二七〕。　正義發策數之書，占其度驗。

【四】索隱于，於也。漢書本有作「子服」者，小顏云：子，加美辭也。

【五】正義音災。

【六】集解徐廣曰：「數，速也。」正義協韻音憶。

【七】索隱協音臆也。

萬物變化兮，固無休息。斡流而遷兮，【一】或推而還。形氣轉續兮，變化而嬗。【二】沕穆無窮兮，【三】胡可勝言！禍兮福所倚，【四】福兮禍所伏；【五】憂喜聚門兮，吉凶同域。【六】彼吳彊大兮，夫差以敗；越棲會稽兮，句踐霸世。斯游遂成兮，卒被五刑；【七】傅說胥靡兮，【八】乃相武丁。夫禍之與福兮，何異糾纆。【九】命不可說兮，孰知其極？水激則旱兮，矢激則遠。【一〇】萬物回薄兮，振蕩相轉。雲蒸雨降兮，錯繆相紛。大專槃物兮，【一一】坱軋無垠。【一二】天不可與慮兮，【一三】道不可與謀。遲數有命兮，惡識其時？

【一】索隱斡音烏活反。斡，轉也。

【二】集解服虔曰：「嬗音如蟬，謂變蛻也。」或曰蟬蔓相連也。索隱韋昭云：「而，如也。如蟬之蛻化也。」蘇林云：「嬗音禪，謂其相傳與也。」

【三】索隱漢書「無窮」作「無閒」。沕音密，又音昧。沕穆，深微之貌。以言其理深微，不可盡言也。正義沕音勿。

【四】正義於犧反，依也。

【五】索隱此老子之言。然「禍」字古作「旤」。案：倚者，立身也。伏，下身也。以言禍福遞來，猶如倚伏也。

【六】正義言禍福相因，吉凶不定。

【七】集解韋昭曰：「斯，李斯也。」

【八】集解徐廣曰：「腐刑也。」索隱徐廣云：「胥靡，腐刑也。」晉灼云：「胥，相也。靡，隨也。古者相隨坐輕刑之名。」墨子云「傅説衣褐帶索，傭築於傅巖」。傅巖在河東太陽縣〔二八〕。又夏靖書云「猗氏六十里黄河西岸吴阪下〔二九〕，便得隱穴，是説所潛身處也」。

【九】集解應劭曰：「福禍相爲表裏，如糾纆繩索相附會也。」瓚曰：「糾，絞也。纆，索也。」索隱韋昭云：「纆，徽也。」又通俗文云：「合繩曰糾。」字林云：「纆，三合繩也。音墨。」糾音九。

【一〇】索隱此乃淮南子及鶡冠子文也。彼作「水激則悍」。而吕氏春秋作「疾」，以言水激疾則去疾，不能浸潤，矢激疾則去遠也。説文「旱」與「悍」同音，以言水矢流飛，本以無礙爲通利，今遇物觸之，則激怒，更勁疾而遠悍，猶人或因禍致福，倚伏無常也。

【一一】集解漢書「專」字作「鈞」。如淳曰：「陶者作器於鈞上，此以造化爲大鈞。」索隱漢書云「大鈞播物」，此「專」讀曰「鈞」。槃猶轉也，與播義同。如淳云：「陶者作器於鈞上，以造化為大鈞也。」虞喜志林云：「大鈞造化之神，鈞陶萬物，品授羣形者也。」案：上鄒陽傳注云「陶家名模下圓轉者為鈞，言其能制器大小，以比之於天」。

【一二】集解應劭曰：「其氣坱軋，非有限齊也。」坱音若央，軋音若乙。索隱坱圠無垠。應劭云：「其氣坱圠，非有限齊也。」案：無垠謂無有際畔也。說文云垠，圻也。郭璞注方言云「坱圠者，不測也」。王逸注楚詞云「坱圠，霧氣昧也〔三〇〕」。正義坱，烏郎反。軋，於黠反。

【一三】索隱與音預也。

且夫天地為鑪兮，造化為工；【一】陰陽為炭兮，萬物為銅。【二】合散消息兮，安有常則；【三】千變萬化兮，未始有極。【四】忽然為人兮，何足控摶；【五】化為異物兮，【六】又何足患！【七】小知自私兮，賤彼貴我；【八】通人大觀兮，物無不可。【九】貪夫徇財兮，烈士徇名；【一〇】夸者死權兮，【一一】品庶馮生。【一二】怵迫之徒兮，或趨西東；【一三】大人不曲兮，【一四】億變齊同。拘士繫俗兮，攌如囚拘〔三一〕；【一五】至人遺物兮，獨與道俱。【一六】衆人或或兮，好惡積意；【一七】真人淡漠兮，獨與道息。【一八】釋知遺形兮，超然自喪；【一九】寥廓忽荒兮，與道翺翔。乘流則逝兮，得坻則止；【二〇】縱軀委命兮，不私與己。其生若浮兮，其死若休；【二一】澹乎若深淵之靜，氾乎若不繫之舟。【二二】不以生故自寶兮，【二三】養空而浮；【二四】德人無累兮，【二五】知命不憂。細故蔕薊兮，何足以疑！【二六】

【一】索隱 此莊子文。

【二】索隱 既以陶冶喻造化，故以陰陽爲炭，萬物爲銅也。

【三】索隱 莊子云：「人之生也，氣之聚也。聚則爲生，散則爲死。」

【四】索隱 莊子云：「人之形千變萬化，未始有極。」

【五】集解 如淳曰：「控，引也。控摶，玩弄愛生之意也。」索隱 按：控，引也。摶音徒端反。控摶謂引持而自玩弄，貴生之意也。又本作「控揣」。揣音初委反，又音丁果反。揣者，量也。故晉灼云「或然爲人，言此生甚輕耳，何足引物量度己年命之長短而愛惜乎」！

【六】索隱 謂死而形化爲鬼，是爲異物也。

【七】索隱 協音環。

【八】索隱 莊子云「以物觀之，自貴而相賤」是也。

【九】索隱 莊子云「物固有所然，物固有所可，無物不然，無物不可」也。

【一〇】集解 應劭曰：「徇，營也。」瓚曰：「以身從物曰徇。」索隱 此語亦出莊子。臣瓚云「亡身從物謂之殉」也。

【一一】集解 應劭曰：「夸，毗也。好營死於權利〔三二〕。」瓚曰：「夸，泰也。莊子曰『權勢不尤，則夸者不悲〔三三〕』也。」索隱 言好夸毗者死於權利，是言貪權勢以自矜夸者至死不休也。按：楗爲舍人注爾雅云「夸毗，卑身屈己也」。曹大家云「體柔人之夸毗也」。注「權勢不尤，則夸者不悲」〔三四〕。尤，甚也。言勢不甚用，則夸毗者可悲也。

【一二】集解孟康曰：「馮，貪也。」索隱漢書作「每生」，音謀在反。孟康云「每者，貪也」。服虔云「每，念生也」。鄒誕本亦作「每」，言唯念生而已。今此作「馮」，馮亦持念之意也。然案方言「每」字合從手旁，每音莫改反也。正義馮音憑。

【一三】集解孟康曰：「怵，爲利所誘怵也。迫，迫貧賤，東西趨利也。」索隱漢書亦有作「私東」。應劭云：「仕諸侯爲私。時天子居長安，諸王悉在關東，羣小怵然，内迫私家，樂仕諸侯，故云『怵迫私東』也。」李奇曰：「『私』多作『西』者，言東西趨利也。」怵音黜。又言怵者，誘也。

【一四】索隱張機云：「德無不包，靈府弘曠，故名『大人』也。」

【一五】集解徐廣曰：「攌音華板反，又音脘。」索隱樌音和板反。説文云「樌，大木柵也」。漢書作「儈」，音去隕反。

【一六】索隱莊子云：「古之至人，先存諸己，後存諸人。」張機云：「體盡於聖，德美之極，謂之至人。」

【一七】集解李奇曰：「或或，東西也。所好所惡，積之萬億也。」瓚曰：「言衆懷抱好惡，積之心意。」正義按：意，合韻音憶。

【一八】索隱莊子云：「古之真人，不知悦生，不知惡死，不以心捐道，不以人助天。」吕氏春秋曰：「精氣日新，邪氣盡去，反其天年，謂之真人也。」

【一九】集解服虔曰：「絶聖弃知而忘其身也。」索隱按：釋智謂絶聖弃智也。遺形者，「形故可使如槁木」是也。自喪者，謂「心若死灰」也。莊周云「今者吾喪我，汝知之乎」？

【三〇】集解徐廣曰：「坻，一作『坎』。」駰案：張晏曰「坻，水中小洲也」。索隱漢書「坻」作「坎」。按：周易坎「九二，有險」，言君子見險則止。

【三一】索隱莊子云「勞我以生，休我以死」也。

【三二】索隱出莊子也。

【三三】索隱鄧展云：「自寶，自貴也。」

【三四】集解漢書音義曰：「如舟之空也。」索隱言體道之人，但養空性而心若浮舟也。

【三五】索隱按：德人謂上德之人，心中無物累，是得道之士也。

【三六】集解韋昭曰：「慸音士介反。」索隱薊音介。漢書作「介」。張揖云：「遰介，鯁刺也。以言細微事故不足遰介我心，故云『何足以疑』也。」正義慸，忍邁反。薊，加邁反。

後歲餘，賈生徵見。孝文帝方受釐，【一】坐宣室。【二】上因感鬼神事，而問鬼神之本。賈生因具道所以然之狀。至夜半，文帝前席。既罷，曰：「吾久不見賈生，自以爲過之，今不及也。」居頃之，拜賈生爲梁懷王太傅。【三】梁懷王，文帝之少子，愛，而好書，故令賈生傅之。

【一】集解徐廣曰：「祭祀福胙也。」駰案：如淳曰「漢唯祭天地五時，皇帝不自行，祠還致福」。釐音僖。

【二】集解蘇林曰：「未央前正室。」　索隱三輔故事云：「宣室在未央殿北。」應劭云：「釐，祭餘肉也。音僖。」

【三】索隱梁懷王名揖〔三五〕，文帝子。

文帝復封淮南厲王子四人皆爲列侯。賈生諫，以爲患之興自此起矣。賈生數上疏，言諸侯或連數郡，非古之制，可稍削之。文帝不聽。

居數年，懷王騎，墮馬而死，【一】無後。賈生自傷爲傅無狀，哭泣歲餘，亦死。賈生之死時年三十三矣。及孝文崩，孝武皇帝立，舉賈生之孫二人至郡守，而賈嘉最好學，世其家，與余通書。至孝昭時，列爲九卿。

【一】集解徐廣曰：「文帝十一年。」

太史公曰：余讀離騷、天問、招魂、哀郢，悲其志。適長沙，觀屈原所自沈淵，【一】未嘗不垂涕，想見其爲人。及見賈生弔之，又怪屈原以彼其材，游諸侯，何國不容，而自令若是。讀服鳥賦，同死生，輕去就，又爽【二】然自失矣。

【一】索隱按：荊州記云「長沙羅縣，北帶汨水。去縣四十里是原自沈處，北岸有廟也」。

【二】集解徐廣曰：「一本作『奭』。」

【索隱述贊】屈平行正，以事懷王。瑾瑜比潔，日月爭光。忠而見放，讒者益章。賦騷見志，懷沙自傷。百年之後，空悲弔湘。

校勘記

〔一〕楚王始都是生子瑕　離騷「帝高陽之苗裔兮」王逸注作「（楚武王）始都於郢，是時生子瑕」。

〔二〕蓋今　「今」下原有「在」字。張文虎札記卷五：「『在』字疑即下『左』字之譌衍。」今據刪。

〔三〕左右拾遺　通鑑卷五周紀五赧王四十三年「左徒」胡三省注引正義「拾遺」下有「補闕」二字。

〔四〕曰以爲　張文虎札記卷五：「治要無『曰』字。今本有者，疑旁注異文誤混。」按：「曰」與「以爲」同義並列。本書卷六〇三王世家：「臣青翟等竊與列侯臣壽成等二十七人議，皆曰以爲尊卑失序。」亦以「曰以爲」連文。

〔五〕此條集解原作索隱，據景祐本、紹興本、耿本、黄本、彭本、柯本、凌本、殿本改。

〔六〕昭睢　原作「昭雎」，據耿本改。按：本書卷四〇楚世家亦作「昭睢」。

〔七〕注易　「易」，耿本、黄本、彭本、柯本、凌本、殿本作「周易」。

〔八〕汶汶者音閔　張文虎札記卷五：「疑衍『汶者』二字。」按：耿本、黄本、彭本、柯本、凌本、殿本作「汶汶音門門」。

〔九〕惛憒　「憒」，原作「憤」，據耿本改。

〔一〇〕王師叔曰汨行貌也　耿本、黄本、彭本、柯本、凌本、殿本無此八字。又，「王師叔」，疑當作「王叔師」。按：此引王逸楚辭注。後漢書卷八〇上文苑傳上王逸傳：「王逸字叔師。」

〔一一〕歎無人聲　「歎」，疑當作「默」或「漠」。按：楚辭懷沙「孔靜幽默」王逸注：「默，默無聲也。言江南山高澤深，視之冥冥，野甚清淨，漠無人聲。」

〔一二〕違離常道　「常」，原作「光」，據黄本、彭本、柯本、凌本、殿本改。

〔一三〕眄也　「眄」，黄本、彭本、柯本、凌本、殿本作「盻」。

〔一四〕應瑞圖　疑當作「瑞應圖」。按：本書卷一〇孝文本紀「當有玉英見」集解、卷一二孝武本紀「甘泉防生芝九莖」集解並引瑞應圖。南齊書卷一八祥瑞志：「齊氏受命，事殷前典。黄門郎蘇侃撰聖皇瑞應記，永明中庾温撰瑞應圖。」隋書卷三四經籍志三：「瑞應圖三卷。」

〔一五〕曾傷爰哀　王念孫雜志史記第五：「『曾傷爰哀』四句，乃後人據楚辭增入，非史記原文也。『曾唫恒悲』四句，即『曾傷爰哀』四句之異文，特史記在『道遠忽兮』之下，楚辭在『余何畏懼兮』之下耳。」

〔一六〕自投　王念孫雜志史記第五以爲當作「自沈」。按：景祐本、紹興本、耿本、黄本皆作「自投」。後漢書卷一六寇榮傳「從屈原之悲」李賢注、文選卷一二郭璞江賦「悲靈均之任石」李善注引史記並作「投」。漢書卷四八賈誼傳亦作「自投」，文選卷六〇賈誼弔屈原文同。

〔一七〕此條索隱原在下文「賈生爲長沙王太傅」句下：「賈誼祠及誼坐石牀在也」，原作「賈誼宅及誼石牀在矣」，今據耿本、黄本、彭本、柯本、凌本、殿本乙改。

〔一八〕不自得意　漢書卷四八賈誼傳「于嗟默默」顔師古注引應劭無「自」字。

〔一九〕險徵　原作「險微」。梁玉繩志疑卷三一：「困學紀聞十二云『顔注險阨之證，則微當作徵』。王説是。文選作『徵』，則知今本史、漢傳訛爲『微』久矣。」今據改。

〔二〇〕横江湖之鱣鱏　「鱣鱏」，漢書卷四八賈誼傳作「鱣鯨」，文選卷六〇賈誼弔屈原文同。

〔二一〕解詁音碎也　「解詁」，原作「師古」，據黄本、彭本、柯本、凌本、殿本改。耿本作「解古」。張文虎札記卷五：「此自引漢書注，合刻改『師古』二字爲『解詁』，謬。」按：張説誤。本書卷一八高祖功臣侯者年表「邵」索隱引周成雜字解詁。隋書卷三二經籍志一録雜字解詁四卷，題魏掖庭右丞周氏撰。

〔二二〕張晏曰沕潛藏也　「張晏」，原作「徐廣」，據景祐本、紹興本改。按：漢書卷四八賈誼傳「沕淵潛以自珍」顔師古注：「鄧展曰：『沕，音昧。』張晏曰：『潛藏也。』」張晏承鄧展注，以「潛藏」釋「沕」，文義甚明。下索隱云「張晏曰『沕，潛藏也』」，亦其證。後人傳寫，誤「張晏」爲「徐廣」，又誤以爲「藏」字注「潛」，故分集解注爲二，今正。

〔三〕吴芮故城在潭州長沙縣東南三百里　疑文有脱誤。按：本書卷八高祖本紀「吴芮爲長沙王，都臨湘」正義引括地志：「潭州長沙縣，本漢臨湘縣，長沙王吴芮都之。」吴芮都臨湘，即長沙縣城。

〔四〕山鴞　漢書卷四八賈誼傳「服似鴞」顏師古注、文選卷一三賈誼鵩鳥賦「鵩似鴞」李善注引晉灼説皆作「鳥」，與索隱引晉灼合。

〔五〕有鳥小如鷄　「如」字原無。張文虎札記卷五：「『鳥』下疑脱『如』字。」按：文選卷一三賈誼鵩鳥賦李善注引巴蜀異物志「小」下有「如」字，今據補。

〔六〕讖驗言也　「言」字疑衍。按：説文言部：「讖，驗也。」文選卷一三賈誼鵩鳥賦李善注引説文、漢書卷四八賈誼傳「讖言其度」顏師古注並無「言」字。

〔七〕雜筴辭云然　耿本、黄本、彭本、柯本、凌本、殿本作「讖策之辭」。

〔八〕傅巖在河東太陽縣　「太陽」，疑當作「大陽」。按：漢書卷二八上地理志上河東郡有大陽縣，顏師古注引應劭曰：「在大河之陽。」後漢書卷七二董卓傳「既到大陽」李賢注：「大陽，縣，屬河東郡。十三州記曰：『傅巖在其界，今住穴尚存。』」

〔九〕六十里　耿本、黄本、彭本、柯本、凌本、殿本作「十里」。

〔三〇〕霧氣昧也　「霧」上原有「雲」字，據耿本、黄本、彭本、柯本、凌本、殿本删。按：楚辭招隱士「坱兮軋」王逸注：「霧氣昧也。」

〔三一〕橱如囚拘　錢大昕考異卷五：「説文無『攌』字。漢書作『僒』，而蘇林音欺全反，却與『圜』音相近。」

〔三二〕好營死於權利　「營」，景祐本、紹興本、耿本、黄本、彭本、柯本、凌本、殿本作「榮」。

〔三三〕夸者不悲　「不」字疑衍。按：莊子徐無鬼：「權勢不尤則夸者悲。」漢書卷四八賈誼傳顔師古注臣瓚引莊子無「不」字。

〔三四〕注權勢不尤則夸者不悲　此十字原無，據索隱本補。

〔三五〕梁懷王名揖　「揖」，原作「楫」，據耿本、黄本、彭本、柯本、凌本、殿本改。按：本書卷一〇孝文本紀云「子揖爲梁王」，漢書卷四七文三王傳云「梁懷王揖」。

史記卷八十五

呂不韋列傳第二十五

呂不韋者，陽翟【一】大賈【二】人也。往來販賤賣貴，【三】家累千金。

【一】索隱 音狄，俗又音宅。地理志縣名，屬潁川。按：戰國策以不韋爲濮陽人，又記其事迹亦多與此傳不同。班固雖云太史公採戰國策，然爲此傳當別有所聞見，故不全依彼説。或者劉向定戰國策時，以己異聞改彼書，遂令不與史記合也。正義 陽翟，今河南府縣。

【二】索隱 音古。鄭玄注周禮云「行曰商，處曰賈」。

【三】集解 徐廣曰：「一本云『陽翟大賈也，往來賤買貴賣』也。」索隱 王劭賣音作育。案：「育」「賣」義同，今依義。

秦昭王四十年，太子死。其四十二年，以其次子安國君【一】爲太子。安國君有子二十餘人。安國君有所甚愛姬，立以爲正夫人，號曰華陽夫人。華陽夫人無子。安國君中男名子楚，【一】子楚母曰夏姬，毋愛。子楚爲秦質【二】子於趙。秦數攻趙，趙不甚禮子楚。

【一】索隱名柱，後立，是爲孝文王也。

【二】索隱即莊襄王也。戰國策曰本名異人，後從趙還，不韋使以楚服見，王后悅之，曰「吾楚人也」，而子字之，乃變其名曰子楚也。

【三】索隱舊音致，今讀依此。穀梁傳曰「交質子不及二伯」。左傳曰「信不由中，質無益也」。

子楚，秦諸庶孽孫，【一】質於諸侯，車乘進用【二】不饒，居處困，不得意。呂不韋賈邯鄲，見而憐之，曰「此奇貨可居」。【三】乃往見子楚，説曰：「吾能大子之門。」子楚笑曰：「且自大君之門，而乃大吾門！」呂不韋曰：「子不知也，吾門待子門而大。」子楚心知所謂，乃引與坐，深語。【四】呂不韋曰：「秦王老矣，安國君得爲太子。竊聞安國君愛幸華陽夫人，華陽夫人無子，能立適嗣者【五】獨華陽夫人耳。今子兄弟二十餘人，子又居中，不甚見幸，久質諸侯。即大王薨，安國君立爲王，則子毋幾得與長子【六】及諸子旦暮在前者爭爲太子矣。」子楚曰：「然。爲之柰何？」呂不韋曰：「子貧，客於此，非有以奉獻於親及結賓客也。不韋雖貧，請以千金爲子西游，事安國君及華陽夫人，立子爲適嗣。」子楚乃頓首曰：「必如君策，請得分秦國與君共之。」

【一】索隱韓王信傳亦曰「韓信，襄王孽孫」。張晏曰「孺子曰孽子」。何休注公羊「孽，賤子也」。

以非嫡正，故曰孽。

【二】索隱按：下文云「以五百金爲進用」，宜依小顏讀爲「賫」，音才刃反。進者，財也，古字假借之也。

【三】集解以子楚方財貨也。正義戰國策云：「濮陽人呂不韋賈邯鄲，見秦質子異人，謂其父曰：『耕田之利幾倍？』曰：『十倍。』『珠玉之贏幾倍？』曰：『百倍。』『立主定國之贏幾倍？』曰：『無數。』不韋曰：『今力田疾作，不得煖衣飽食；今定國立君，澤可遺後世，願往事之。』秦子異人質於趙，處於𢈈城，故往說之。乃說秦王后弟陽泉君曰：『君之罪至死，君知之乎？君門下無不居高官尊位，太子門下無貴者〔一〕，而駿馬盈外廄，美女充後庭。王之春秋高矣，一日山陵崩，太子用事，君危於累卵，而不壽於朝生。今有計可以使君富千萬〔二〕，寧於太山，必無危亡之患矣。』陽泉曰：『請聞其說。』不韋曰：『王年高矣，王后無子。子傒有承國之業，士倉又輔之。王一日山陵崩，子傒立，士倉用事，王后之門必生蓬蒿。子楚異人〔三〕，賢材也，棄在於趙，無母，引領西望，欲一得歸。王后誠請而立之，是異人無國有國，王后無子有子。』陽泉曰：『諾。』入說王后，爲請於趙而歸之。」

【四】索隱謂既解不韋所言之意，遂與密謀深語也。

【五】正義適音嫡。

【六】索隱毋音無。幾音冀。幾，望也。左傳曰「日月以幾〔四〕」。戰國策曰「子傒承國之業〔五〕」。

高誘注云「子傒，秦太子異人之異母兄弟也」。正義言子楚無望得爲太子。

呂不韋乃以五百金與子楚，爲進用，結賓客；而復以五百金買奇物玩好，自奉而西游秦，求見華陽夫人姊，而皆以其物獻華陽夫人。因言子楚賢智，結諸侯賓客徧天下，常曰「楚也以夫人爲天，日夜泣思太子及夫人」。夫人大喜。不韋因使其姊說夫人【一】曰：「吾聞之，以色事人者，色衰而愛弛。今夫人事太子，甚愛而無子，不以此時蚤自結於諸子中賢孝者，舉立以爲適而子之，【二】夫在則重尊〔六〕，夫百歲之後，所子者爲王，終不失勢，此所謂一言而萬世之利也。不以繁華時樹本，即色衰愛弛後，雖欲開一語，尚可得乎？今子楚賢，而自知中男也，次不得爲適，其母又不得幸，自附夫人，夫人誠以此時拔以爲適，夫人則竟世有寵於秦矣。」華陽夫人以爲然，承太子閒，從容【三】言子楚質於趙者絶賢，來往者皆稱譽之。乃因涕泣曰：「妾幸得充後宮，不幸無子，願得子楚立以爲適嗣，以託妾身。」安國君許之，乃與夫人刻玉符，約以爲適嗣。安國君及夫人因厚餽遺子楚，而請呂不韋傅之，子楚以此名譽益盛於諸侯。

【一】索隱戰國策作「說秦王后弟陽泉君」也。

【二】索隱以此爲一句，子謂養之爲子也。然欲分「立以爲適」作上句，「而子之夫在則尊重」作下句，意亦通。

【三】索隱 閒音閑。從音七恭反。

呂不韋取邯鄲諸姬絕好善舞【一】者與居，知有身。子楚從不韋飲，見而說之，因起爲壽，請之。呂不韋怒，念業已破家爲子楚，欲以釣奇，【二】乃遂獻其姬。姬自匿有身，至大期時，【三】生子政。子楚遂立姬爲夫人。

【一】索隱 言其姿容絕美而又善舞也。

【二】索隱 釣者，以取魚喻也。奇即上云「此奇貨可居」也。

【三】集解 徐廣曰：「期，十二月也。」索隱 徐廣云「十二月也」。譙周云「人十月生，此過二月，故云『大朞』」，蓋當然也。既云自匿有娠，則生政固當踰常朞也。

秦昭王五十年，使王齮圍邯鄲，急，趙欲殺子楚。子楚與呂不韋謀，行金六百斤予守者吏，得脫，亡赴秦軍，遂以得歸。趙欲殺子楚妻子，子楚夫人，趙豪家女也，得匿，以故母子竟得活。秦昭王五十六年，薨，太子安國君立爲王，華陽夫人爲王后，子楚爲太子。趙亦奉子楚夫人及子政歸秦。

秦王立一年，薨，謚爲孝文王。太子子楚代立，是爲莊襄王。莊襄王所母【一】華陽后爲華陽太后，真母夏姬尊以爲夏太后。莊襄王元年，以呂不韋爲丞相，【二】封爲文信侯，食河南雒陽〔三〕十萬户。

〔一〕索隱劉氏本作「所生母」，「生」衍字也。今檢諸本並無「生」字。

〔二〕索隱下文「尊爲相國」。案：百官表曰「皆秦官，金印紫綬，掌承天子助理萬機。秦置左右，高帝置一，後又更名相國，哀帝時更名大司徒」。

〔三〕索隱戰國策曰「食藍田十二縣」。而秦本紀莊襄王元年初置三川郡，地理志高祖更名河南。此秦代而曰「河南」者，史記後作，據漢郡而言之耳。

莊襄王即位三年，薨，太子政立爲王，〔一〕尊呂不韋爲相國，號稱「仲父」。〔二〕秦王年少，太后時時竊私通呂不韋。不韋家僮萬人。

〔一〕集解徐廣曰：「時年十三。」

〔二〕正義仲，中也，次父也。蓋效齊桓公以管仲爲仲父。

當是時，魏有信陵君，〔一〕楚有春申君，趙有平原君，齊有孟嘗君，〔二〕皆下士喜賓客以相傾。呂不韋以秦之彊，羞不如，亦招致士，厚遇之，至食客三千人。是時諸侯多辯士，如荀卿之徒，著書布天下。呂不韋乃使其客人人著所聞，集論以爲八覽、六論、十二紀，二十餘萬言。〔三〕以爲備天地萬物古今之事，號曰呂氏春秋。布咸陽〔四〕市門，懸千金其上，延諸侯游士賓客有能增損一字者予千金。

【一】正義年表云秦昭王五十六年，平原君卒；始皇四年，信陵君死；始皇九年，李園殺春申君。孟嘗君當秦昭王二十四年已後而卒，最早。

【二】索隱按：王劭云「孟嘗、春申死已久」。據表及傳，孟嘗、平原死稍在前。信陵將五國兵攻秦河外，正當在莊襄王時，不韋已爲相。又春申與不韋並時，各相向十餘年，不得言死之久矣。

【三】索隱八覽者，有始、孝行、慎大、先識、審分、審應、離俗、時君也〔七〕。六論者，開春、慎行、貴直、不苟、以順〔八〕、士容也。十二紀者，記十二月也，其書有孟春等紀。二十餘萬言，二十六卷也。

【四】索隱地理志右扶風渭城縣，故咸陽，高帝更名新城，武帝更名渭城〔九〕。案：咸訓皆，其地在渭水之北，北阪之南，水北曰陽，山南亦曰陽，皆在二者之陽也。

始皇帝益壯，太后淫不止。呂不韋恐覺禍及己，乃私求大陰人嫪毐以爲舍人，時縱倡樂，使毐以其陰關桐輪而行，【一】令太后聞之，以啗太后。太后聞，果欲私得之。呂不韋乃進嫪毐，詐令人以腐罪【二】告之。不韋又陰謂太后曰：「可事詐腐，則得給事中。」太后乃陰厚賜主腐者吏，詐論之，拔其鬚眉爲宦者，遂得侍太后。太后私與通，絕愛之。有身，太后恐人知之，詐卜當避時，徙宮居雍。【三】嫪毐常從，賞賜甚厚，事皆決於嫪毐。嫪毐家僮數千人，諸客求宦爲嫪毐舍人千餘人。

【一】正義以桐木爲小車輪。

【二】正義腐音輔，謂宮刑胥靡也。

【三】正義雍故城在岐雍縣南七里〔一〇〕，有秦都大鄭宮。

始皇七年，莊襄王母夏太后薨。孝文王后曰華陽太后，與孝文王會葬壽陵。【一】夏太后子莊襄王葬芷陽，【二】故夏太后獨別葬杜東，【三】曰「東望吾子，西望吾夫。後百年，旁當有萬家邑」。【四】

【一】正義秦孝文王陵在雍州萬年縣東北二十五里。

【二】索隱芷音止。地理志京兆霸陵縣，故芷陽。案：在長安東也。正義秦莊襄陵在雍州新豐縣西南三十五里。始皇在北，故俗亦謂之「見子陵」。

【三】索隱杜原之東也。正義夏太后陵在萬年縣東南二十五里。

【四】索隱按：宣帝元康元年起杜陵。漢舊儀武、昭、宣三陵皆三萬户，計去此一百六十餘年也。

始皇九年，有告嫪毐實非宦者，常與太后私亂，生子二人，皆匿之。與太后謀曰「王即薨，以子爲後」。【一】於是秦王下吏治，具得情實，事連相國呂不韋。九月，夷嫪毐三族，殺太后所生兩子，而遂遷太后於雍。【二】諸嫪毐舍人皆没其家而遷之蜀。【三】王欲誅相國，爲其奉先王功大，及賓客辯士爲游説者衆，王不忍致法。

【一】集解說苑曰：「毐與侍中左右貴臣博飲酒〔一〕，醉，爭言而鬬，瞋目大叱曰：『吾乃皇帝假父也，窶人子何敢乃與我亢！』所與鬬者走，行白始皇。」索隱劉氏窶音其矩反。今俗本多作「屨」字，蓋相承錯耳，不近詞義。今按：説苑作「窶子」〔二〕，言輕諸侍中，以爲窮窶家之子也。

【二】索隱按：説苑云遷太后棫陽宫。地理志雍縣有棫陽宫，秦昭王所起也。

【三】索隱家謂家産資物，並没入官，人口則遷之蜀也。

秦王十年十月，免相國呂不韋。及齊人茅焦説秦王，秦王乃迎太后於雍，歸復咸陽，【一】而出文信侯就國河南。

【一】集解徐廣曰：「入南宫。」

歲餘，諸侯賓客使者相望於道，請文信侯。秦王恐其爲變，乃賜文信侯書曰：「君何功於秦？秦封君河南，食十萬户。君何親於秦？號稱仲父。其與家屬徙處蜀！」呂不韋自度稍侵，恐誅，乃飲酖而死。【一】秦王所加怒呂不韋、嫪毐皆已死，乃皆復歸嫪毐舍人遷蜀者。

【一】集解徐廣曰：「十二年。」駰案：皇覽曰「呂不韋冢在河南洛陽北邙道西大冢是也。民傳言呂母冢。不韋妻先葬，故其冢名『呂母』也」。

始皇十九年，太后薨，謚爲帝太后，【一】與莊襄王會葬茝陽。【二】

【一】索隱王劭云「秦不用謚法，此蓋號耳」，其義亦當然也。始皇稱皇帝之後，故其母號爲帝太后，豈謂誄列生時之行乎！

【二】集解徐廣曰：「一作『芷陽』。」

太史公曰：不韋及嫪毐貴，封號文信侯。【一】人之告嫪毐，毐聞之。秦王驗左右，未發。上之雍郊，毐恐禍起，乃與黨謀矯太后璽發卒以反蘄年宮。【二】發吏攻毐，毐敗亡走，追斬之好畤，【三】遂滅其宗。而呂不韋由此絀矣。孔子之所謂「聞」者，其呂子乎？【四】

【一】索隱按：文信侯，不韋封也。嫪毐封長信侯。上文已言不韋封，此贊中言嫪毐得寵貴由不韋耳，今此合作「長信侯」也。

【二】正義蘄年宮在岐州城西故城內。

【三】索隱地理志扶風有好畤縣也。

〔四〕集解論語曰：「夫聞也者，色取仁而行違，居之不疑，在邦必聞，在家必聞。」馬融曰：「此言佞人也。」

【索隱述贊】不韋釣奇，委質子楚。華陽立嗣，邯鄲獻女。及封河南，乃號仲父。徙蜀懲謗，懸金作語。籌策既成，富貴斯取。

校勘記

〔一〕太子門下無貴者　四庫全書考證卷二四：「按戰國策此句下有『君之府藏珍珠寶玉』八字，諸本皆脱。」

〔二〕富千萬　戰國策秦策五作「富貴千萬歲」。

〔三〕子楚異人　戰國策秦策五無「楚」字。

〔四〕日月以幾　「日月」，左傳哀公十六年作「日日」。

〔五〕子傒承國之業　「承」上疑脱「有」字。按：上文「此奇貨可居」正義引戰國策作「子傒有承國之業」，戰國策秦策五同。

〔六〕重尊　張文虎札記卷五：「據上索隱引，則當作『尊重』。」按：通志卷九四列傳七作「尊重」。

〔七〕時君　呂氏春秋恃君覽作「恃君」。

〔八〕以順　呂氏春秋作「似順」。古「以」、「似」通用。按：呂氏春秋似順論：「事多似倒而順，多似順而倒。有知順之爲倒，倒之爲順者，則可與言化矣。」

〔九〕武帝更名渭城　「武帝」，原作「景帝」，據耿本、黃本、彭本、柯本、凌本、殿本改。按：漢書卷二八上地理志上右扶風：「渭城，故咸陽，高帝元年更名新城，七年罷，屬長安。武帝元鼎三年更名渭城。」本書卷八高祖本紀「高祖常繇咸陽」索隱引韋昭曰：「秦所都，武帝更名渭城。」卷五四曹相國世家「東取咸陽，更命曰新城」索隱：「漢書高帝元年咸陽名新城，武帝改名曰渭城。」

〔一〇〕雍故城在岐雍縣南　「岐」下疑脱「州」字。按：依正義文例，「岐」下當有「州」字。本書卷一二九貨殖列傳「居雍」正義：「雍，縣。岐州雍縣也。」

〔一一〕與侍中左右貴臣博飲酒　「博」下原有「弈」字，據景祐本、紹興本、耿本、黃本、彭本、柯本、凌本、殿本刪。按：説苑正諫作「與侍中左右貴臣俱博飲酒」。

〔一二〕寠子　疑當作「寠人子」。按：集解引説苑作「寠人子」，與説苑正諫合。

史記卷八十六

刺客列傳第二十六

曹沫者，魯人也，【一】以勇力事魯莊公。莊公好力。曹沫爲魯將，與齊戰，三敗北。魯莊公懼，乃獻遂邑之地以和。【二】猶復以爲將。

【一】索隱沫音亡葛反。左傳、穀梁並作「曹劌」，然則沫宜音劌，沫、劌聲相近而字異耳。此作「曹沫」，事約公羊爲説，然彼無其名，直云「曹子」而已。且左傳魯莊十年，戰于長勺，用曹劌謀敗齊，而無劫桓公之事。十三年盟于柯，公羊始論曹子。穀梁此年惟云「曹劌之盟，信齊侯也」，又記不具行事之時。

【二】索隱左傳「齊人滅遂」，杜預云「遂國在濟北蛇丘縣東北也」。正義故城在兗州龔丘縣西北七十六里也。

齊桓公許與魯會于柯而盟。【一】桓公與莊公既盟於壇上，曹沫執匕首劫齊桓公，【二】

桓公左右莫敢動，而問曰：「子將何欲？」【三】曹沫曰：「齊强魯弱，而大國侵魯亦以甚矣。今魯城壞即壓齊境，【四】君其圖之。」桓公乃許盡歸魯之侵地。既已言，曹沫投其匕首，下壇，北面就羣臣之位，顏色不變，辭令如故。桓公怒，欲倍其約。【五】管仲曰：「不可。夫貪小利以自快，棄信於諸侯，失天下之援，不如與之。」於是桓公乃遂割魯侵地，曹沫三戰所亡地盡復予魯。

【一】索隱杜預云：「濟北東阿，齊之柯邑，猶祝柯今爲祝阿也。」

【二】索隱匕音比。劉氏云「短劍也」。鹽鐵論以爲長尺八寸，其頭類匕，故云「匕首」也〔一〕。

【三】索隱公羊傳曰：「管子進曰：『君何求？』」何休注云：「桓公卒不能應，管仲進爲言之也。」

【四】索隱齊魯鄰接，今齊數侵魯，魯之城壞，即壓近齊之境也。

【五】索隱倍音佩也。

其後百六十有七年而吴有專諸之事。【一】

【一】索隱「專」字亦作「鱄」，音同。左傳作「鱄設諸」。

專諸者，吴堂邑人也。【二】伍子胥之亡楚而如吴也，知專諸之能。伍子胥既見吴王僚，説以伐楚之利。吴公子光曰：「彼伍員父兄皆死於楚而員言伐楚，欲自爲報私讎也，非能爲吳。」吳王乃止。伍子胥知公子光之欲殺吳王僚，乃曰：「彼光將有內志，未可說以外事。」【二】乃進專諸於公子光。

【一】索隱 地理志臨淮有堂邑縣。

【二】索隱 言其將有內難弑君之志，且對外事生文。吳世家曰「知光有他志」。

光之父曰吳王諸樊。諸樊弟三人：次曰餘祭，【一】次曰夷昧，【二】次曰季子札。諸樊知季子札賢而不立太子，以次傳三弟，欲卒致國于季子札。諸樊既死，傳餘祭。餘祭死，傳夷眛。夷眛死，當傳季子札；季子札逃不肯立，吳人乃立夷眛之子僚爲王。公子光曰：「使以兄弟次邪，季子當立；必以子乎，則光真適嗣，當立。」故嘗陰養謀臣以求立。

【一】索隱 祭音側界反。

【二】索隱 亡葛反。公羊作「餘末」。

光既得專諸，善客待之。九年而楚平王死。【一】春，吳王僚欲因楚喪，使其二弟公子蓋餘、屬庸【二】將兵圍楚之灊；【三】使延陵季子於晉，以觀諸侯之變。楚發兵絕吳將蓋餘、屬庸路，吳兵不得還。於是公子光謂專諸曰：「此時不可失，不求何獲！且光真王嗣，當立，季子雖來，不吾廢也。」專諸曰：「王僚可殺也。母老子弱，而兩弟將兵伐楚，楚絕其後。方今吴外困於楚，而内空無骨鯁之臣，是無如我何。」【四】公子光頓首曰：「光之身，子之身也。」

【一】索隱 春秋昭二十六年「楚子居卒」是也。吴世家云「十二年」，此云「九年」，並誤。據表及左傳合在僚之十一年也〔二〕。

【二】索隱 屬音燭。二子僚之弟也。左傳作掩餘、屬庸。掩蓋義同，屬燭字相亂耳。

【三】索隱 事在魯昭二十七年。地理志廬江有灊縣，天柱山在南。音潛。杜預左傳注云「灊，楚邑，在廬江六縣西南也」。正義 灊故城在壽州霍山縣東二百步。

【四】索隱 左傳直云「王可殺也，母老子弱，是無若我何」。則是專設諸度僚可殺，言其少援救〔三〕，故云「無柰我何」。太史公採其意，且據上文，因復加以兩弟將兵外困之辭。而服虔、杜預見左氏下文云「我，爾身也」，「以其子爲卿」，遂彊解「是無如我何」猶言「我無若是，謂專諸欲以老弱託光」，義非允愜。王肅之説，亦依史記也。

四月丙子，【一】光伏甲士【二】於窟室中，【三】而具酒請王僚。王僚使兵陳自宫至光之家，門户階陛左右，皆王僚之親戚也。夾立侍，皆持長鈹。【四】酒既酣，公子光詳爲【五】足疾，入窟室中，使專諸置匕首魚炙之腹中【六】而進之。既至王前，專諸擘魚，因以匕首刺【七】王僚，王僚立死。左右亦殺專諸，王人擾亂。公子光出其伏甲以攻王僚之徒，盡滅之，遂自立爲王，是爲闔閭。闔閭乃封專諸之子以爲上卿。

【一】索隱 注僚之十二年夏也，吴系家以爲十三年，非也。左氏經、傳唯言「夏四月」，公羊、穀梁無傳，此與吴系家皆稱「丙子」〔四〕，當有所據，不知出何書。

【二】索隱 左傳曰「伏甲」，謂甲士也〔五〕。下文云「出其伏甲以攻王」。

【三】集解 徐廣曰：「窟，一作『空』。」

【四】集解 音披。索隱 音披，兵器也。劉逵吴都賦注：「鈹，兩刃小刀。」

【五】索隱 上音陽，下如字。左傳曰「光僞足疾」，此云「詳」，詳即僞也。或讀此「爲」字音僞，非也。豈詳僞重言耶？

【六】集解 徐廣曰：「炙，一作『炮』。」正義 炙，者夜反。

【七】索隱 刺音七賜反。

其後七十餘年而晉有豫讓之事。【一】

【一】集解 徐廣曰：「闔閭元年至三晉滅智伯六十二年。豫讓一作『襄』。」

豫讓者，晉人也，【一】故嘗事范氏及中行氏，而無所知名。【二】去而事智伯，【三】智伯甚尊寵之。及智伯伐趙襄子，趙襄子與韓、魏合謀滅智伯，滅智伯之後而三分其地。趙襄子最怨智伯，【四】漆其頭以爲飲器。【五】豫讓遁逃山中，曰：「嗟乎！士爲知己者死，女爲說己者容。今智伯知我，我必爲報讎而死，以報智伯，則吾魂魄不愧矣。」乃變名姓爲刑人，入宮塗廁，中挾匕首，欲以刺襄子。襄子如廁，心動，執問塗廁之刑人，則豫讓，內持刀兵，曰：「欲爲智伯報仇！」左右欲誅之。襄子曰：「彼義人也，吾謹避之耳。且智伯亡無後，而其臣欲爲報仇，此天下之賢人也。」卒醳去之。【六】

【一】索隱案：此傳所說，皆約戰國策文。

【二】索隱案：左傳范氏謂昭子吉射也。自士會食邑於范，後因以邑爲氏。中行氏，中行文子荀寅也。自荀林父將中行後，因以官爲氏。

【三】索隱案：智伯，襄子荀瑤也。襄子，林父弟荀首之後。范、中行、智伯事已具趙系家。

【四】索隱謂初則醉以酒，後又率韓、魏水灌晉陽，城不沒者三板，故怨深也。

【五】索隱案：大宛傳曰「匈奴破月氏王，以其頭爲飲器」。裴氏注彼引韋昭云「飲器，椑榼也」。晉灼曰「飲器，虎子也」。皆非。椑榼所以盛酒耳，非用飲者。晉氏以爲褻器者，以韓子、呂氏春秋並云襄子漆智伯頭爲溲杅，故云。正義劉云：「酒器也，每賓會設之，示恨深也。」按：諸先儒說恐非。

【六】索隱卒，足律反。醳音釋，字亦作「釋」。

居頃之，豫讓又漆身爲厲，【一】吞炭爲啞，【二】使形狀不可知，行乞於市。其妻不識也。行見其友，其友識之，曰：「汝非豫讓邪？」曰：「我是也。」其友爲泣曰：「以子之才，委質而臣事襄子，襄子必近幸子。近幸子，乃爲所欲，【三】顧不易邪？【四】何乃殘身苦形，欲以求報襄子，不亦難乎！」豫讓曰：「既已委質臣事人，而求殺之，是懷二心以事其君也。且吾所爲者【五】極難耳！然所以爲此者，將以愧天下後世之爲人臣懷二心以事其君者也。」【六】

【一】集解音賴。索隱癘音賴。賴，惡瘡病也。凡漆有毒，近之多患瘡腫，若賴病然，故豫讓以漆塗身，令其若癩耳。然厲賴聲相近，古多假「厲」爲「賴」，今之「癩」字從「疒」，故楚有賴鄉，亦作「厲」字，戰國策説此亦作「厲」字。

【二】索隱啞音烏雅反。謂瘖病。戰國策云：「漆身爲厲，滅鬚去眉，以變其容〔六〕，爲乞食人。其妻曰：『狀貌不似吾夫，何其音之甚相類也？』讓遂吞炭以變其音也。」

【三】索隱謂因得殺襄子。

【四】索隱顧，反也。耶，不定之辭。反不易耶，言其易也。

【五】索隱劉氏云：「謂今爲癘啞也。」

【六】索隱言寧爲厲而自刑，不可求事襄子而行殺，則恐傷人臣之義而近賊，非忠也。

既去，頃之，襄子當出，豫讓伏於所當過之橋下。【一】襄子至橋，馬驚，襄子曰：「此必是豫讓也。」使人問之，果豫讓也。於是襄子乃數豫讓曰：「子不嘗事范、中行氏乎？智伯盡滅之，而子不爲報讎，而反委質臣於智伯。智伯亦已死矣，而子獨何以爲之報讎之深也？」豫讓曰：「臣事范、中行氏，范、中行氏皆衆人遇我，我故衆人報之。至於智伯，國士遇我，我故國士報之。」襄子喟然歎息而泣曰：「嗟乎豫子！子之爲智伯，名既成矣，而寡人赦子，亦已足矣。子其自爲計，寡人不復釋子！」使兵圍之。豫讓曰：「臣聞明主不掩人之美，而忠臣有死名之義。前君已寬赦臣，天下莫不稱君之賢。今日之事，臣固伏誅，然願請君之衣而擊之，焉以致報讎之意，則雖死不恨。非所敢望也，敢布腹心！」於是襄子大義之，乃使使持衣與豫讓。豫讓拔劍三躍而擊之，【二】曰：「吾可以下報智伯矣！」遂伏劍自殺。死之日，趙國志士聞之，皆爲涕泣。

【一】正義汾橋下架水，在并州晉陽縣東一里。

【二】索隱戰國策曰：「衣盡出血。襄子迴車，車輪未周而亡。」此不言衣出血者，太史公恐涉怪妄，故略之耳。

其後四十餘年而軹有聶[illegible]

【一】集解自三[illegible]伯至殺俠累五十七年。

聶政者，軹深井里人也。【一】殺人避仇，與母、姊如齊，以屠爲事。

【一】索隱地理志河内有軹縣。深井，軹縣之里名也。正義在懷州濟源縣南三十里。

久之，濮陽嚴仲子【一】事韓哀侯，【二】與韓相俠累【三】有郤。【四】嚴仲子恐誅，亡去，游求人可以報俠累者。至齊，齊人或言聶政勇敢士也，避仇隱於屠者之閒。嚴仲子至門請，數反，然後具酒自暢【五】聶政母前。酒酣，嚴仲子奉黄金百溢，前爲聶政母壽。聶政驚怪其厚，固謝嚴仲子。嚴仲子固進，而聶政謝曰：「臣幸有老母，家貧，客游以爲狗屠，可以旦夕得甘毳【六】以養親。親供養備，不敢當仲子之賜。」嚴仲子辟人，因爲聶政言曰：「臣有仇，而行游諸侯衆矣；然至齊，竊聞足下義甚高，故進百金者，將用爲大人麤糲之費，【七】得以交足下之驩，豈敢以有求望邪！」聶政曰：「臣所以降志辱身【八】居市井屠者，徒幸以養老母；老母在，政身未敢以許人也。」【九】嚴仲子固讓，聶政竟不肯受也。然嚴仲子卒備賓主之禮而去。

【一】索隱高誘曰：「嚴遂，字仲子。」

【二】索隱案：表聶政殺俠累在列侯三年。列侯生文侯，文侯生哀侯，凡更三代，哀侯六年爲韓嚴所殺。今言仲子事哀侯，恐非其實。且太史公聞疑傳疑〔七〕，事難的據，欲使兩存，故表、傳各異。

【三】索隱上古夾反，下力追反。案：戰國策俠累名傀也。

【四】索隱戰國策云：「韓傀相韓，嚴遂重於君，二人相害也。嚴遂舉韓傀之過，韓傀叱之於朝，嚴遂拔劍趨之，以救解。」是有郤之由也。

【五】集解徐廣曰：「一作『賜』。」索隱徐氏云一作「賜」。案：戰國策作「觴」，近爲得也。正義數，色吏反。

【六】集解此芮反。索隱鄒氏音脃，二義相通也。

【七】正義糲猶麤米也，脱粟也。韋昭云：「古者名男子爲丈夫，尊婦嫗爲大人。」漢書宣元六王傳「王遇大人益解，爲大人乞骸去」。按大人，憲王外祖母。古詩云「三日斷五疋，大人故言遲」是也。

【八】索隱言其心志與身本應高絜，今乃卑下其志，屈辱其身。論語孔子謂「柳下惠降志辱身」是也。

【九】索隱禮記曰：「父母存，不許友以死。」

久之，聶政母死。既已葬，除服，聶政曰：「嗟乎！政乃市井之人，【一】鼓刀以屠；而嚴仲子乃諸侯之卿相也，不遠千里，枉車騎而交臣。臣之所以待之，至淺鮮矣，未有大功可以稱者，而嚴仲子奉百金爲親壽，我雖不受，然是者徒深知政也。夫賢者以感忿睚眦之意而親信窮僻之人，而政獨安得嘿然而已乎！且前日要政，政徒以老母；老母今以天年終，政將爲知己者用。」乃遂西至濮陽，見嚴仲子曰：「前日所以不許仲子者，徒以親在；今不幸而母以天年終。仲子所欲報仇者爲誰？請得從事焉！」嚴仲子具告曰：「臣之仇韓相俠累，俠累又韓君之季父也，宗族盛多，居處兵衛甚設，臣欲使人刺之，終莫能就〔八〕。今足下幸而不棄，請益其車騎壯士可爲足下輔翼者。」聶政曰：「韓之與衛，相去中閒不甚遠，【二】今殺人之相，相又國君之親，此其勢不可以多人，多人不能無生得失，【三】生得失則語泄，語泄是韓舉國而與仲子爲讎，【四】豈不殆哉！」遂謝車騎人徒。

【一】正義古者相聚汲水，有物便賣，因成市，故云「市井」。

【二】索隱高誘曰：「韓都潁川陽翟，衛都東郡濮陽，故曰『閒不遠』也。」

【三】索隱無生得。戰國策作「無生情」，言所將人多，或生異情，故語泄。此云「生得」，言將多人往殺俠累後，又被生擒而事泄，亦兩俱通也。

【四】集解徐廣曰：「一作『難』。」索隱徐注云一作「難」。戰國策譙周亦同。

聶政乃辭，獨行杖劍至韓，韓相俠累方坐府上，持兵戟而衛侍者甚衆。聶政直入，上階刺殺俠累，【一】左右大亂。聶政大呼，所擊殺者數十人，因自皮面決眼，【二】自屠出腸，遂以死。

【一】集解徐廣曰：「韓烈侯三年三月，盜殺韓相俠累。俠累名傀。戰國策曰『有東孟之會』，又云『聶政刺韓傀，兼中哀侯』。」索隱戰國策曰：「政直入，上階刺韓傀，傀走而抱哀侯，聶政刺之，兼中哀侯。」高誘曰：「東孟，地名也。」

【二】索隱皮面謂以刀割其面皮，欲令人不識。決眼謂出其眼睛。戰國策作「抉眼」，此「決」亦通，音烏穴反。

韓取聶政屍暴於市，【一】購問莫知誰子。於是韓縣購之〔九〕，有能言殺相俠累者予千金。久之莫知也。

【一】正義暴，蒲酷反。

政姊榮【一】聞人有刺殺韓相者，賊不得，國不知其名姓，暴其尸而縣之千金，乃於邑【二】曰：「其是吾弟與？嗟乎，嚴仲子知吾弟！」立起，如韓，之市，而死者果政也，伏尸哭，極哀，曰：「是軹深井里所謂聶政者也。」市行者諸衆人皆曰：「此人暴虐吾國相，王縣購其名姓千金，夫人不聞與？何敢來識之也？」榮應之曰：「聞之。然政所以蒙污辱自棄於市販之閒者，爲老母幸無恙，【三】妾未嫁也。親既以天年下世，妾已嫁夫，嚴仲子乃察舉吾弟困污之中【四】而交之，澤厚矣，可柰何！士固爲知己者死，今乃以妾尚在之故，重自刑以絶從，【五】妾其奈何畏殁身之誅，終滅賢弟之名！」大驚韓市人。乃大呼天者三，卒於邑悲哀而死政之旁。

【一】集解 一作「嫈」。 索隱 榮，其姊名也。戰國策無「榮」字。

【二】索隱 劉氏云：「煩冤愁苦。」

【三】索隱 爾雅云「恙，憂也」。楚詞云「還及君之無恙」。風俗通云「恙，病也。凡人相見及通書，皆云『無恙』」。又易傳云，上古之時，草居露宿。恙，齧蟲也，善食人心，俗悉患之，故相勞云「無恙」。恙非病也。

【四】索隱 案：察謂觀察有志行乃舉之。劉氏云察猶選也。

【五】集解 徐廣曰：「恐其姊從坐而死。」 索隱 重音持用反。重猶復也。爲人報讎死，乃以妾故復自刑其身，令人不識也。從音蹤，古字少，假借無旁「足」〔一〇〕，而徐氏以爲從坐，非也。劉氏亦音足松反。 正義 重，直龍反。自刑作「刊」。說文云：「刊，剟也。」按：重猶愛惜也。本爲嚴仲子報仇訖，愛惜其事，不令漏泄，以絶其蹤迹。其姊妄云爲己隱，誤矣。

晉、楚、齊、衞聞之，皆曰：「非獨政能也，乃其姊亦烈女也。鄉使政誠知其姊無濡忍之志，【一】不重暴骸之難，【二】必絶險千里以列其名，姊弟俱僇於韓市者，亦未必敢以身許嚴仲子也。嚴仲子亦可謂知人能得士矣！」

【一】索隱 濡，潤也。人性溼潤則能含忍，故云「濡忍」也。若勇躁則必輕死也。

【二】索隱 重難並如字。重猶惜也，言不惜暴骸之爲難也。

其後二百二十餘年秦有荆軻之事。【一】

【一】集解 徐廣曰：「聶政至荆軻百七十年爾。」索隱 徐氏據六國年表，聶政去荆軻一百七十年，則謂此傳率略而言二百餘年，亦當時爲不能細也。正義 按：年表從始皇二十三年至韓景侯三百七十年，若至哀侯六年，六百四十三年也〔一二〕。

荆軻者，衛人也。【一】其先乃齊人，徙於衛，衛人謂之慶卿。【二】而之燕，燕人謂之荆卿。

【一】索隱 按：贊論稱「公孫季功、董生爲余道之」，則此傳雖約戰國策而亦別記異聞。

【二】索隱 軻先齊人，齊有慶氏，則或本姓慶。春秋慶封，其後改姓賀。此亦至衛而改姓荆〔一三〕。荆慶聲相近，故隨在國而異其號耳。卿者，時人尊重之號，猶如相尊美亦稱「子」然也。

荆卿好讀書擊劍，【一】以術說衛元君，衛元君不用。其後秦伐魏，置東郡，徙衛元君之支屬於野王。【二】

【一】集解 呂氏劍技曰：「持短入長，倏忽從橫。」

【二】正義懷州河内縣。

荆軻嘗游過榆次，【一】與蓋聶論劍，【二】蓋聶怒而目之。荆軻出，人或言復召荆卿。蓋聶曰：「曩者吾與論劍有不稱者，吾目之；試往，是宜去，不敢留。」使使往之主人，荆卿則已駕而去榆次矣。使者還報，蓋聶曰：「固去也，吾曩者目攝之！」【三】

【一】正義并州縣也。

【二】索隱蓋音古臘反。蓋，姓；聶，名。

【三】索隱攝猶整也。謂不稱己意，因怒視以攝整之也。正義攝猶視也。

荆軻游於邯鄲，魯句踐與荆軻博，爭道，【一】魯句踐怒而叱之，荆軻嘿而逃去，遂不復會。

【一】索隱魯，姓；句踐，名也。與越王同，或有意義。俗本「踐」作「賤」，非。

荆軻既至燕，愛燕之狗屠及善擊筑者高漸離。【一】荆軻嗜酒，日與狗屠及高漸離飲於燕市，酒酣以往，高漸離擊筑，荆軻和而歌於市中，相樂也，已而相泣，旁若無人者。荆軻雖游於酒人乎，【二】然其爲人沈深好書；其所游諸侯，盡與其賢豪長者相結。其之燕，燕之處士田光先生亦善待之，知其非庸人也。

【一】索隱筑似琴，有弦，用竹擊之，取以爲名。漸音如字，王義音哉廉反〔一三〕。

【二】集解徐廣曰：「飲酒之人。」

居頃之，會燕太子丹質秦亡歸燕。燕太子丹者，故嘗質於趙，而秦王政生於趙，其少時與丹驩。及政立爲秦王，而丹質於秦。秦王之遇燕太子丹不善，故丹怨而亡歸。歸而求爲報秦王者，國小，力不能。其後秦日出兵山東以伐齊、楚、三晉，稍蠶食諸侯，且至於燕，燕君臣皆恐禍之至。太子丹患之，問其傅鞠武。【一】武對曰：「秦地徧天下，威脅韓、魏、趙氏，北有甘泉、谷口之固，南有涇、渭之沃，擅巴、漢之饒，右隴、蜀之山，左關、殽之險，民衆而士厲，兵革有餘。意有所出，則長城之南，易水以北，【二】未有所定也。奈何以見陵之怨，欲批【三】其逆鱗哉！」丹曰：「然則何由？」對曰：「請入圖之。」

【一】索隱上音麴，又如字。人姓名也。

【二】正義以北謂燕國也。

【三】集解批音白結反。索隱白結反。批謂觸擊之。

居有閒，秦將樊於期得罪於秦王，亡之燕，太子受而舍之。鞠武諫曰：「不可。夫以秦王之暴而積怒於燕，足爲寒心，【一】又況聞樊將軍之所在乎？是謂『委肉當餓虎之蹊』

也，禍必不振矣！【二】雖有管、晏，不能爲之謀也。願太子疾遣樊將軍入匈奴以滅口。請西約三晉，南連齊、楚，北購於單于，【三】其後迺可圖也。」太子曰：「太傅之計，曠日彌久，心惛然，【四】恐不能須臾。且非獨於此也，夫樊將軍窮困於天下，歸身於丹，丹終不以迫於彊秦而棄所哀憐之交，置之匈奴，是固丹命卒之時也。願太傅更慮之。」鞠武曰：「夫行危欲求安，造禍而求福，計淺而怨深，連結一人之後交，不顧國家之大害，此所謂『資怨而助禍』矣。夫以鴻毛燎於爐炭之上，必無事矣。且以鵰鷙之秦，行怨暴之怒，豈足道哉！燕有田光先生，其爲人智深而勇沈，可與謀。」太子曰：「願因太傅而得交於田先生，可乎？」鞠武曰：「敬諾。」出見田先生，道「太子願圖國事於先生也」。田光曰：「敬奉教。」乃造焉。

【一】索隱凡人寒甚則心戰，恐懼亦戰。今以懼譬寒，言可爲心戰。

【二】索隱振，救也。言禍及天下，不可救之。

【三】索隱戰國策「購」作「講」。講，和也。今讀購與「爲燕媾」同，媾亦合也。漢、史媾講兩字常襍，今欲北與匈奴連和（一四）。陳軫傳亦曰「西購於秦」也。

【四】正義惛音昏。

太子逢迎，卻行爲導，跪而蔽席。【一】田光坐定，左右無人，太子避席而請曰：「燕秦不兩立，願先生留意也。」田光曰：「臣聞騏驥盛壯之時，一日而馳千里；至其衰老，駑馬先之。今太子聞光盛壯之時，不知臣精已消亡矣。雖然，光不敢以圖國事，所善荆卿可使也。」【二】太子曰：「願因先生得結交於荆卿，可乎？」田光曰：「敬諾。」即起，趨出。太子送至門，戒曰：「丹所報，先生所言者，國之大事也，願先生勿泄也！」田光俛而笑曰：「諾。」【三】僂行見荆卿，曰：「光與子相善，燕國莫不知。今太子聞光壯盛之時，不知吾形已不逮也，幸而教之曰『燕秦不兩立，願先生留意也』。光竊不自外，言足下於太子也，願足下過太子於宮。」荆軻曰：「謹奉教。」田光曰：「吾聞之，長者爲行，不使人疑之。今太子告光曰『所言者，國之大事也，願先生勿泄』，是太子疑光也。夫爲行而使人疑之，非節俠也。」欲自殺以激荆卿，曰：「願足下急過太子，言光已死，明不言也。」因遂自刎而死。

【一】集解徐廣曰：「蔽，一作『撥』，一作『拔』。」索隱蔽音疋結反。蔽猶拂也。

【二】正義燕丹子云：「田光答曰：『竊觀太子客無可用者：夏扶血勇之人，怒而面赤；宋意脈勇之人，怒而面青；武陽骨勇之人，怒而面白。光所知荆軻，神勇之人，怒而色不變。』」

【三】正義俛音俯。

荆軻遂見太子，言田光已死，致光之言。太子再拜而跪，膝行流涕，有頃而后言曰：「丹所以誠田先生毋言者，欲以成大事之謀也。今田先生以死明不言，豈丹之心哉！」荆軻坐定，太子避席頓首曰：「田先生不知丹之不肖，使得至前，敢有所道，此天之所以哀燕而不棄其孤也。【一】今秦有貪利之心，而欲不可足也。非盡天下之地，臣海內之王者，其意不厭。今秦已虜韓王，盡納其地。又舉兵南伐楚，北臨趙；王翦將數十萬之衆距漳、鄴，而李信出太原、雲中。趙不能支秦，必入臣，入臣則禍至燕。燕小弱，數困於兵，今計舉國不足以當秦。諸侯服秦，莫敢合從。丹之私計，愚以爲誠得天下之勇士使於秦，闚以重利；【二】秦王貪，【三】其勢必得所願矣。誠得劫秦王，使悉反諸侯侵地，若曹沫之與齊桓公，則大善矣；則不可，因而刺殺之。彼秦大將擅兵於外而內有亂，則君臣相疑，以其閒諸侯得合從，其破秦必矣。此丹之上願，而不知所委命，唯荆卿留意焉。」久之，荆軻曰：「此國之大事也，臣駑下，恐不足任使。」太子前頓首，固請毋讓，然後許諾。於是尊荆卿爲上卿，舍上舍。太子日造門下，供太牢具，異物閒進，車騎美女恣荆軻所欲，以順適其意。【四】

【一】索隱案：無父稱孤。時燕王尚在，而丹稱孤者，或記者失辭，或諸侯嫡子時亦僭稱孤也。又劉向云「丹，燕王喜之太子」。

【二】索隱闚，示也。言以利誘之。

【三】索隱絕句。

【四】索隱燕丹子曰「軻與太子游東宫池，軻拾瓦投鼃，太子捧金丸進之。又共乘千里馬，軻曰『千里馬肝美』，即殺馬進肝。太子與樊將軍置酒於華陽臺，出美人能鼓琴，軻曰『好手也』，斷以玉盤盛之。軻曰『太子遇軻甚厚』」是也。

久之，荆軻未有行意。秦將王翦破趙，虜趙王，盡收入其地，進兵北略地至燕南界。太子丹恐懼，乃請荆軻曰：「秦兵旦暮渡易水，則雖欲長侍足下，豈可得哉！」荆軻曰：「微太子言，臣願謁之。今行而毋信，則秦未可親也。夫樊將軍，秦王購之金千斤，邑萬家。誠得樊將軍首與燕督亢之地圖，【一】奉獻秦王，秦王必説見臣，臣乃得有以報。」太子曰：「樊將軍窮困來歸丹，丹不忍以己之私而傷長者之意，願足下更慮之！」

【一】集解徐廣曰：「方城縣有督亢亭。」駰案：劉向别録曰「督亢，膏腴之地」。索隱地理志廣陽國有薊縣。司馬彪郡國志曰「方城有督亢亭」。正義督亢坡在幽州范陽縣東南十里。今固安縣南有督亢陌，幽州南界。

荆軻知太子不忍，乃遂私見樊於期曰：「秦之遇將軍可謂深矣，父母宗族皆爲戮没。今聞購將軍首金千斤，邑萬家，將柰何？」於期仰天太息流涕曰：「於期每念之，常痛於骨髓，顧計不知所出耳！」荆軻曰：「今有一言可以解燕國之患，報將軍之仇者，何如？」於期乃前曰：「爲之柰何？」荆軻曰：「願得將軍之首以獻秦王，秦王必喜而見臣，臣左手把其袖，右手揕其匈，【一】然則將軍之仇報而燕見陵之愧除矣。將軍豈有意乎？」樊於期偏袒搤捥【二】而進曰：「此臣之日夜切齒腐心也，【三】乃今得聞教！」遂自剄。太子聞之，馳往，伏屍而哭，極哀。既已不可柰何，乃遂盛樊於期首函封之。

【一】集解徐廣曰：「揕音張鴆切。一作『抗』。」索隱徐氏音丁鴆反〔一五〕。揕謂以劍刺其胸也。又云一作「抗」。抗音苦浪反，言抗拒也，其義非。

【二】集解徐廣曰：「一作『捾』。」索隱搤音烏革反。捥音烏亂反。勇者奮厲，必先以左手扼右捥也。捥，古「腕」字。

【三】索隱切齒，齒相磨切也。爾雅曰治骨曰切。腐音輔，亦爛也。猶今人事不可忍云「腐爛」然，皆奮怒之意也。

於是太子豫求天下之利匕首，得趙人徐夫人匕首，【一】取之百金，使工以藥焠之，【二】以試人，血濡縷，人無不立死者。【三】乃裝爲遣荊卿。燕國有勇士秦舞陽，年十三，殺人，人不敢忤視。【四】乃令秦舞陽爲副。荊軻有所待，欲與俱；其人居遠未來，而爲治行。頃之，未發，太子遲之，疑其改悔，乃復請曰：「日已盡矣，荊卿豈有意哉？丹請得先遣秦舞陽。」荊軻怒，叱太子曰：「何太子之遣？往而不返者，豎子也！且提一匕首入不測之彊秦，僕所以留者，待吾客與俱。今太子遲之，請辭決矣！」遂發。

【一】集解徐廣曰：「徐，一作『陳』。」索隱徐，姓；夫人，名。謂男子也。

【二】索隱焠，染也，音忩潰反。謂以毒藥染劍鍔也。

【三】集解言以匕首試人，人血出，足以沾濡絲縷，便立死也。

【四】索隱忤者，逆也，五故反。不敢逆視，言人畏之甚也。

太子及賓客知其事者，皆白衣冠以送之。至易水之上，既祖，取道，【一】高漸離擊筑，荆軻和而歌，爲變徵之聲，【二】士皆垂淚涕泣。又前而爲歌曰：「風蕭蕭兮易水寒，壯士一去兮不復還！」復爲羽聲忼慨，士皆瞋目，髮盡上指冠。於是荆軻就車而去，終已不顧。

【一】正義易州在幽州歸義縣界。

【二】正義徵，知雉反。

遂至秦，持千金之資幣物，厚遺秦王寵臣中庶子蒙嘉。嘉爲先言於秦王曰：「燕王誠振怖大王之威，不敢舉兵以逆軍吏，願舉國爲内臣，比諸侯之列，給貢職如郡縣，而得奉守先王之宗廟。恐懼不敢自陳，謹斬樊於期之頭，及獻燕督亢之地圖，函封，燕王拜送于庭，使使以聞大王，唯大王命之。」秦王聞之，大喜，乃朝服，設九賓，【一】見燕使者咸陽宫。【二】荆軻奉樊於期頭函，而秦舞陽奉地圖柙，【三】以次進。至陛，秦舞陽色變振恐，羣臣怪之。

荆軻顧笑舞陽，前謝曰：「北蕃蠻夷之鄙人，未嘗見天子，故振慴。願大王少假借之，使得畢使於前。」秦王謂軻曰：「取舞陽所持地圖。」軻既取圖奏之秦王，發圖，圖窮而匕首見。因左手把秦王之袖，而右手持匕首揕之。未至身，秦王驚，自引而起，袖絶。拔劍，劍長，操其室。【四】時惶急，劍堅，故不可立拔。荆軻逐秦王，秦王環柱而走。羣臣皆愕，卒起不意，盡失其度。而秦法，羣臣侍殿上者不得持尺寸之兵；諸郎中【五】執兵皆陳殿下，非有詔召不得上。方急時，不及召下兵，以故荆軻乃逐秦王。而卒惶急，無以擊軻，而以手共搏之。是時侍醫夏無且【六】以其所奉藥囊提荆軻也。【七】秦王方環柱走，卒惶急，不知所爲，左右乃曰：「王負劍！」【八】負劍，遂拔以擊荆軻，斷其左股。荆軻廢，乃引其匕首以擿秦王，【九】不中，中桐柱〔一六〕。【一〇】秦王復擊軻，軻被八創。軻自知事不就，倚柱而笑，箕踞以罵曰：「事所以不成者，以欲生劫之，必得約契以報太子也。」【一一】於是左右既前殺軻，秦王不怡者良久。已而論功，賞羣臣及當坐者各有差，而賜夏無且黄金二百溢，曰：「無且愛我，乃以藥囊提荆軻也。」

【一】正義劉云：「設文物大備，即謂九賓，不得以周禮九賓義爲釋。」

【二】正義三輔黄圖云：「秦始兼天下，都咸陽，因北陵營宮殿，則紫宮象帝宮，渭水貫都以象天漢，橫橋南度以法牽牛也。」

【三】索隱戸甲反。柙亦函也。

【四】索隱室謂鞘也。　正義燕丹子云：「左手揕其胸。秦王曰：『今日之事，從子計耳。乞聽瑟而死。』召姬人鼓琴，琴聲曰『羅縠單衣，可裂而絶；八尺屏風，可超而越；鹿盧之劍，可負而拔』。王於是奮袖超屏風走之。」

【五】索隱若今宿衞之官。

【六】索隱且音即餘反。

【七】正義提，姪帝反。

【八】索隱王劭曰：「古者帶劍上長，拔之不出室，欲王推之於背，令前短易拔，故云『王負劍』。」又燕丹子稱琴聲曰「鹿盧之劍，可負而拔」是也。

【九】索隱擿與「擲」同，古字耳，音持益反。

【一〇】正義燕丹子云：「荆軻拔匕首擲秦王，決耳入銅柱，火出。」

【一一】集解漢鹽鐵論曰：「荆軻懷數年之謀而事不就者，尺八匕首不足恃也。秦王操於不意，列斷賁、育者，介七尺之利也。」

於是秦王大怒，益發兵詣趙，詔王翦軍以伐燕。十月而拔薊城。燕王喜、太子丹等盡率其精兵東保於遼東。秦將李信追擊燕王急，代王嘉乃遺燕王喜書曰：「秦所以尤追燕急者，以太子丹故也。今王誠殺丹獻之秦王，秦王必解，而社稷幸得血食。」其後李信追丹，丹匿衍水中，〔一〕燕王乃使使斬太子丹，欲獻之秦。秦復進兵攻之。後五年，秦卒滅燕，虜燕王喜。

〔一〕索隱水名，在遼東。

其明年，秦并天下，立號爲皇帝。於是秦逐太子丹、荆軻之客，皆亡。高漸離變名姓爲人庸保，〔一〕匿作於宋子。〔二〕久之，作苦，聞其家堂上客擊筑，傍偟不能去。每出言曰：「彼有善有不善。」從者〔三〕以告其主，曰：「彼庸乃知音，竊言是非。」家丈人召使前擊筑，〔四〕一坐稱善，賜酒。而高漸離念久隱畏約無窮時，〔五〕乃退，出其裝匣中筑與其善衣，更容貌而前。舉坐客皆驚，下與抗禮，以爲上客。使擊筑而歌，客無不流涕而去者。宋子傳客之，〔六〕聞於秦始皇。秦始皇召見，人有識者，乃曰：「高漸離也。」秦皇帝惜其善擊筑，重赦之，乃曤其目。〔七〕使擊筑，未嘗不稱善。稍益近之，高漸離乃以鉛置筑中，〔八〕復進得近，舉筑朴〔九〕秦皇帝，不中。於是遂誅高漸離，終身不復近諸侯之人。

〔一〕索隱欒布傳曰「賣庸於齊，爲酒家人〔一七〕」，漢書作「酒家保」。案：謂庸作於酒家，言可保信，故云「庸保」。鶡冠子曰「伊尹酒保〔一八〕」。

〔二〕集解徐廣曰：「縣名也，今屬鉅鹿。」索隱徐注云「縣名，屬鉅鹿」者，據地理志而知也。

正義宋子故城在趙州平棘縣北三十里。

【三】索隱謂主人家之左右也。

【四】索隱劉氏云：「謂主人翁也。」又韋昭云：「古者名男子爲丈夫，尊婦嫗爲丈人。」故漢書宣元六王傳所云丈人，謂淮陽憲王外王母，即張博母也。故古詩曰「三日斷五疋，丈人故言遲」是也。

【五】索隱約謂貧賤儉約。既爲庸保，常畏人，故云「畏約」。所以論語云「不可以久處約」。

【六】集解徐廣曰：「互以爲客。」

【七】集解矐音海各反。索隱海各反，一音角。說者云以馬屎燻令失明。

【八】索隱案：劉氏云「鉛爲挺著筑中，令重，以擊人」。

【九】索隱普卜反〔一九〕。朴，擊也。

魯句踐已聞荊軻之刺秦王，私曰：「嗟乎，惜哉其不講於刺劍之術也！【一】甚矣吾不知人也！曩者吾叱之，彼乃以我爲非人也！」

【一】索隱案：不講謂不論習之。

太史公曰：世言荊軻，其稱太子丹之命，「天雨粟，馬生角」也，【一】太過。又言荊軻傷秦王，皆非也。始公孫季功、董生與夏無且游，具知其事，爲余道之如是。自曹沫至荆軻五人，此其義或成或不成，然其立意較然，【三】不欺其志，名垂後世，豈妄也哉！

【二】索隱 燕丹子曰：「丹求歸，秦王曰『烏頭白，馬生角，乃許耳』。丹乃仰天歎，烏頭即白，馬亦生角。」風俗通及論衡皆有此説，仍云「廄門木烏生肉足〔二〇〕」。

【三】索隱 較，明也。

【索隱述贊】曹沫盟柯，返魯侵地。專諸進炙，定吴篡位。彰弟哭市，報主塗廁。刎頸申冤，操袖行事。暴秦奪魄，懦夫增氣。

校勘記

〔一〕 鹽鐵論以爲長尺八寸其頭類匕故云匕首也 「其頭類匕」上疑脱「通俗文云」四字。按：本書卷三一吴太伯世家「置匕首於炙魚之中」索隱：「劉氏曰：『匕首，短劍也。』按：鹽鐵論以爲長尺八寸。通俗文云『其頭類匕，故曰匕首也』。」卷八三魯仲連鄒陽列傳「而匕首竊發」索隱引通俗文：「其頭類匕，故曰匕首。」

〔二〕 據表及左傳合在僚之十一年也 索隱本無「表及」二字。按：本書卷一四十二諸侯年表楚平王卒在王僚十二年。

〔三〕援救　耿本、黄本、彭本、柯本、凌本、殿本作「援助」。

〔四〕此與吴系家皆　原作「經更與左氏吴系家同此傳」，據耿本、黄本、彭本、柯本、凌本、殿本改。

〔五〕伏甲謂甲士也　耿本、黄本、彭本、柯本、凌本、殿本作「伏甲士於窟室杜預謂掘地爲室也所以」。

〔六〕以變其容　戰國策趙策一此上有「自刑」二字。

〔七〕聞疑傳疑　耿本、黄本、彭本、柯本、凌本、殿本此下有「聞信傳信」四字。

〔八〕終莫能就　「終」上原有「衆」字。王念孫雜志史記第五：「『衆』與『終』一字也。一本作『衆』，一本作『終』，而後人誤合之耳。韓策作『臣使人刺之，終莫能就』，是其明證矣。」今據删。

〔九〕縣購之　原作「購縣之」。王念孫雜志史記第五：「『購縣之』當爲『縣購之』，謂縣金以購之也。下文曰『王縣購其名姓千金』，韓策曰『縣購之千金』，皆其證。」今據改。

〔一〇〕無旁足　耿本、黄本、彭本、柯本、凌本、殿本作「故無足旁」。

〔一一〕年表從始皇二十三年至韓景侯三百七十年若至哀侯六年六百四十三年也　疑「景」當作「烈」，「三百」之「三」下脱「年」字，「六百」之「六」字衍。此文當作「年表從始皇二十三年至韓烈侯三年百七十年，若至哀侯六年百四十三年也」。按：本書卷一五六國年表：「（韓烈侯三年）三月，盜殺韓相俠累。」列侯三年當公元前三九七年，至始皇二十三年（公元前二二四年）共百七十三年，舉其成數，故曰「百七十年」。又，年表云：「（韓哀侯六年）韓嚴殺其君。」哀侯六年當公元前三七一年，至始皇二十三年得百四十七年，與正義所云年數微有不合。

〔一二〕此亦至衞而改姓荆　「此」下原有「下」字，據耿本、黄本、彭本、柯本、凌本、殿本删。

〔一三〕王義　原作「王義之」，據耿本、黄本、彭本改。

〔一四〕北與匈奴連和　「匈奴」二字原無，據耿本、黄本、彭本、柯本、凌本、殿本補。

〔一五〕丁鳩反　「丁」，集解引徐廣注作「張」，通鑑卷六秦紀一始皇帝十九年同。

〔一六〕中桐柱　張文虎札記卷五：「策無『桐』字，疑衍。毛本作『銅』。」按：通鑑卷七秦紀二始皇帝二十年作「中銅柱」，通志卷一八〇游俠一同。

〔一七〕酒家人　本書卷一〇〇季布欒布列傳作「酒人保」，漢書卷三七欒布傳作「酒家保」。

〔一八〕酒保　原作「保酒」，據耿本、黄本、彭本、柯本、凌本、殿本乙正。按：鶡冠子世兵：「伊尹酒保。」陸佃注：「保，傭保也。」「酒保」，言爲酒家傭保。

〔一九〕普卜反　「卜」，原作「十」，據耿本、黄本、柯本、凌本、殿本、會注本改。

〔二〇〕廄門木烏　風俗通義正失作「廚中木象」，論衡感虛作「廚門木象」。孫詒讓札迻卷一〇：「史記刺客傳索隱云：風俗通、論衡皆云『廄門木烏生肉足』，『烏』蓋『𤉢』之誤。『𤉢』俗『象』字。『廚』作『廄』亦譌。」

史記卷八十七

李斯列傳第二十七

李斯者，楚上蔡人也。【一】年少時，爲郡小吏〔一〕，【二】見吏舍廁中鼠食不絜，近人犬，數驚恐之。斯入倉，觀倉中鼠，食積粟，居大廡之下，不見人犬之憂。於是李斯乃歎曰：「人之賢不肖譬如鼠矣，在所自處耳！」

【一】索隱地理志汝南上蔡縣，云「古蔡國，周武王弟叔度所封，至十八代平侯徙新蔡」。二蔡皆屬汝南。後二代至昭侯，徙下蔡，屬沛，六國時爲楚地，故曰楚上蔡。

【二】索隱鄉小史。劉氏云「掌鄉文書」。

乃從荀卿學帝王之術。學已成，度楚王不足事，而六國皆弱，無可爲建功者，欲西入秦。辭於荀卿曰：「斯聞得時無怠，今萬乘方爭時，游者主事。【一】今秦王欲吞天下，稱帝而治，此布衣馳騖之時而游說者之秋也。【二】處卑賤之位而計不爲者，此禽鹿視肉，人面而能彊行者耳。【三】故詬【四】莫大於卑賤，而悲莫甚於窮困。久處卑賤之位，困苦之地，非世【五】而惡利，自託於無爲，此非士之情也。【六】故斯將西說秦王矣。」

【一】索隱言萬乘爭雄之時，游說者可以立功成名，當得典主事務也。劉氏云「游歷諸侯，當覓彊主以事之」，於文紆迴，非也。

【二】正義言秋時萬物成熟，今爭彊時，亦說士成熟時。

【三】索隱禽鹿猶禽獸也，言禽獸但知視肉而食之。莊子及蘇子曰：「人而不學，譬之視肉而食。」楊子法言曰：「人而不學，如禽何異〔二〕？」言不能游說取榮貴，即如禽獸，徒有人面而能彊行耳。

【四】正義呼后反，恥辱也。

【五】索隱非者，譏也。所謂處士橫議也。

【六】正義言譏世富貴，惡其榮利，自託於無爲者，非士人之情，實力不能致此也。

至秦，會莊襄王卒，李斯乃求爲秦相文信侯呂不韋舍人；不韋賢之，任以爲郎。李斯因以得說，說秦王曰：「胥人者，去其幾也。【一】成大功者，在因瑕釁而遂忍之。【二】昔者秦穆公之霸，終不東并六國者，何也？諸侯尚衆，周德未衰，故五伯迭興，更尊周室。自秦孝公以來，周室卑微，諸侯相兼，關東爲六國，秦之乘勝役諸侯，蓋六世矣。【三】今諸侯服秦，譬若郡縣。夫以秦之彊，大王之賢，由竈上騷除，【四】足以滅諸侯，成帝業，爲天下一統，此萬世之一時也。今怠而不急就，諸侯復彊，相聚約從，雖有黄帝之賢，不能并也。」秦王乃拜斯爲長史，聽其計，陰遣謀士齎持金玉以游説諸侯。諸侯名士可下以財者，厚遺結之；不肯者，利劍刺之。離其君臣之計，秦王乃使其良將隨其後。秦王拜斯爲客卿。

【一】索隱 胥人猶胥吏，小人也。去猶失也。幾者，動之微。以言君子見幾而作，不俟終日；小人不識動微之會，故每失時也。劉氏解幾爲彊，非也。

【二】索隱 言因諸侯有瑕釁，則忍心而翦除，故我將説秦以并天下。正義 胥，相也。幾謂察也。言關東六國與秦相敵者，君臣機密，並有瑕釁，可成大功，而遂忍之也。

【三】正義 秦孝公、惠文王、武王、昭王、孝文王、莊襄王。

【四】集解 徐廣曰：「騷音埽。」索隱 騷音埽。言秦欲并天下，若炊婦埽除竈上之不淨，不足爲難。

會韓人鄭國來閒秦，以作注溉渠，【一】已而覺。秦宗室大臣皆言秦王曰：「諸侯人來事秦者，大抵爲其主游閒於秦耳，請一切逐客。」【二】李斯議亦在逐中。斯乃上書曰：【三】

【一】正義 鄭國渠首起雍州雲陽縣西南二十五里，自中山西邸瓠口爲渠，傍北山，東注洛，三百餘里以溉田。又曰韓苦秦兵，而使水工鄭國閒秦作注溉渠，令費人工，不東伐也。

【二】索隱一切猶一例，言盡逐之也。言切者，譬若利刀之割，一運斤無不斷者。解漢書者以一切爲權時義，亦未爲得也。

【三】正義在始皇十年。

臣聞吏議逐客，竊以爲過矣。昔繆公求士，西取由余於戎，東得百里奚於宛，【一】迎蹇叔於宋，【二】來丕豹、公孫支於晉。【三】此五子者，不產於秦，而繆公用之，并國二十，遂霸西戎。【四】孝公用商鞅之法，移風易俗，民以殷盛，國以富彊，百姓樂用，諸侯親服，獲楚、魏之師，舉地千里，至今治彊。惠王用張儀之計，拔三川之地，西并巴、蜀，【五】北收上郡，【六】南取漢中，【七】包九夷，制鄢、郢，【八】東據成皋之險，【九】割膏腴之壤，遂散六國之從，使之西面事秦，功施到今。昭王得范睢，廢穰侯，逐華陽，【一〇】彊公室，杜私門，蠶食【一一】諸侯，使秦成帝業。此四君者，皆以客之功。由此觀之，客何負於秦哉！向使四君卻客而不內，疏士而不用，是使國無富利之實而秦無彊大之名也。

【一】索隱秦本紀云「晉獻公以百里奚爲秦穆公夫人媵於秦，奚亡走宛，楚鄙人執之」是也。正義新序云：「百里奚，楚宛人，仕於虞，虞亡入秦，號五羖大夫也。」

【二】索隱 秦紀又云「百里奚謂穆公曰：『臣不如臣友蹇叔，蹇叔賢而代莫知。』穆公厚幣迎之，以爲上大夫」。今云「於宋」，未詳所出。正義 括地志云：「蹇叔，岐州人也。時游宋，故迎之於宋。」

【三】索隱 丕豹自晉奔秦，左氏傳有明文。公孫支，所謂子桑也，是秦大夫，而云自晉來，亦未見所出。正義 括地志云：「公孫支，岐州人，游晉，後歸秦。」

【四】索隱 秦本紀穆公用由余謀，伐戎王，益國十二，開地千里，遂霸西戎。此都言五子之功，故云「并國二十」，或易爲「十二」，誤也。

【五】索隱 案：惠王時張儀爲相，請伐韓，下兵三川以臨二周。司馬錯請伐蜀，惠王從之，果滅蜀。儀死後，武王欲通車三川，令甘茂拔宜陽〔三〕。今並云張儀者，以儀爲秦相，雖錯滅蜀，茂通三川，皆歸功於相，又三川是儀先請伐故也。

【六】正義 惠王十年，魏納上郡十五縣。

【七】正義 惠王十三年，攻楚漢中，取地六百里。

【八】索隱 九夷即屬楚之夷也。地理志南郡江陵縣云「故楚郢都」，又宜城縣云「故鄢」也。正義 夷謂并巴蜀，收上郡，取漢中，伐義渠、丹、犂是也。九夷本東夷九種，此言者，文體然也。

【九】正義 河南府汜水縣也。

【一〇】集解徐廣曰：「華，一作『葉』。」

【一一】索隱高誘注淮南子云：「蠶食，盡無餘也。」

今陛下致昆山之玉，【一】有隨、和之寶，【二】垂明月之珠，服太阿之劍，【三】乘纖離之馬，【四】建翠鳳之旗，樹靈鼉之鼓。【五】此數寶者，秦不生一焉，而陛下説之，何也？必秦國之所生然後可，則是夜光之璧不飾朝廷，犀象之器不爲玩好，鄭、衞之女不充後宮，而駿良駃騠【六】不實外廄，江南金錫不爲用，西蜀丹青不爲采。所以飾後宮充下陳【七】娛心意説耳目者，必出於秦然後可，則是宛珠之簪，傅璣之珥，【八】阿縞之衣，錦繡之飾【九】不進於前，而隨俗雅化【一〇】佳冶窈窕趙女不立於側也。夫擊甕叩缶【一一】彈箏搏髀，而歌呼嗚嗚快耳者〔四〕，真秦之聲也；鄭、衞、桑間，昭、虞、武、象者，【一二】異國之樂也。今棄擊甕叩缶而就鄭、衞，退彈箏而取昭、虞，若是者何也？快意當前，適觀而已矣。今取人則不然。不問可否，不論曲直，非秦者去，爲客者逐。然則是所重者在乎色樂珠玉，而所輕者在乎人民也。此非所以跨海內制諸侯之術也。

【一】正義昆岡在于闐國東北四百里，其岡出玉。

【二】正義括地志云：「濆山一名昆山，一名斷蛇丘，在隨州隨縣北二十五里。」説苑云『昔隨侯行遇大蛇中斷，疑其靈，使人以藥封之，蛇乃能去，因號其處爲斷蛇丘。歲餘，蛇銜明珠，徑寸，絶白而有光，因號隨珠』。」卞和璧，始皇以爲傳國璽也。

【三】集解見蘇秦傳。索隱越絶書曰：「楚王召歐冶子、干將作鐵劍三，一曰干將，二曰莫邪，三曰太阿也。」

【四】集解徐廣曰：「纖離、蒲梢，皆駿馬名。」索隱皆馬名。徐氏據孫卿子而爲説。

【五】集解鄭玄注月令云：「鼉皮可以冒鼓。」

【六】索隱決提二音。周書曰「正北以駃騠爲獻」。廣雅曰「馬屬也」。郭景純注上林賦云「生三日而超其母也」。

【七】索隱下陳猶後列也。晏子曰「有二女，願得入身於下陳」是也。

【八】索隱宛音於阮反。傅音附。宛謂以珠宛轉而裝其簪。傅璣者，以璣傅著於珥。珥者，瑱也。璣是珠之不圓者。或云宛珠，隨珠也〔五〕。隨在漢水之南，宛亦近漢，故云宛。傅璣者〔六〕，女飾也。言女傅之珥，以璣爲之，並非秦所有物也。

【九】集解徐廣曰：「齊之東阿縣，繒帛所出。」

【一〇】集解徐廣曰：「隨俗，一作『修使』。」索隱謂閑雅變化而能隨俗也〔七〕。

【一一】索隱説文云：「甕，汲缾也。」於貢反。「缶，瓦器也，秦人鼓之以節樂。」缻音甫有反。

【一二】集解徐廣曰：「昭，一作『韶』。」

臣聞地廣者粟多，國大者人衆，兵彊則士勇。是以太山不讓土壤，故能成其大；河海不擇細流，故能就其深；王者不卻衆庶，故能明其德。〔一〕是以地無四方，民無異國，四時充美，鬼神降福，此五帝、三王之所以無敵也。今乃弃黔首以資敵國，〔二〕卻賓客以業諸侯，使天下之士退而不敢西向，裹足不入秦，此所謂「藉寇兵而齎盜糧」者也。〔三〕

〔一〕索隱管子云：「海不辭水，故能成其大；山不辭土石〔八〕，故能成其高。」文子曰：「聖人不讓負薪之言，以廣其名。」

〔二〕索隱資猶給也。

〔三〕索隱藉音積夜反。齎音子奚反。說文曰：「齎，持遺也。」齎或爲「資」，義亦通。

夫物不產於秦，可寶者多；士不產於秦，而願忠者衆。今逐客以資敵國，損民以益讎，內自虛而外樹怨於諸侯，求國無危，不可得也。

秦王乃除逐客之令，復李斯官，〔一〕卒用其計謀。官至廷尉。二十餘年，竟并天下，尊主爲皇帝〔九〕，以斯爲丞相。夷郡縣城，銷其兵刃，示不復用。使秦無尺土之封，不立子弟爲王、功臣爲諸侯者，使後無戰攻之患。

〔一〕集解新序曰：「斯在逐中，道上上諫書，達始皇，始皇使人逐至驪邑，得還。」

始皇三十四年，置酒咸陽宮，博士僕射周青臣等頌稱始皇威德。齊人淳于越進諫曰：「臣聞之，殷、周之王千餘歲，封子弟功臣自爲支輔。今陛下有海内，而子弟爲匹夫，卒有田常、六卿之患，臣無輔弼，何以相救哉？事不師古而能長久者，非所聞也。今青臣等又面諛以重陛下過，〔一〕非忠臣也。」始皇下其議丞相。丞相謬其說，絀其辭，乃上書曰：「古者天下散亂，莫能相一，是以諸侯並作，語皆道古以害今，飾虚言以亂實，人善其所私學，以非上所建立。今陛下并有天下，別白黑〔二〕而定一尊；〔三〕而私學乃相與非法教之制，聞令下，即各以其私學議之，入則心非，出則巷議，非主以爲名，異趣以爲高，率羣下以造謗。如此不禁，則主勢降乎上，黨與成乎下。禁之便。臣請諸有文學詩書百家語者，蠲除去之。令到滿三十日弗去，黥爲城旦。所不去者，醫藥卜筮種樹之書。若有欲學者，以吏爲師。」始皇可其議，收去詩書百家之語以愚百姓，使天下無以古非今。明法度，定律令，皆以始皇起。同文書。〔四〕治離宫別館，周徧天下。明年，又巡狩，外攘四夷，斯皆有力焉。

〔一〕索隱重音逐用反。重者，再也。

〔二〕索隱劉氏云：「前時國異政，家殊俗，人造私語，莫辨其真，今乃分別白黑也。」

〔三〕索隱謂始皇并六國，定天下，海内共尊立一帝，故云。

〔四〕正義六國制令不同，今令同之。

斯長男由爲三川守，諸男皆尚秦公主，女悉嫁秦諸公子。三川守李由告歸咸陽，李斯置酒於家，百官長皆前爲壽，門廷車騎以千數。李斯喟然而歎曰：「嗟乎！吾聞之荀卿曰『物禁大盛』。夫斯乃上蔡布衣，閭巷之黔首，上不知其駑下，遂擢至此。當今人臣之位無居臣上者，可謂富貴極矣。物極則衰，吾未知所稅駕也！」〔一〕

〔一〕索隱稅駕猶解駕，言休息也。李斯言己今日富貴已極，然未知向後吉凶止泊在何處也。

始皇三十七年十月，行出游會稽，並海上，北抵琅邪。〔一〕丞相斯、中車府令趙高兼行符璽令事，皆從。始皇有二十餘子，長子扶蘇以數直諫上，上使監兵上郡，〔二〕蒙恬爲將。少子胡亥愛，請從，上許之。餘子莫從。〔三〕

〔一〕正義今沂州。

〔二〕正義上郡故城在綏州上縣東南五十里。

〔三〕集解辯士隱姓名，遺秦將章邯書曰「李斯爲秦王死，廢十七兄而立今王」也。然則二世是秦始皇第十八子。此書在善文中。

其年七月，始皇帝至沙丘，〔一〕病甚，令趙高爲書賜公子扶蘇曰：「以兵屬蒙恬，與喪會咸陽而葬。」書已封，未授使者，始皇崩。書及璽皆在趙高所，獨子胡亥、丞相李斯、趙高及幸宦者五六人知始皇崩，餘羣臣皆莫知也。李斯以爲上在外崩，無真太子，故祕之。置始皇居轀輬車中，【二】百官奏事、上食如故，宦者輒從轀輬車中可諸奏事。【三】

【一】正義 沙丘臺在邢州。

【二】集解 徐廣曰：「一作『轀車』。」

【三】集解 文穎曰：「轀輬車，如今喪轜車也。」孟康曰：「如衣車，有窗牖，閉之則溫，開之則涼，故名之『轀輬車』也。」如淳曰：「轀輬車，其形廣大，有羽飾也。」

趙高因留所賜扶蘇璽書，而謂公子胡亥曰：「上崩，無詔封王諸子而獨賜長子書。長子至，即立爲皇帝，而子無尺寸之地，爲之柰何？」胡亥曰：「固也。吾聞之，明君知臣，明父知子。父捐命，不封諸子，何可言者！」趙高曰：「不然。方今天下之權，存亡在子與高及丞相耳，願子圖之。且夫臣人與見臣於人，制人與見制於人，豈可同日道哉！」胡亥曰：「廢兄而立弟，是不義也；不奉父詔而畏死，是不孝也；能薄而材譾，【一】彊因人之功，是不能也。三者逆德，天下不服，身殆傾危，社稷不血食。」高曰：「臣聞湯、武殺其主，天下稱義焉，不爲不忠。衞君殺其父，而衞國載其德，孔子著之，不爲不孝。夫大行不小謹，盛德不辭讓，鄉曲各有宜而百官不同功。故顧小而忘大，後必有害；狐疑猶豫，後必有悔。斷而敢行，鬼神避之，後有成功。願子遂之！」胡亥喟然歎曰：「今大行未發，喪禮未終，豈宜以此事干丞相哉！」趙高曰：「時乎時乎，閒不及謀！贏糧躍馬，唯恐後時！」

【一】集解史記音隱宰顯反。索隱音義云宰殄反。劉氏音將淺反，則讝亦淺義。古人語自有重輕，所以文字有異。

胡亥既然高之言，高曰：「不與丞相謀，恐事不能成，臣請爲子與丞相謀之。」高乃謂丞相斯曰：「上崩，賜長子書，與喪會咸陽而立爲嗣。書未行，今上崩，未有知者也。所賜長子書及符璽皆在胡亥所，定太子在君侯與高之口耳。事將何如？」斯曰：「安得亡國之言！此非人臣所當議也！」高曰：「君侯自料能孰與蒙恬？功高孰與蒙恬？謀遠不失孰與蒙恬？無怨於天下孰與蒙恬？長子舊而信之孰與蒙恬？」斯曰：「此五者皆不及蒙恬，而君責之何深也？」高曰：「高固内官之廝役也，幸得以刀筆之文進入秦宮，管事二十餘年，未嘗見秦免罷丞相功臣有封及二世者也，卒皆以誅亡。皇帝二十餘子，皆君之所知。長子剛毅而武勇，信人而奮士，即位必用蒙恬爲丞相，君侯終不懷通侯之印歸於鄉里，明矣。高受詔教習胡亥，使學以法事數年矣，未嘗見過失。慈仁篤厚，輕財重士，辯於心而詘於口，盡禮敬士，秦之諸子未有及此者，可以爲嗣。君計而定之。」斯曰：「君其反位！斯奉主之詔，聽天之命，何慮之可定也？」高曰：「安可危也，危可安也。安危不定，何以貴聖？」斯曰：「斯，上蔡閭巷布衣也，上幸擢爲丞相，封爲通侯，子孫皆至尊位重禄者，故將以存亡安危屬臣也。豈可負哉！夫忠臣不避死而庶幾，【一】孝子不勤勞而見危，人臣各守其職而已矣。君其勿復言，將令斯得罪。」高曰：「蓋聞聖人遷徙無常，就變而從時，見末而知本，觀指而覩歸。物固有之，安得常法哉！方今天下之權命懸於胡亥，高能得志焉。且夫從外制中謂之惑，從下制上謂之賊。故秋霜降者草花落，水揺動者萬物作，【二】此必然之效也。君何見之晚？」斯曰：「吾聞晉易太子，【三】三世不安；齊桓兄弟爭位，【四】身死爲戮；紂殺親戚，【五】不聽諫者，國爲丘墟，遂危社稷：三者逆天，宗廟不血食。斯其猶人哉，【六】安足爲謀！」高曰：「上下合同，可以長久；中外若一，事無表裏。君聽臣之計，即長有封侯，世世稱孤，必有喬、松之壽，孔、墨之智。今釋此而不從，禍及子孫，足以爲寒心。善者因禍爲福，君何處焉？」斯乃仰天而歎，垂淚太息曰：「嗟乎！獨遭亂世，既以不能死，安託命哉！」於是斯乃聽高。高乃報胡亥曰：「臣請奉太子之明命以報丞相，丞相斯敢不奉令！」

【一】索隱 斯言忠臣之節，本不避死。言己今日亦庶幾盡忠不避死也。

【二】索隱 水揺者，謂冰泮而水動也，是春時而萬物皆生也。

【三】正義 謂廢申生，立奚齊也。

【四】正義謂小白與公子糾。

【五】正義謂殺比干，囚箕子。

【六】索隱言我今日猶是人，人道守順，豈能爲逆謀。故下云「安足與謀」。

於是乃相與謀，詐爲受始皇詔丞相立子胡亥爲太子。更爲書賜長子扶蘇曰：「朕巡天下，禱祠名山諸神以延壽命。今扶蘇與將軍蒙恬將師數十萬以屯邊，十有餘年矣，不能進而前，士卒多秏，無尺寸之功，乃反數上書直言誹謗我所爲，以不得罷歸爲太子，日夜怨望。扶蘇爲人子不孝，其賜劍以自裁！將軍恬與扶蘇居外，不匡正，宜知其謀。爲人臣不忠，其賜死，以兵屬裨將王離。」封其書以皇帝璽，遣胡亥客奉書賜扶蘇於上郡。

使者至，發書，扶蘇泣，入内舍，欲自殺。蒙恬止扶蘇曰：「陛下居外，未立太子，使臣將三十萬衆守邊，公子爲監，此天下重任也。今一使者來，即自殺，安知其非詐？請復請，復請而後死，未暮也。」使者數趣之。扶蘇爲人仁，謂蒙恬曰：「父而賜子死，尚安復請！」即自殺。蒙恬不肯死，使者即以屬吏，繫於陽周。【一】

【一】集解徐廣曰：「屬上郡。」正義陽周，寧州羅川縣之邑也。

使者還報，胡亥、斯、高大喜。至咸陽，發喪，太子立爲二世皇帝。以趙高爲郎中令，常侍中用事。

二世燕居，乃召高與謀事，謂曰：「夫人生居世閒也，譬猶騁六驥過決隙也。吾既已臨天下矣，欲悉耳目之所好，窮心志之所樂，以安宗廟而樂萬姓，長有天下，終吾年壽，其道可乎？」高曰：「此賢主之所能行也，而昏亂主之所禁也。臣請言之，不敢避斧鉞之誅，願陛下少留意焉。夫沙丘之謀，諸公子及大臣皆疑焉，而諸公子盡帝兄，大臣又先帝之所置也。今陛下初立，此其屬意快快皆不服，恐爲變。且蒙恬已死，蒙毅將兵居外，臣戰戰栗栗，唯恐不終。且陛下安得爲此樂乎？」二世曰：「爲之柰何？」趙高曰：「嚴法而刻刑，令有罪者相坐誅，至收族，滅大臣而遠骨肉；貧者富之，賤者貴之。盡除去先帝之故臣，更置陛下之所親信者近之。此則陰德歸陛下，害除而姦謀塞，羣臣莫不被潤澤，蒙厚德，陛下則高枕肆志寵樂矣。計莫出於此。」二世然高之言，乃更爲法律。於是羣臣諸公子有罪，輒下高，令鞠治之。殺大臣蒙毅等，公子十二人僇死咸陽市，十公主矺死於杜，【一】財物入於縣官，相連坐者不可勝數。

【一】集解史記音隱曰：「矺音貯格反。」 索隱矺音宅，與「磔」同，古今字異耳。磔謂裂其支體而殺之。

公子高欲奔，恐收族，乃上書曰：「先帝無恙時，臣入則賜食，出則乘輿。御府之衣，臣得賜之；中廄之寶馬，臣得賜之。臣當從死而不能，爲人子不孝，爲人臣不忠。不忠者無名以立於世，臣請從死，願葬酈山之足。唯上幸哀憐之。」書上，胡亥大說，召趙高而示之，曰：「此可謂急乎？」趙高曰：「人臣當憂死而不暇，何變之得謀！」胡亥可其書，賜錢十萬以葬。

法令誅罰日益刻深，羣臣人人自危，欲畔者衆。又作阿房之宮，治直道、馳道，〔一〇〕賦斂愈重，戍傜無已。於是楚戍卒陳勝、吳廣等乃作亂，起於山東，傑俊相立，自置爲侯王，叛秦，兵至鴻門而卻。李斯數欲請閒諫，二世不許。而二世責問李斯曰：「吾有私議而有所聞於韓子也，曰『堯之有天下也，堂高三尺，采椽不斲，〔一一〕茅茨不翦，雖逆旅之宿不勤於此矣。冬日鹿裘，夏日葛衣，粢糲之食，〔一二〕藜藿之羹，飯土匭，〔一三〕啜土鉶，〔一四〕雖監門之養不觳於此矣。〔一五〕禹鑿龍門，通大夏，疏九河，曲九防，〔一六〕決渟水致之海，〔一七〕而股無胈，〔一八〕脛無毛，手足胼胝，面目黎黑，遂以死于外，葬於會稽，臣虜之勞不烈於此矣』。然則夫所貴於有天下者，〔一九〕豈欲苦形勞神，身處逆旅之宿，口食監門之養，手持臣虜之作哉？此不肖人之所勉也，非賢者之所務也。彼賢人之有天下也，專用天下適己而已矣，此所以貴於有天下也。夫所謂賢人者，必能安天下而治萬民，今身且不能利，將惡能治天下哉！故吾願賜志廣欲，長享天下而無害，爲之柰何？」李斯子由爲三川守，羣盜吴廣等西略地，過去弗能禁。章邯以破逐廣等兵，使者覆案三川相屬，誚讓斯居三公位，如何令盜如此。李斯恐懼，重爵禄，不知所出，乃阿二世意，欲求容，以書對曰：

【一】集解徐廣曰：「采，一名櫟。一作『柞』。」索隱采，木名，即今之櫟木。

【二】索隱粢音資。糲音郎葛反。粢者，稷也。糲者，麄粟飯也。

【三】集解徐廣曰：「一作『溜』。」

【四】集解音刑。

【五】集解徐廣曰：「轂音學。轂，一作『轂』，推也。」索隱轂音學。爾雅云「轂，盡也」。言監門下人飯猶不盡此。若徐氏云「一作『轂』。轂，推也」，則字宜作「較」。鄒氏音角。

【六】正義謂河之九曲，别爲隄防。

【七】集解徐廣曰：「致，一作『放』。」

【八】集解胈，膚毳皮。

夫賢主者，必且能全道而行督責之術者也。【一】督責之，則臣不敢不竭能以徇其主矣。此臣主之分定，上下之義明，則天下賢不肖莫敢不盡力竭任以徇其君矣。是故主獨制於天下而無所制也。能窮樂之極矣，賢明之主也，可不察焉！

【一】索隱督者，察也。察其罪，責之以刑罰也。

故申子曰「有天下而不恣睢，【一】命之曰以天下爲桎梏」者，【二】無他焉，不能督責，而顧以其身勞於天下之民，若堯、禹然，故謂之「桎梏」也。夫不能修申、韓之明術，行督責之道，專以天下自適也，而徒務苦形勞神，以身徇百姓，則是黔首之役，非畜天下者也，何足貴哉！夫以人徇己，則己貴而人賤；以己徇人，則己賤而人貴。故徇人者賤，而人所徇者貴，自古及今，未有不然者也。凡古之所爲尊賢者，爲其貴也；而所爲惡不肖者，爲其賤也。而堯、禹以身徇天下者也，因隨而尊之，則亦失所爲尊賢之心矣！夫可謂大繆矣。謂之爲「桎梏」，不亦宜乎？不能督責之過也。

【一】索隱上音資二反，下音呼季反。恣睢猶放縱也。謂肆情縱恣也。

【二】正義言有天下不能自縱恣督責，乃勞身於天下若堯、禹，即以天下爲桎梏於身也。

故韓子曰「慈母有敗子而嚴家無格虜」者，何也？【一】則能罰之加焉必也。故商君之法，刑弃灰於道者。【二】夫弃灰，薄罪也，而被刑，重罰也。彼唯明主爲能深督輕罪。夫罪輕且督深，而況有重罪乎？故民不敢犯也。是故韓子曰「布帛尋常，庸人不釋，【三】鑠金百溢，盜跖不搏」者，【四】非庸人之心重，尋常之利深，而盜跖之欲淺也；又不以盜跖之行，爲輕百鎰之重也。搏必隨手刑，則盜跖不搏百鎰；而罰不必行也，則庸人不釋尋常。是故城高五丈，而樓季不輕犯也；【五】泰山之高百仞，而跛牂牧其上。【六】夫樓季也而難五丈之限，豈跛牂也而易百仞之高哉？峭塹之勢異也。【七】明主聖王之所以能久處尊位，長執重勢，而獨擅天下之利者，非有異道也，能獨斷而審督責，必深罰，故天下不敢犯也。今不務所以不犯，而事慈母之所以敗子也，則亦不察於聖人之論矣。夫不能行聖人之術，則舍爲天下役何事哉？可不哀邪！【八】

【一】索隱 格，彊扞也。虜，奴隸也。言嚴整之家本無格扞奴僕也。

【二】正義 弃灰於道者黥也。韓子云：「殷之法，弃灰於衢者刑。子貢以爲重，問之仲尼，曰：『灰弃於衢必燔，人必怒，怒則鬬，鬬則三族，雖刑之可也。』」

【三】索隱 八尺曰尋，倍尋曰常，以言其少也。庸人弗釋者，謂庸人見則取之而不釋，以其罪輕，故下云「罰不必行，則庸人弗釋尋常」是也。

【四】索隱 爾雅「鑠，美也」。言百溢之美金在於地，雖有盜跖之行亦不取者，爲其財多而罪重也，故下云「搏必隨手刑，盜跖不搏」也。搏猶攫也，取也。凡鳥翼擊物曰搏，足取曰攫，故人取物亦謂之搏。

【五】集解 許慎曰：「樓季，魏文侯之弟。」王孫子曰：「樓季之兄也。」

【六】集解 詩云：「牂羊墳首。」毛傳曰：牝曰牂。

【七】索隱峭，峻也，高也，七笑反。塹音漸。以言峭峻則難登，故樓季難五丈之限；平塹則易涉，故跛牂牧於泰山也。

【八】索隱舍猶廢也，止也。言爲人主不能行聖人督責之術，則已廢止，何爲勤身苦心，爲天下所役，是何哉？「可不哀邪」，言其非也。

且夫儉節仁義之人立於朝，則荒肆之樂輟矣；諫説論理之臣間於側，則流漫之志詘矣；烈士死節之行顯於世，則淫康之虞廢矣。故明主能外此三者，而獨操主術以制聽從之臣，而修其明法，故身尊而勢重也。凡賢主者，必將能拂世磨俗，【一】而廢其所惡，立其所欲，故生則有尊重之勢，死則有賢明之謚也。是以明君獨斷，故權不在臣也。然後能滅仁義之塗，掩馳説之口，困烈士之行，塞聰揜明，内獨視聽，故外不可傾以仁義烈士之行，而内不可奪以諫説忿爭之辯。故能犖然獨行恣睢之心而莫之敢逆。若此然後可謂能明申、韓之術，而脩商君之法。法脩術明而天下亂者，未之聞也。故曰「王道約而易操」也。唯明主爲能行之。若此則謂督責之誠則臣無邪，臣無邪則天下安，天下安則主嚴尊，主嚴尊則督責必，督責必則所求得，所求得則國家富，國家富則君樂豐。故督責之術設，則所欲無不得矣。羣臣百姓救過不給，何變之敢圖？若此則帝道備，而可謂能明君臣之術矣。雖申、韓復生，不能加也。

【一】索隱拂音扶弗反。磨音莫何反。拂世，蓋言與代情乖戾。磨俗，言磨礪於俗使從己。

書奏，二世悦。於是行督責益嚴，税民深者爲明吏。二世曰：「若此則可謂能督責矣。」刑者相半於道，而死人日成積於市。殺人衆者爲忠臣。二世曰：「若此則可謂能督責矣。」

初，趙高爲郎中令，所殺及報私怨衆多，恐大臣入朝奏事毁惡之，乃説二世曰：「天子所以貴者，但以聞聲，羣臣莫得見其面，故號曰『朕』。且陛下富於春秋，未必盡通諸事，【一】今坐朝廷，譴舉有不當者，則見短於大臣，非所以示神明於天下也。且陛下深拱禁中，與臣及侍中習法者待事，事來有以揆之。【二】如此則大臣不敢奏疑事，天下稱聖主矣。」二世用其計，乃不坐朝廷見大臣，居禁中。趙高常侍中用事，事皆決於趙高。

【一】集解徐廣曰：「通，或宜作『照』。」

【二】集解徐廣曰：「揆，一作『撥』也。」

高聞李斯以爲言，乃見丞相曰：「關東羣盜多，今上急益發繇治阿房宫，【一】聚狗馬無用之物。臣欲諫，爲位賤。此真君侯之事，君何不諫？」李斯曰：「固也，吾欲言之久矣。

今時上不坐朝廷，上居深宮，吾有所言者，不可傳也，欲見無閒。」趙高謂曰：「君誠能諫，請爲君候上閒語君。」於是趙高待二世方燕樂，婦女居前，使人告丞相：「上方閒，可奏事。」丞相至宮門上謁，如此者三。二世怒曰：「吾常多閒日，丞相不來。吾方燕私，丞相輒來請事。丞相豈少我哉？且固我哉？」〔二〕趙高因曰：「如此殆矣！夫沙丘之謀，丞相與焉。今陛下已立爲帝，而丞相貴不益，此其意亦望裂地而王矣。且陛下不問臣，臣不敢言。丞相長男李由爲三川守，楚盜陳勝等皆丞相傍縣之子，以故楚盜公行，〔三〕過三川，城守不肯擊。高聞其文書相往來，未得其審，故未敢以聞。且丞相居外，權重於陛下。」二世以爲然。欲案丞相，恐其不審，乃使人案驗三川守與盜通狀。李斯聞之。

〔一〕索隱房音旁，一如字。

〔二〕索隱謂以我幼故輕我也。云「固我」者，一云以我爲短少〔一三〕，且固陋於我也，於義爲疏。

〔三〕集解徐廣曰：「公，一作『訟』，音松。」

是時二世在甘泉，方作觳抵優俳之觀。〔一〕李斯不得見，因上書言趙高之短曰：「臣聞之，臣疑其君，無不危國；妾疑其夫，無不危家。今有大臣於陛下擅利擅害，與陛下無異，此甚不便。昔者司城子罕相宋，身行刑罰，以威行之，朞年遂劫其君。田常爲簡公臣，爵列無敵於國，私家之富與公家均，布惠施德，下得百姓，上得羣臣，陰取齊國，殺宰予於庭，即弑簡公於朝，遂有齊國。此天下所明知也。今高有邪佚之志，危反之行，如子罕相宋也；私家之富，若田氏之於齊也。兼行田常、子罕之逆道而劫陛下之威信，其志若韓玘爲韓安相也。【二】陛下不圖，臣恐其爲變也。」二世曰：「何哉？夫高，故宦人也，然不爲安肆志，不以危易心，絜行脩善，自使至此，以忠得進，以信守位，朕實賢之，而君疑之，何也？且朕少失先人，無所識知，不習治民，而君又老，恐與天下絶矣。朕非屬趙君，當誰任哉？且趙君爲人精廉彊力，下知人情，上能適朕，君其勿疑。」李斯曰：「不然。夫高，故賤人也，無識於理，貪欲無厭，求利不止，列勢次主，求欲無窮，臣故曰殆。」二世已前信趙高，恐李斯殺之，乃私告趙高。高曰：「丞相所患者獨高，高已死，丞相即欲爲田常所爲。」於是二世曰：「其以李斯屬郎中令！」

【一】集解應劭曰：「戰國之時，稍增講武之禮，以爲戲樂，用相夸示，而秦更名曰角抵。角者，角材也〔一三〕。抵者，相抵觸也。」文穎曰：「案：秦名此樂爲角抵，兩兩相當，角力，角伎蓺射御，故曰角抵也。」駰案：觳抵即角抵也。

【二】索隱玘，亦作「起」，並音怡。韓大夫弑其君悼公者。然韓無悼公，或鄭之嗣君。案表，韓玘事昭侯，昭侯已下四代至王安，其説非也。

趙高案治李斯。李斯拘執束縛，居囹圄中，仰天而歎曰：「嗟乎，悲夫！不道之君，何可爲計哉！昔者桀殺關龍逢，紂殺王子比干，吴王夫差殺伍子胥。此三臣者，豈不忠哉，然而不免於死，身死而所忠者非也。今吾智不及三子，而二世之無道過於桀、紂、夫差，吾以忠死，宜矣。且二世之治豈不亂哉！日者夷其兄弟而自立也，殺忠臣而貴賤人，作爲阿房之宫，賦斂天下。吾非不諫也，而不吾聽也。凡古聖王，飲食有節，車器有數，宫室有度，出令造事，加費而無益於民利者禁，故能長久治安。今行逆於昆弟，不顧其咎；侵殺忠臣，不思其殃；大爲宫室，厚賦天下，不愛其費：三者已行，天下不聽。今反者已有天下之半矣，而心尚未寤也，而以趙高爲佐，吾必見寇至咸陽，麋鹿游於朝也。」

於是二世乃使高案丞相獄，治罪，責斯與子由謀反狀，皆收捕宗族賓客。趙高治斯，榜掠千餘，不勝痛，自誣服。斯所以不死者，自負其辯，有功，實無反心，幸得上書自陳，幸二世之寤而赦之。李斯乃從獄中上書曰：「臣爲丞相，治民三十餘年矣。逮秦地之陜隘。先王之時秦地不過千里，兵數十萬。臣盡薄材，謹奉法令，陰行謀臣，資之金玉，使游説諸侯，陰脩甲兵，飾政教，官鬭士，尊功臣，盛其爵禄，故終以脅韓弱魏，破燕、趙，夷齊、楚，卒兼六國，虜其王，立秦爲天子。罪一矣。地非不廣，又北逐胡、貉，南定百越，以見秦之彊。罪二矣。尊大臣，盛其爵位，以固其親。罪三矣。立社稷，脩宗廟，以明主之賢。罪四矣。更剋畫，平斗斛度量，文章布之天下，以樹秦之名。罪五矣。治馳道，興游觀，以見主之得意。罪六矣。緩刑罰，薄賦斂，以遂主得衆之心，萬民戴主，死而不忘。罪七矣。若斯之爲臣者，罪足以死固久矣。上幸盡其能力，乃得至今，願陛下察之！」書上，趙高使吏弃去不奏，曰：「囚安得上書！」

趙高使其客十餘輩詐爲御史、謁者、侍中，更往覆訊斯。斯更以其實對，輒使人復榜之。後二世使人驗斯，斯以爲如前，終不敢更言，辭服。奏當上，二世喜曰：「微趙君，幾爲丞相所賣。」及二世所使案三川之守至，則項梁已擊殺之。使者來，會丞相下吏，趙高皆妄爲反辭。

二世二年七月，具斯五刑，論腰斬咸陽市。斯出獄，與其中子俱執，顧謂其中子曰：「吾欲與若復牽黄犬俱出上蔡東門逐狡兔，豈可得乎？」遂父子相哭，而夷三族。

李斯已死，二世拜趙高爲中丞相，事無大小輒決於高。高自知權重，乃獻鹿，謂之馬。二世問左右：「此乃鹿也？」左右皆曰「馬也」。二世驚，自以爲惑，乃召太卜，令卦之。太卜曰：「陛下春秋郊祀，奉宗廟鬼神，齋戒不明，故至于此。可依盛德而明齋戒。」於是乃入上林齋戒。日游弋獵，有行人入上林中，二世自射殺之。趙高教其女壻咸陽令閻樂劾不知何人賊殺人移上林。高乃諫二世曰：「天子無故賊殺不辜人，此上帝之禁也，鬼神不享，天且降殃，當遠避宮以禳之。」二世乃出居望夷之宮。留三日，趙高詐詔衞士，令士皆素服持兵内鄉，入告二世曰：「山東羣盜兵大至！」二世上觀而見之，恐懼，高即因劫令自殺。引璽而佩之，左右百官莫從；上殿，殿欲壞者三。高自知天弗與，羣臣弗許，乃召始皇弟，授之璽。〔一〕

〔一〕集解徐廣曰：「一本曰『召始皇弟子嬰，授之璽』。」秦本紀云子嬰者，二世之兄子也。」索隱劉氏云：「『弟』字誤，當爲『孫』。子嬰，二世兄子。」

子嬰即位，患之，乃稱疾不聽事，與宦者韓談及其子謀殺高。高上謁，請病，因召入，令韓談刺殺之，夷其三族。

子嬰立三月，沛公兵從武關入，至咸陽，羣臣百官皆畔，不適。〔一〕子嬰與妻子自係其頸以組，降軹道旁。〔二〕沛公因以屬吏。項王至而斬之。遂以亡天下。

〔一〕集解徐廣曰：「適音敵。」

〔二〕正義軹道在萬年縣東北十六里。

太史公曰：李斯以閭閻歷諸侯，入事秦，因以瑕釁，以輔始皇，卒成帝業，斯爲三公，可謂尊用矣。斯知六蓺之歸，不務明政以補主上之缺，持爵禄之重，阿順苟合，嚴威酷刑，聽高邪說，廢適立庶。諸侯已畔，斯乃欲諫爭，不亦末乎！人皆以斯極忠而被五刑死，察其本，乃與俗議之異。不然，斯之功且與周、召列矣。

【索隱述贊】鼠在所居，人固擇地。斯效智力，功立名遂。置酒咸陽，人臣極位。一夫誑惑，變易神器。國喪身誅，本同末異。

校勘記

〔一〕爲郡小吏　王念孫雜志史記第五：「索隱本『郡』作『鄉』，注曰：『劉氏云掌鄉文書。』據此則劉與小司馬本皆作『鄉』，『鄉』謂上蔡之鄉也。藝文類聚獸部引此正作『鄉』。」按：白氏六帖事類集卷二九、御覽卷一八六引史記並作「鄉」。

〔二〕如禽何異　耿本、黄本、彭本、柯本、凌本、殿本無「異」字。按：法言學行：「人而不學，雖無憂，如禽何？」

〔三〕令甘茂拔宜陽　「拔」，索隱本作「伐」。按：本書卷五秦本紀秦武王三年云「其秋，使甘茂、庶長封伐宜陽」。

〔四〕快耳　此下原有「目」字。王念孫雜志史記第五：「聲能快耳，不能快目，『目』字後人所加。

文選無『目』字。舊本北堂書鈔樂部六出『彈箏快耳』四字，引史記『彈箏搏髀，而歌嗚嗚快耳者』，亦無『目』字。藝文類聚樂部四、太平御覽樂部十四所引竝無『目』字。」按：文選卷三九李斯上書秦始皇無「目」字，漢書卷六六楊惲傳顏師古注、文選卷四一楊惲報孫會宗書李善注引李斯上書同。今據删。

〔五〕隨珠也　耿本、黄本、彭本、柯本、凌本、殿本作「宛地之珠也」。

〔六〕故云宛傅璣者　「傅」，耿本、黄本、彭本、柯本、凌本、殿本作「珠」。

〔七〕隨俗　原作「通俗」，據耿本、黄本、彭本、柯本、凌本、殿本改。按：文選卷三九李斯上書秦始皇李善注亦作「隨俗」。

〔八〕山不辭土石　「山」上原有「泰」字。張文虎札記卷五：「『泰』字誤衍，管子無。」今據删。

〔九〕尊主　景祐本、紹興本、耿本作「尊王」，通志卷九四列傳七同。

〔一〇〕治直道馳道　上「道」字原無。王念孫雜志史記第五：「秦始皇紀二十七年，『治馳道』集解：『應劭曰：「馳道，天子道也，若今之中道然。」』六國表曰始皇三十五年，『爲直道，道九原，通甘泉』，蒙恬傳贊曰『蒙恬爲秦壍山堙谷，通直道』，是直道與馳道不同。今本『直』下脱『道』字，則文義不明。群書治要引此正作『治直道馳道』。」今據補。

〔一一〕然則夫所貴於有天下者　張文虎札記卷五：「『然則』二字疑衍。」按：本書卷六秦始皇本紀作「凡所爲貴有天下者」。

〔三〕云固我者一云　耿本、黄本、彭本、柯本、殿本作「一云固我者」，疑是。

〔三〕角材　漢書卷六武帝紀「作角抵戲」顏師古注引應劭作「角技」。

史記卷八十八

蒙恬列傳第二十八

蒙恬者，其先齊人也。恬大父蒙驁，【一】自齊事秦昭王，官至上卿。秦莊襄王元年，蒙驁爲秦將，伐韓，取成皋、滎陽，作置三川郡。二年，蒙驁攻趙，取三十七城。始皇三年，蒙驁攻韓，取十三城。五年，蒙驁攻魏，取二十城，作置東郡。始皇七年，蒙驁卒。驁子曰武，武子曰恬。恬嘗書獄典文學。【二】始皇二十三年，蒙武爲秦裨將軍，與王翦攻楚，大破之，殺項燕。二十四年，蒙武攻楚，虜楚王。蒙恬弟毅。

【一】索隱音敖。又鄒氏音五到反。

【二】索隱謂恬嘗學獄法，遂作獄官，典文學。

始皇二十六年，蒙恬因家世得爲秦將，攻齊，大破之，拜爲内史。秦已并天下，乃使蒙恬將三十萬衆北逐戎狄，收河南。【一】築長城，因地形，用制險塞，起臨洮，【二】至遼東，【三】延袤萬餘里。於是渡河，據陽山，【四】逶蛇而北。暴師於外十餘年，居上郡。是時蒙恬威振匈奴。始皇甚尊寵蒙氏，信任賢之。而親近蒙毅，位至上卿，出則參乘，入則御前。恬任外事而毅常爲内謀，名爲忠信，故雖諸將相莫敢與之爭焉。

【一】正義謂靈、勝等州。

【二】集解徐廣曰：「屬隴西。」

【三】正義遼東郡在遼水東，始皇築長城東至遼水，西南至海之上〔一〕。

【四】集解徐廣曰：「五原西安陽縣北有陰山。陰山在河南，陽山在河北。」

趙高者，諸趙疏遠屬也。趙高昆弟數人，皆生隱宮，【一】其母被刑僇，世世卑賤。秦王聞高彊力，通於獄法，舉以爲中車府令。高即私事公子胡亥，喻之決獄。高有大罪，秦王令蒙毅法治之。毅不敢阿法，當高罪死〔二〕，除其宦籍。帝以高之敦於事也，【二】赦之，復其官爵。

【一】集解徐廣曰：「爲宦者。」索隱劉氏云：「蓋其父犯宮刑，妻子没爲官奴婢，妻後野合所生子皆承趙姓，並宮之，故云『兄弟生隱宮』。謂『隱宮』者，宦之謂也。」

【三】集解徐廣曰：「敦，一作『敏』。」

始皇欲游天下，道九原，【一】直抵甘泉，【二】迺使蒙恬通道，自九原抵甘泉，塹山堙谷，千八百里。道未就。

【一】正義九原郡，今勝州連谷縣是。

【二】正義宮在雍州。

始皇三十七年冬，行出游會稽，並海上，【一】北走琅邪。【二】道病，使蒙毅還禱山川，未反。

【一】索隱並音白浪反。

【二】索隱走音奏。走猶向也。鄒氏音趨，趨亦向義，於字則乖。

始皇至沙丘崩，祕之，羣臣莫知。是時丞相李斯、公子胡亥、中車府令趙高常從。高雅得幸於胡亥，欲立之，又怨蒙毅法治之而不爲己也，因有賊心，迺與丞相李斯、公子胡亥陰謀，立胡亥爲太子。太子已立，遣使者以罪賜公子扶蘇、蒙恬死。扶蘇已死，蒙恬疑而復請之。使者以蒙恬屬吏，更置。胡亥以李斯舍人爲護軍。使者還報，胡亥已聞扶蘇死，即欲釋蒙恬。趙高恐蒙氏復貴而用事，怨之。

毅還至，趙高因爲胡亥忠計，欲以滅蒙氏，乃言曰：「臣聞先帝欲舉賢立太子久矣，而毅諫曰『不可』。若知賢而俞弗立，則是不忠而惑主也。【一】以臣愚意，不若誅之。」胡亥聽而繫蒙毅於代。【二】前已囚蒙恬於陽周。喪至咸陽，已葬，太子立爲二世皇帝，而趙高親近，日夜毀惡蒙氏，求其罪過，舉劾之。

【一】索隱俞即踰也，音臾。謂知太子賢而踰久不立，是不忠也。

【二】正義今代州也。因禱山川至代而繫之。

子嬰進諫曰：「臣聞故趙王遷殺其良臣李牧而用顏聚，燕王喜陰用荆軻之謀而倍秦之約，齊王建殺其故世忠臣而用后勝之議。此三君者，皆各以變古者失其國而殃及其身。今蒙氏，秦之大臣謀士也，而主欲一旦弃去之，臣竊以爲不可。臣聞輕慮者不可以治國，獨智者不可以存君。【一】誅殺忠臣而立無節行之人，是內使羣臣不相信而外使鬬士之意離也，臣竊以爲不可。」

【一】集解徐廣曰：「一無此字。」

胡亥不聽。而遣御史曲宮乘傳之代，【一】令蒙毅曰：「先主欲立太子而卿難之。今丞相以卿爲不忠，罪及其宗。朕不忍，乃賜卿死，亦甚幸矣。卿其圖之！」毅對曰：「以臣不能得先主之意，則臣少宦，順幸没世，可謂知意矣。【二】以臣不知太子之能，則太子獨從，周旋天下，去諸公子絶遠，臣無所疑矣。夫先主之舉用太子，數年之積也，臣乃何言之敢諫，何慮之敢謀！非敢飾辭以避死也，爲羞累先主之名，願大夫爲慮焉，使臣得死情實。且夫順成全者，道之所貴也；刑殺者，道之所卒也。昔者秦穆公殺三良而死，罪百里奚而非其罪也，故立號曰『繆』。昭襄王殺武安君白起。楚平王殺伍奢。吴王夫差殺伍子胥。此四君者，皆爲大失，而天下非之，以其君爲不明，以是籍於諸侯。【三】故曰『用道治者不殺無罪，而罰不加於無辜』。唯大夫留心！」使者知胡亥之意，不聽蒙毅之言，遂殺之。

【一】索隱曲，姓；宫，名。

【二】索隱蒙毅言己少事始皇，順意因蒙幸，至始皇没世，可謂知上意。

【三】索隱言其惡聲狼籍，布於諸國。而劉氏曰「諸侯皆記其惡於史籍」，非也。

二世又遣使者之陽周，令蒙恬曰：「君之過多矣，而卿弟毅有大罪，法及内史。」恬曰：「自吾先人，及至子孫，積功信於秦三世矣。今臣將兵三十餘萬，身雖囚繫，其勢足以倍畔，然自知必死而守義者，不敢辱先人之教，以不忘先主也。昔周成王初立，未離襁緥，周公旦負王以朝，卒定天下。及成王有病甚殆，公旦自揃其爪以沈於河，曰：『王未有識，是旦執事。有罪殃，旦受其不祥。』乃書而藏之記府，可謂信矣。及王能治國，有賊臣言：

『周公旦欲爲亂久矣，王若不備，必有大事。』王乃大怒，周公旦走而奔於楚。成王觀於記府，得周公旦沈書，乃流涕曰：『孰謂周公旦欲爲亂乎！』殺言之者而反周公旦。故周書曰『必參而伍之』。〔一〕今恬之宗，世無二心，而事卒如此，是必孽臣逆亂，〔二〕內陵之道也。夫成王失而復振則卒昌；桀殺關龍逢，紂殺王子比干而不悔，身死則國亡〔三〕。臣故曰過可振而諫可覺也。〔三〕察於參伍，上聖之法也。凡臣之言，非以求免於咎也，將以諫而死，願陛下爲萬民思從道也。」使者曰：「臣受詔行法於將軍，不敢以將軍言聞於上也。」蒙恬喟然太息曰：「我何罪於天，無過而死乎？」良久，徐曰：「恬罪固當死矣。起臨洮屬之遼東，城塹萬餘里，此其中不能無絕地脈哉？此乃恬之罪也。」乃吞藥自殺。

〔一〕索隱參謂三卿，伍即五大夫。欲參伍更議。

〔二〕集解徐廣曰：「一作『辭』。」

〔三〕索隱此「故曰」者，必先志有此言，蒙恬引之以成說也，今不知出何書耳。振者，救也。然語亦倒，以言前人受諫可覺，則其過乃可救。

太史公曰：吾適北邊，自直道歸，行觀蒙恬所爲秦築長城亭障，塹山堙谷，通直道，固輕百姓力矣。夫秦之初滅諸侯，天下之心未定，痍傷者未瘳，而恬爲名將，不以此時彊諫，振百姓之急，養老存孤，務修衆庶之和，而阿意興功，此其兄弟遇誅，不亦宜乎？何乃罪地脈哉？

【索隱述贊】蒙氏秦將，内史忠賢。長城首築，萬里安邊。趙高矯制，扶蘇死焉。絶地何罪？勞人是僣。呼天欲訴，三代良然。

校勘記

〔一〕西南至海之上　張文虎札記卷五："『之上』二字疑衍。"按：疑文有訛誤。後漢書卷三章帝紀「出長城」李賢注："史記：蒙恬爲秦築長城，西自臨洮，東至海。"

〔二〕罪死　原作「死罪」，據景祐本、紹興本、黄本、彭本、柯本、凌本、殿本乙。

〔三〕身死則國亡　景祐本作「則身死國亡」。

史記卷八十九

張耳陳餘列傳第二十九

索隱張耳、吴芮勢侔楚、漢，位埒齊、韓，俱懷從沛之心，咸享誓河之業。爵在列侯之上，家傳累代之基，長沙既曰令終，趙王亦謂善始，並可列同系家焉〔一〕。

張耳者，大梁人也。【一】其少時，及魏公子毋忌爲客。張耳嘗亡命【二】游外黄。【三】外黄富人女甚美，嫁庸奴，亡其夫去，【四】抵父客。【五】父客素知張耳，乃謂女曰：「必欲求賢夫，從張耳。」女聽，乃卒爲請決，嫁之張耳。【六】張耳是時脱身游，女家厚奉給張耳，張耳以故致千里客。乃宦魏爲外黄令。名由此益賢。陳餘者，亦大梁人也，好儒術，數游趙苦陘。【七】富人公乘氏以其女妻之，亦知陳餘非庸人也。餘年少，父事張耳，兩人相與爲刎頸交。【八】

【一】索隱臣瓚云：「今陳留大梁城是也。」

【二】索隱晉灼曰：「命者，名也。謂脱名籍而逃。」崔浩曰：「亡，無也。命，名也。逃匿則削除名籍，故以逃爲亡命。」

【三】索隱地理志屬陳留。

【四】集解徐廣曰：「一云『其夫亡』也。」

【五】集解如淳曰：「父時故賓客。」索隱如淳曰：「抵，歸也，音丁禮反。」

【六】索隱謂女請父客爲決絶其夫，而嫁之張耳。

【七】集解張晏曰：「苦陘，漢章帝改曰漢昌。」索隱地理志屬中山。張晏曰：「章帝醜其名，改曰漢昌。」正義音邢。邢州唐昌縣〔二〕。

【八】索隱崔浩云：「言要齊生死，斷頸無悔。」

秦之滅大梁也，張耳家外黄。高祖爲布衣時，嘗數從張耳游，客數月。秦滅魏數歲，已聞此兩人魏之名士也，購求有得張耳千金，陳餘五百金。張耳、陳餘乃變名姓，俱之陳，爲里監門【一】以自食。兩人相對。里吏嘗有過笞陳餘，陳餘欲起，張耳躡之，【二】使受笞。吏去，張耳乃引陳餘之桑下而數之曰：「始吾與公言何如？今見小辱而欲死一吏乎？」陳餘然之。秦詔書購求兩人，兩人亦反用門者以令里中。【三】

【一】集解張晏曰：「監門，里正衞也。」

【二】集解徐廣曰："一作『攝』。"

【三】索隱案：門者即餘、耳也。自以其名而號令里中，詐更別求也。

陳涉起蘄，至入陳，兵數萬。張耳、陳餘上謁陳涉。涉及左右生平數聞張耳、陳餘賢，未嘗見，見即大喜。

陳中豪傑父老乃說陳涉曰："將軍身被堅執銳，率士卒以誅暴秦，復立楚社稷，存亡繼絶，功德宜爲王。且夫監臨天下諸將，不爲王不可，願將軍立爲楚王也。"陳涉問此兩人，兩人對曰："夫秦爲無道，破人國家，滅人社稷，絶人後世，罷百姓之力，盡百姓之財。將軍瞋目張膽，出萬死不顧一生之計，爲天下除殘也。今始至陳而王之，示天下私。願將軍毋王，急引兵而西，遣人立六國後，自爲樹黨，爲秦益敵也。敵多則力分，與衆則兵彊。如此野無交兵，縣無守城，誅暴秦，據咸陽以令諸侯。諸侯亡而得立，以德服之，如此則帝業成矣。今獨王陳，恐天下解也。"【一】陳涉不聽，遂立爲王。

【一】正義解，紀賣反。言天下諸侯見陳勝稱王王陳，皆解墮不相從也。

陳餘乃復說陳王曰："大王舉梁、楚而西，務在入關，未及收河北也。臣嘗游趙，知其豪桀及地形，願請奇兵北略趙地。"於是陳王以故所善陳人武臣爲將軍，邵騷爲護軍，以張耳、陳餘爲左右校尉，予卒三千人，北略趙地。

武臣等從白馬渡河，〔一〕至諸縣，説其豪桀曰：〔二〕「秦爲亂政虐刑以殘賊天下，數十年矣。北有長城之役，南有五嶺之戍，〔三〕外内騷動，百姓罷敝，頭會箕斂，〔四〕以供軍費，財匱力盡，民不聊生。重之以苛法峻刑，使天下父子不相安。陳王奮臂爲天下倡始，王楚之地，方二千里，莫不響應，家自爲怒，人自爲鬭，各報其怨而攻其讎，縣殺其令丞，郡殺其守尉。今已張大楚，王陳，使吴廣、周文將卒百萬西擊秦。於此時而不成封侯之業者，非人豪也。諸君試相與計之！夫天下同心而苦秦久矣。因天下之力而攻無道之君，報父兄之怨而成割地有土之業，此士之一時也。」豪桀皆然其言。乃行收兵，得數萬人，號武臣爲武信君。下趙十城，餘皆城守，莫肯下。

〔一〕索隱案：酈食其云「白馬之津」，白馬是津渡〔三〕，其地與黎陽對岸。

〔二〕集解鄧展曰：「至河北縣説之。」

〔三〕集解漢書音義曰：「嶺有五，因以爲名，在交阯界中也。」索隱裴氏廣州記云大庾、始安、臨賀、桂陽、揭陽，斯五嶺。

〔四〕集解漢書音義曰：「家家人頭數出穀〔四〕，以箕斂之。」

乃引兵東北擊范陽。范陽人蒯通説范陽令曰：〔一〕「竊聞公之將死，故弔。雖然，賀公得通而生。」范陽令曰：「何以弔之？」對曰：「秦法重，足下爲范陽令十年矣，殺人之父，孤人之子，斷人之足，黥人之首，不可勝數。然而慈父孝子莫敢倳刃【二】公之腹中者，畏秦法耳。今天下大亂，秦法不施，然則慈父孝子且倳刃公之腹中以成其名，此臣之所以弔公也。今諸侯畔秦矣，武信君兵且至，而君堅守范陽，少年皆爭殺君，下武信君。君急遣臣見武信君，可轉禍爲福，在今矣。」

【一】集解漢書曰「范陽令徐公」。

【二】集解徐廣曰：「倳音截。」李奇曰：「東方人以物插地皆爲倳。」

范陽令乃使蒯通見武信君曰：「足下必將戰勝然後略地，攻得然後下城，臣竊以爲過矣。誠聽臣之計，可不攻而降城，不戰而略地，傳檄而千里定，可乎？」武信君曰：「何謂也？」蒯通曰：「今范陽令宜整頓其士卒以守戰者也，怯而畏死，貪而重富貴，故欲先天下降，畏君以爲秦所置吏，誅殺如前十城也。然今范陽少年亦方殺其令，自以城距君。君何不齎臣侯印，拜范陽令，范陽令則以城下君，少年亦不敢殺其令。令范陽令乘朱輪華轂，使驅馳燕、趙郊。燕、趙郊見之，皆曰此范陽令，先下者也，即喜矣，燕、趙城可毋戰而降也。此臣之所謂傳檄而千里定者也。」武信君從其計，因使蒯通賜范陽令侯印。趙地聞之，不戰以城下者三十餘城。

至邯鄲，張耳、陳餘聞周章軍入關，至戲卻；〔一〕又聞諸將爲陳王徇地，多以讒毀得罪誅，怨陳王不用其筴不以爲將而以爲校尉。乃說武臣曰：「陳王起蘄，至陳而王，非必立六國後。將軍今以三千人下趙數十城，獨介居河北，〔二〕不王無以填之。且陳王聽讒，還報，恐不脫於禍。又不如立其兄弟；不，即立趙後。將軍毋失時，時閒不容息。」〔三〕武臣乃聽之，遂立爲趙王。以陳餘爲大將軍，張耳爲右丞相，邵騷爲左丞相。

〔一〕集解蘇林曰：「戲，地名。卻，兵退也。」正義戲，音羲，出驪山。

〔二〕集解晉灼曰：「介音戛。」瓚曰：「方言云：『介，特也。』」

〔三〕索隱以言舉事不可失時，時幾之迅速，其閒不容一喘息頃也。

使人報陳王，陳王大怒，欲盡族武臣等家，而發兵擊趙。陳王相國房君諫曰：「秦未亡而誅武臣等家，此又生一秦也。不如因而賀之，使急引兵西擊秦。」陳王然之，從其計，徙繫武臣等家宮中，封張耳子敖爲成都君。

陳王使使者賀趙，令趣發兵西入關。張耳、陳餘說武臣曰：「王王趙，非楚意，特以計賀王。楚已滅秦，必加兵於趙。願王毋西兵，北徇燕、代，南收河内以自廣。趙南據大河，北有燕、代，楚雖勝秦，必不敢制趙。」趙王以爲然，因不西兵，而使韓廣略燕，李良略常山，張黶略上黨。

韓廣至燕，燕人因立廣爲燕王。〔一〕趙王乃與張耳、陳餘北略地燕界。趙王閒出，爲燕軍所得。燕將囚之，欲與分趙地半，乃歸王。使者往，燕輒殺之以求地。張耳、陳餘患之。有廝養卒謝其舍中曰：〔二〕「吾爲公説燕，與趙王載歸。」舍中皆笑曰：「使者往十餘輩，輒死，若何以能得王？」乃走燕壁。燕將見之，問燕將曰：「知臣何欲？」燕將曰：「若欲得趙王耳。」曰：「君知張耳、陳餘何如人也？」燕將曰：「賢人也。」曰：「知其志何欲？」曰：「欲得其王耳。」趙養卒乃笑曰：「君未知此兩人所欲也。夫武臣、張耳、陳餘杖馬箠〔三〕下趙數十城，此亦各欲南面而王，豈欲爲卿相終已邪？夫臣與主豈可同日而道哉，顧其勢初定，未敢參分而王，且以少長先立武臣爲王，以持趙心。今趙地已服，此兩人亦欲分趙而王，時未可耳。今君乃囚趙王。此兩人名爲求趙王，實欲燕殺之，此兩人分趙自立。夫以一趙尚易燕，況以兩賢王左提右挈，而責殺王之罪，〔四〕滅燕易矣。」燕將以爲然，乃歸趙王，養卒爲御而歸。

〔一〕集解徐廣曰：「九月也。」

〔二〕集解如淳曰：「廝，賤者也。公羊傳曰『廝役扈養』。」韋昭曰：「析薪爲廝，炊烹爲養。」晉灼曰：「以辭相告曰謝也。」索隱謂其同舍中之人也。漢書作「舍人」。

【三】集解張晏曰：「言其不用兵革，驅策而已也。」索隱杖音丈。箠音之委反。

【四】集解徐廣曰：「平原君傳曰『事成，執右券以責』也，券契義同耳。」

李良已定常山，還報，趙王復使良略太原。至石邑，【一】秦兵塞井陘，未能前。秦將詐稱二世使人遺李良書，不封，【二】曰：「良嘗事我得顯幸。良誠能反趙爲秦，赦良罪，貴良。」良得書，疑不信。乃還之邯鄲，益請兵。未至，道逢趙王姊出飲，從百餘騎。李良望見，以爲王，伏謁道旁。王姊醉，不知其將，使騎謝李良。李良素貴，起，慙其從官。從官有一人曰：「天下畔秦，能者先立。且趙王素出將軍下，今女兒乃不爲將軍下車，請追殺之。」李良已得秦書，固欲反趙，未決，因此怒，遣人追殺王姊道中，乃遂將其兵襲邯鄲，邯鄲不知。竟殺武臣、邵騷。趙人多爲張耳、陳餘耳目者，以故得脱出。收其兵，得數萬人。客有說張耳曰：「兩君羈旅，而欲附趙，難；【三】獨立趙後，扶以義，可就功。」【四】乃求得趙歇，【五】立爲趙王，居信都。【六】李良進兵擊陳餘，陳餘敗李良，李良走歸章邯。

【一】索隱地理志屬常山。

【二】集解張晏曰：「欲其漏泄，君臣相疑。」

【三】索隱案：羈旅勢弱，難以立功也。

【四】索隱謂獨有立六國趙王之後。
【五】集解徐廣曰：「正月也。音烏轄反。」駰案：張晏曰「趙之苗裔」。
【六】集解徐廣曰：「後項羽改曰襄國。」

章邯引兵至邯鄲，皆徙其民河内，夷其城郭。張耳與趙王歇走入鉅鹿城，王離圍之。陳餘北收常山兵，得數萬人，軍鉅鹿北。章邯軍鉅鹿南棘原，築甬道屬河，餉王離。王離兵食多，急攻鉅鹿。鉅鹿城中食盡兵少，張耳數使人召前陳餘，陳餘自度兵少，不敢敵秦，不敢前。數月，張耳大怒，怨陳餘，使張黶、陳澤【一】往讓陳餘曰：「始吾與公爲刎頸交，今王與耳旦暮且死，而公擁兵數萬，不肯相救，安在其相爲死！苟必信，胡不赴秦軍俱死？且有十一二相全。」【二】陳餘曰：「吾度前終不能救趙，徒盡亡軍。且餘所以不俱死，欲爲趙王、張君報秦。今必俱死，如以肉委餓虎，何益？」張黶、陳澤曰：「事已急，要以俱死立信，安知後慮！」陳餘曰：「吾死顧以爲無益。必如公言。」乃使五千人令張黶、陳澤先嘗秦軍，【三】至皆沒。

【一】正義音釋。
【二】正義十中冀一兩勝秦。

【三】索隱崔浩云：「嘗猶試。」

當是時，燕、齊、楚聞趙急，皆來救。張敖亦北收代兵，得萬餘人，來，皆壁餘旁，未敢擊秦。項羽兵數絶章邯甬道，王離軍乏食，項羽悉引兵渡河，遂破章邯。【一】章邯引兵解，諸侯軍乃敢擊圍鉅鹿秦軍，遂虜王離。涉閒自殺。卒存鉅鹿者，楚力也。

【一】集解徐廣曰：「三年十二月也。」

於是趙王歇、張耳乃得出鉅鹿，謝諸侯。張耳與陳餘相見，責讓陳餘以不肯救趙，及問張黶、陳澤所在。陳餘怒曰：「張黶、陳澤以必死責臣，臣使將五千人先嘗秦軍，皆没不出。」張耳不信，以爲殺之，數問陳餘。陳餘怒曰：「不意君之望臣深也！【一】豈以臣爲重去將哉？」【二】乃脱解印綬，推予張耳。張耳亦愕不受。陳餘起如廁。客有説張耳曰：「臣聞『天與不取，反受其咎』。【三】今陳將軍與君印，君不受，反天不祥。急取之！」張耳乃佩其印，收其麾下。而陳餘還，亦望張耳不讓，【四】遂趨出。張耳遂收其兵。陳餘獨與麾下所善數百人之河上澤中漁獵。由此陳餘、張耳遂有郤。

【一】索隱望，怨責也。

【二】索隱案：重訓難也。或云重，惜也。

【三】索隱此辭出國語。

【四】正義言陳餘如廁還，亦怨望張耳不讓其印。

趙王歇復居信都。張耳從項羽諸侯入關。漢元年二月，項羽立諸侯王，張耳雅游，【一】人多爲之言，項羽亦素數聞張耳賢，乃分趙立張耳爲常山王，治信都。信都更名襄國。

【一】集解韋昭曰：「雅，素也。」索隱鄭氏云「雅，故也」。韋昭云「雅，素也」。然素亦故也。故游，言慣游從，故多爲人所稱譽。

陳餘客多説項羽曰：「陳餘、張耳一體有功於趙。」項羽以陳餘不從入關，聞其在南皮，【一】即以南皮旁三縣以封之〔五〕，而徙趙王歇王代。【二】

【一】索隱地理志屬勃海。正義故城在滄州南皮縣北四里也。

【二】集解徐廣曰：「都代縣。」

張耳之國，陳餘愈益怒，曰：「張耳與餘功等也，今張耳王，餘獨侯，此項羽不平。」及齊王田榮畔楚，陳餘乃使夏説説【一】田榮曰：「項羽爲天下宰不平，盡王諸將善地，徙故王王惡地，今趙王乃居代！願王假臣兵，請以南皮爲扞蔽。」田榮欲樹黨於趙以反楚，乃遣兵從陳餘。陳餘因悉三縣兵襲常山王張耳。張耳敗走，念諸侯無可歸者，曰：「漢王與我有舊故，【一】而項羽又彊，立我，我欲之楚。」【二】甘公曰：【三】「漢王之入關，五星聚東井。東井者，秦分也。先至必霸。楚雖彊，後必屬漢。」故耳走漢。【四】漢王亦還定三秦，方圍章邯廢丘。張耳謁漢王，漢王厚遇之。【五】

【一】正義上「說」音悅，下式銳反。

【二】集解張晏曰：「漢王爲布衣時，嘗從張耳游。」

【三】集解張晏曰：「羽既彊盛，又爲所立，是以狐疑莫知所往也。」

【四】集解文穎曰：「善說星者甘氏也。」索隱天官書云「齊甘公」，藝文志云「楚有甘公」，齊楚不同。劉歆七略云「字逢〔六〕，甘德」。志林云「甘公一名德」。

【五】集解徐廣曰：「二年十月也。」

陳餘已敗張耳，皆復收趙地，迎趙王於代，復爲趙王。趙王德陳餘，立以爲代王。陳餘爲趙王弱，國初定，不之國，留傅趙王，而使夏說以相國守代。

漢二年，東擊楚，使使告趙，欲與俱。陳餘曰：「漢殺張耳乃從。」於是漢王求人類張耳者斬之，持其頭遺陳餘。陳餘乃遣兵助漢。漢之敗於彭城西，陳餘亦復覺張耳不死，即背漢。

漢三年，韓信已定魏地，遣張耳與韓信擊破趙井陘，【一】斬陳餘泜水上，【二】追殺趙王歇襄國。漢立張耳爲趙王。【三】漢五年，張耳薨，謚爲景王。子敖嗣立爲趙王。高祖長女魯元公主爲趙王敖后。

【一】集解徐廣曰：「三年十月。」

【二】集解徐廣曰：「在常山。音遲，一音丁禮反。」索隱徐廣音遲，蘇林音祇。晉灼音丁禮反，今俗呼此水則然。案：地理志音脂，則蘇音爲得。郭景純注山海經云「泜水出常山中丘縣」。正義在趙州贊皇縣界。

【三】集解徐廣曰：「四年十一月。」駰案：漢書「四年夏」。

漢七年，高祖從平城過趙，趙王朝夕袒韝蔽，【一】自上食，禮甚卑，有子壻禮。高祖箕踞【二】詈，甚慢易之。趙相貫高、趙午等年六十餘，【三】故張耳客也。生平爲氣，乃怒曰：「吾王孱王也！」【四】說王曰：「夫天下豪桀並起，能者先立。今王事高祖甚恭，而高祖無禮，請爲王殺之！」張敖齧其指【五】出血，曰：「君何言之誤！且先人亡國，賴高祖得復國，德流子孫，秋豪皆高祖力也。願君無復出口。」貫高、趙午等十餘人皆相謂曰：「乃吾等非也。吾王長者，不倍德。且吾等義不辱，今怨高祖辱我王，故欲殺之，何乃汙王【六】爲乎？令事成歸王，事敗獨身坐耳。」

【一】集解徐廣曰：「鞲者，臂捍也。」

【二】索隱崔浩云：「屈膝坐，其形如箕。」

【三】集解徐廣曰：「田叔傳云『趙相趙午等數十人皆怒』，然則或宜言六十餘人。」

【四】集解孟康曰：「音如『潺湲』之『潺』。冀州人謂懦弱爲孱。」韋昭曰：「仁謹貌。」索隱案：服虔音鉏閑反【七】，弱小貌也。小顏音仕連反。

【五】索隱案：小顏曰「齧指以表至誠，爲其約誓」。

【六】索隱蕭該音一故反。說文云：「汙，穢也。」

漢八年，上從東垣還，過趙，貫高等乃壁人柏人，【一】要之置廁。【二】上過欲宿，心動，問曰：「縣名爲何？」曰：「柏人。」「柏人者，迫於人也！」不宿而去。

【一】索隱謂於柏人縣館舍壁中著人，欲爲變也。正義柏人故城在邢州柏人縣西北十二里，即高祖宿處也。

【二】集解韋昭曰：「爲供置也。」索隱文穎云：「置人廁壁中，以伺高祖也。」張晏云：「鑿壁空之，令人止中也。」今按：云「置廁」者，置人於複壁中，謂之置廁，廁者隱側之處，因以爲言也。

亦音側。

漢九年，貫高怨家知其謀，乃上變告之。於是上皆并逮捕趙王、貫高等。十餘人皆爭自剄，貫高獨怒罵曰：「誰令公爲之？今王實無謀，而并捕王；公等皆死，誰白王不反者！」乃轞車膠致，【一】與王詣長安。治張敖之罪。上乃詔趙羣臣賓客有敢從王皆族。貫高與客孟舒等十餘人，皆自髡鉗，爲王家奴，從來。貫高至，對獄，曰：「獨吾屬爲之，王實不知。」吏治榜笞數千，刺剟，【二】身無可擊者，終不復言。呂后數言張王以魯元公主故，不宜有此。上怒曰：「使張敖據天下，豈少而女乎！」不聽。廷尉以貫高事辭聞，上曰：「壯士！誰知者，以私問之。」【三】中大夫泄公曰：【四】「臣之邑子，素知之。此固趙國立名義不侵爲然諾者也。」上使泄公持節問之箯輿前。【五】仰視曰：「泄公邪？」泄公勞苦如生平驩，與語，問張王果有計謀不。高曰：「人情寧不各愛其父母妻子乎？今吾三族皆以論死，豈以王易吾親哉！顧爲王實不反，獨吾等爲之。」具道本指所以爲者王不知狀。於是泄公入，具以報，上乃赦趙王。

【一】正義謂其車上著板，四周如檻形，膠密不得開，送致京師也。

【二】集解徐廣曰：「丁劣反。」索隱徐廣音丁劣反。案：掇亦刺也，漢書作「刺爇」，張晏云「爇，灼也」。說文云「燒也」。應劭云「以鐵刺之」。

【三】集解瓚曰：「以私情相問。」

【四】正義泄，姓也。史有泄私。

【五】集解徐廣曰：「箯音鞭。」駰案：韋昭曰「輿如今輿牀，人輿以行」。索隱服虔云：「音編，編竹木如今峻，可以糞除也。」何休注公羊：「筍，音峻。筍者，竹箯，一名編〔八〕，齊、魯已北名爲筍。」郭璞三倉注云：「箯輿，土器。」

上賢貫高爲人能立然諾，使泄公具告之，曰：「張王已出。」因赦貫高。貫高喜曰：「吾王審出乎？」泄公曰：「然。」泄公曰：「上多足下，故赦足下。」貫高曰：「所以不死一身，無餘者，白張王不反也。今王已出，吾責已塞，死不恨矣。且人臣有篡殺之名，何面目復事上哉！縱上不殺我，我不愧於心乎？」乃仰絕肮，遂死。【一】當此之時，名聞天下。

【一】集解韋昭曰：「肮，咽也。」索隱蘇林云：「肮，頸大脈也，俗所謂胡脈，下郎反。」蕭該或音下浪反。

張敖已出，以尚魯元公主故，封爲宣平侯。【一】於是上賢張王諸客以鉗奴從張王入關，無不爲諸侯相、郡守者。及孝惠、高后、文帝、孝景時，張王客子孫皆得爲二千石。

【一】索隱韋昭曰：「尚，奉也。不敢言取。」崔浩云：「奉事公主。」小顏云：「尚，配也。易曰『得尚于中行』，王弼亦以尚爲配。」恐非其義也。

張敖，高后六年薨。【一】子偃爲魯元王。以母呂后女故，呂后封爲魯元王。【二】元王弱，兄弟少，乃封張敖他姬子二人：壽爲樂昌侯，【三】侈爲信都侯。高后崩，諸呂無道，大臣誅之，而廢魯元王及樂昌侯、信都侯。孝文帝即位，復封故魯元王偃爲南宮侯，續張氏。【四】

【一】集解關中記曰：「張敖冢在安陵東。」正義魯元公主墓在咸陽縣西北二十五里，次東有張敖冢，與公主同域。又張耳墓在咸陽縣東三十三里。

【二】索隱案：謂偃以其母號而封也。

【三】集解徐廣曰：「漢紀張酺傳曰張敖之子壽封樂昌侯，食細陽之池陽鄉也。」

【四】集解張敖謚武侯。張偃之孫有罪絶。信都侯名侈，樂昌侯名壽。

太史公曰：張耳、陳餘，世傳所稱賢者；其賓客廝役，莫非天下俊桀，所居國無不取卿相者。然張耳、陳餘始居約時，【一】相然信以死，豈顧問哉。【二】及據國爭權，卒相滅亡，何鄉者相慕用之誠，後相倍之戾也！豈非以勢利交哉？【三】名譽雖高，賓客雖盛，所由殆與太伯、延陵季子異矣。

【一】集解漢書音義曰：「在貧賤時也。」

【二】索隱按：葛洪要用字苑云「然猶爾也」。謂相和同諾者何也〔九〕。謂然諾相信，雖死不顧也。

【三】索隱有本作「私利交」，漢書作「勢利」，故廉頗傳云「天下以市道交，君有勢則從，君無勢則去，此固其理」是也。

【索隱述贊】張耳、陳餘，天下豪俊。忘年羈旅，刎頸相信。耳圍鉅鹿，餘兵不進。張既望深，陳乃去印。勢利傾奪，隙末成釁。

校勘記

〔一〕此條索隱原無，據耿本、黄本、彭本、索隱本、柯本、凌本、殿本、會注本補。

〔二〕邢州　疑當作「定州」。按：舊唐書卷三九地理志二：「（陘邑）漢苦陘縣，屬中山國。章帝改爲漢昌，曹魏改爲魏昌，隋改爲隋昌。武德四年，改爲唐昌。天寶元年，改爲陘邑。」後漢書卷二一李忠傳「至苦陘」李賢注：「苦陘，縣名，屬中山國，章帝改曰漢昌，自此已後，隨代改之，今定州唐昌縣是也。」

〔三〕白馬是津渡　耿本、黄本、彭本作「白馬津是渡處」。

〔四〕家家人頭數出穀　殿本史記考證：「此段集解明有脱落。」按：漢書卷三二張耳傳「頭會箕斂」。顏師古注引服虔作「吏到其家，人人頭數出穀」。

〔五〕三縣以封　張文虎札記卷五：「警云『以』字疑衍。」按：漢書卷三二陳餘傳無「以」字。

〔六〕字逢　張文虎札記卷五：「二字疑當在『甘德』下。」

〔七〕鉏閑反　張文虎札記卷五：「單本作『眳軒反』，孱字無此音。案：服虔時未有反切，當有誤。」

〔八〕一名編　公羊傳文公十五年「筍將而來也」何休注作「一名編輿」，疑此脫「輿」字。

〔九〕謂相和同諸者何也　「何」，殿本、會注本作「信」。

史記卷九十

魏豹彭越列傳第三十

魏豹者，故魏諸公子也。其兄魏咎，【一】故魏時封爲寧陵君。【二】秦滅魏，遷咎爲家人。陳勝之起王也，【三】咎往從之。陳王使魏人周市徇魏地，魏地已下，欲相與立周市爲魏王。周市曰：「天下昏亂，忠臣乃見。【四】今天下共畔秦，其義必立魏王後乃可。」齊、趙使車各五十乘，立周市爲魏王。市辭不受，迎魏咎於陳。五反，陳王乃遣立咎爲魏王。【五】

【一】索隱案：彭越傳云「魏豹，魏王咎從弟，真魏後也」。

【二】索隱案：晉灼云「寧陵，今梁國縣也〔一〕，即今寧陵是」。

【三】正義王，于放反。

【四】索隱老子曰「國家昏亂，有忠臣」，此取以爲說也。

【五】集解徐廣曰：「元年十二月也。」

章邯已破陳王，乃進兵擊魏王於臨濟。〔一〕魏王乃使周市出請救於齊、楚。齊、楚遣項它、田巴〔二〕將兵隨市救魏。章邯遂擊破殺周市等軍，圍臨濟。咎爲其民約降。約定，咎自燒殺。

〔一〕正義故城在淄州高苑縣北二里〔三〕，本漢縣。

〔二〕索隱案：項它，楚將；田巴，齊將也。正義它，徒多反。

魏豹亡走楚。〔一〕楚懷王予魏豹數千人，復徇魏地。項羽已破秦，降章邯。豹下魏二十餘城。立豹爲魏王。豹引精兵從項羽入關。漢元年，項羽封諸侯，欲有梁地，乃徙魏王豹於河東，都平陽，〔二〕爲西魏王。

〔一〕集解徐廣曰：「二年六月。」

〔二〕正義今晉州。

漢王還定三秦，渡臨晉，〔一〕魏王豹以國屬焉，遂從擊楚於彭城。漢敗還，至滎陽，豹請歸視親病，至國，即絶河津畔漢。漢王聞魏豹反，方東憂楚，未及擊，謂酈生曰：「緩頰往説魏豹，能下之，吾以萬户封若。」酈生説豹。豹謝曰：「人生一世閒，如白駒過隙耳。〔二〕今漢王慢而侮人，駡詈諸侯羣臣如駡奴耳，非有上下禮節也，吾不忍復見也。」於是漢王遣韓信擊虜豹於河東，【三】傳詣滎陽，以豹國爲郡。【四】漢王令豹守滎陽。楚圍之急，周苛遂殺魏豹。

【一】正義臨晉在同州朝邑縣界。

【二】索隱莊子云「無異騏驥之馳過隙」，則謂馬也。小顏云「白駒謂日影也。隙，壁隙也〔三〕」。以言速疾，若日影過壁隙也。

【三】集解徐廣曰：「二年九月也。」

【四】集解高祖本紀曰：「置三郡，河東、太原、上黨。」

彭越者，昌邑人也，【一】字仲。常漁鉅野澤中，爲羣盜。陳勝、項梁之起，少年或謂越曰：「諸豪桀相立畔秦，仲可以來，亦效之。」彭越曰：「兩龍方鬭，且待之。」

【一】正義漢武更山陽爲昌邑國，有梁丘鄉。梁丘故城在曹州城武縣東北三十三里。

居歲餘，澤閒少年相聚百餘人，往從彭越，曰：「請仲爲長。」越謝曰：「臣不願與諸君。」少年彊請，乃許。與期旦日日出【一】會，後期者斬。旦日日出，十餘人後，後者至日中。於是越謝曰：「臣老，諸君彊以爲長。今期而多後，不可盡誅，誅最後者一人。」令校長斬之。皆笑曰：「何至是？請後不敢。」於是越乃引一人斬之，設壇祭，乃令徒屬。徒屬皆大驚，畏越，莫敢仰視。乃行略地，收諸侯散卒，得千餘人。

【一】索隱旦日謂明日之朝日出時也。

沛公之從碭北【一】擊昌邑，彭越助之。昌邑未下，沛公引兵西。彭越亦將其衆居鉅野中，收魏散卒。項籍入關，王諸侯，還歸，彭越衆萬餘人毋所屬。漢元年秋，齊王田榮畔項王，漢乃使人賜彭越將軍印，使下濟陰以擊楚。楚命蕭公角【二】將兵擊越，越大破楚軍。漢王二年春，與魏王豹及諸侯東擊楚，彭越將其兵三萬餘人歸漢於外黃。漢王曰：「彭將軍收魏地得十餘城，欲急立魏後。今西魏王豹亦魏王咎從弟也，真魏後。」乃拜彭越爲魏相國，擅將其兵，【三】略定梁地。

【一】正義碭音徒郎反。宋州碭山縣。

【二】正義蕭縣令。楚縣令稱公；角，名。

【三】索隱擅猶專也。

漢王之敗彭城解而西也，彭越皆復亡其所下城，獨將其兵北居河上。【一】漢王三年，彭越常往來爲漢游兵，擊楚，絶其後糧於梁地。漢四年冬，項王與漢王相距滎陽，彭越攻下睢陽、外黄十七城。【二】項王聞之，乃使曹咎守成皋，【三】自東收彭越所下城邑，皆復爲楚。【四】越將其兵北走穀城。【五】漢五年秋，項王之南走陽夏，【六】彭越復下昌邑旁二十餘城，得穀十餘萬斛，以給漢王食。

【一】正義滑州河上。

【二】正義睢陽，宋州宋城也。外黄在汴州雍丘縣東。

【三】正義河南府汜水是。

【四】正義爲，于僞反。

【五】正義在齊州東阿縣東二十六里是〔四〕。

【六】正義夏，古雅反。陳州太康縣也。

漢王敗，使使召彭越并力擊楚。越曰：「魏地初定，尚畏楚，未可去。」漢王追楚，爲項籍所敗固陵。【一】乃謂留侯曰：「諸侯兵不從，爲之柰何？」留侯曰：「齊王信之立，非君王之意，信亦不自堅。彭越本定梁地，功多，始君王以魏豹故，拜彭越爲魏相國。今豹死毋後，且越亦欲王，而君王不蚤定。與此兩國約：即勝楚，睢陽以北至穀城，【二】皆以王彭相國；從陳以東傅海，【三】與齊王信。齊王信家在楚，此其意欲復得故邑。君王能出捐此地許二人，二人今可致；即不能，事未可知也。」於是漢王乃發使使彭越，如留侯策。使者

至，彭越乃悉引兵會垓下，〔四〕遂破楚。項籍已死〔五〕。春，立彭越爲梁王，都定陶。〔五〕

〔一〕正義固陵，地名，在陳州宛丘縣西北三十二里。

〔二〕正義從宋州已北至鄆州以西，曹、濮、汴、滑並與彭越。

〔三〕集解傅音附。索隱傅音附。正義從陳、潁州北以東，亳、泗、徐、淮北之地，東至海，并淮南、淮陰之邑，盡與韓信。韓信又先有故齊舊地。

〔四〕正義在亳州也。

〔五〕正義曹州。

六年，朝陳。九年，十年，皆來朝長安。

十年秋，陳豨反代地，高帝自往擊，至邯鄲，徵兵梁王。梁王稱病，使將將兵詣邯鄲。高帝怒，使人讓梁王。梁王恐，欲自往謝。其將扈輒曰：「王始不往，見讓而往，往則爲禽矣。不如遂發兵反。」梁王不聽，稱病。梁王怒其太僕，欲斬之。太僕亡走漢，告梁王與扈輒謀反。於是上使使掩梁王，梁王不覺，捕梁王，囚之雒陽。有司治反形已具，〔一〕請論如法。上赦以爲庶人，傳處蜀青衣。〔二〕西至鄭，〔三〕逢呂后從長安來，欲之雒陽，道見彭王。彭王爲呂后泣涕，自言無罪，願處故昌邑。呂后許諾，與俱東至雒陽。呂后白上曰：「彭王壯士，今徙之蜀，此自遺患，〔四〕不如遂誅之。妾謹與俱來。」於是呂后乃令其舍人告彭越復謀反。廷尉王恬開奏請族之。上乃可，遂夷越宗族，國除。

【一】集解張晏曰：「扈輒勸越反，不聽，而云『反形已見』〔六〕，有司非也。」瓚曰：「扈輒勸越反，而越不誅輒，是反形已具。」

【二】集解文穎曰：「青衣，縣名，在蜀。」瓚曰：「今漢嘉是也。」索隱蘇林曰：「縣名，今爲臨邛。」瓚曰：「今漢嘉是也。〔七〕」

【三】索隱地理志鄭屬京兆。正義華州。

【四】正義上唯季反。

太史公曰：魏豹、彭越雖故賤，然已席卷千里，〔一〕南面稱孤，喋血〔二〕乘勝日有聞矣。懷畔逆之意，及敗，不死而虜囚，身被刑戮，何哉？中材已上且羞其行，況王者乎！彼無異故，智略絕人，獨患無身耳。得攝尺寸之柄，其雲蒸龍變，欲有所會其度，以故幽囚而不辭云。

【一】正義言魏地闊千里，如席卷舒。

【二】集解徐廣曰：「喋，一作『啑』。」韓傳亦有『喋血』語也。」索隱音牒。喋猶蹀也。殺敵蹀血而行，孝文紀「喋血京師」是也。

【索隱述贊】魏咎兄弟，因時而王。豹後屬楚，其國遂亡。仲起昌邑，歸漢外黄。往來聲援，再續軍糧。徵兵不往，葅醢何傷。

校勘記

〔一〕寧陵今梁國縣　「今」字原無，據索隱本補。按：本書卷四八陳涉世家「故甯陵君咎」索隱：「晉灼云：『今在梁國也。按：今梁國有寧陵縣是也，字轉異耳。』」

〔二〕高苑縣北　本書卷五四曹相國世家「取臨濟」、卷九四田儋列傳「狄人也」正義皆云在「高苑縣西北」。

〔三〕壁隙也　「隙」，漢書卷三三魏豹傳「如白駒過隙」顔師古注作「際」。按：説文𨸏部：「隙，壁際孔也。」

〔四〕齊州　疑當作「濟州」。按：本書卷七項羽本紀「至穀城」、卷四〇楚世家「取穀」正義引括地志皆云「在濟州東阿縣東二十六里」。

〔五〕項籍已死　此上原有「五年」二字。梁玉繩志疑卷三二：「『五年』二字衍，上文已書之。」今據删。

〔六〕而云反形已見　「見」，景祐本、紹興本、耿本、黄本、彭本、柯本、凌本、殿本作「具」，漢書卷三四彭越傳「有司治反形已具」顏師古注引張晏同。

〔七〕瓚曰今漢嘉是也　耿本、黄本、彭本、柯本、凌本、殿本作「瓚説爲是」。

史記卷九十一

黥布列傳第三十一

黥布者，六人也，【一】姓英氏。【二】秦時爲布衣。少年，有客相之曰：「當刑而王。」及壯，坐法黥。布欣然笑曰：「人相我當刑而王，幾是乎？」【三】人有聞者，共俳笑之。【四】布已論輸麗山，【五】麗山之徒數十萬人，布皆與其徒長豪桀交通，迺率其曹偶，【六】亡之江中爲羣盜。

【一】索隱地理志廬江有六縣。蘇林曰：「今爲六安也。」

【二】索隱按：布本姓英。英，國名也，咎繇之後。布以少時有人相云「當刑而王」，故漢雜事云「布改姓黥，以厭當之」也。正義故六城在壽州安豐縣西南百三十三里。按：黥布封淮南王，都六，即此城。又春秋傳六與蓼，咎繇之後，或封於英、六，蓋英後改爲蓼也。

【三】集解徐廣曰：「幾，一作『豈』。」駰謂幾，近也。索隱裴駰曰「臣瓚音機。幾，近也」。楚漢春秋作「豈是乎」，故徐廣云一作「豈」。劉氏作「祈」，祈者語辭也，亦通。

【四】索隱謂衆共以俳優輩笑之。

【五】正義言布論決受黥竟，麗山作陵也。時會稽郡輸身徒。

【六】索隱曹，輩也。偶，類也。謂徒之輩類〔一〕。

陳勝之起也，布迺見番君，與其衆叛秦，聚兵數千人。番君以其女妻之。章邯之滅陳勝，破呂臣軍，布乃引兵北擊秦左右校，破之清波，引兵而東。聞項梁定江東會稽，【一】涉江而西。陳嬰以項氏世爲楚將，迺以兵屬項梁，渡淮南〔二〕，英布、蒲將軍亦以兵屬項梁。

【一】正義時會稽郡所理在吴闔閭城中。

項梁涉淮而西，擊景駒、秦嘉等，布常冠軍。項梁至薛，【一】聞陳王定死，迺立楚懷王。項梁號爲武信君，英布爲當陽君。【二】項梁敗死定陶，懷王徙都彭城，諸將英布亦皆保聚彭城。當是時，秦急圍趙，趙數使人請救。懷王使宋義爲上將，范曾爲末將，項籍爲次將，英布、蒲將軍皆爲將軍，悉屬宋義，北救趙。及項籍殺宋義於河上，懷王因立籍爲上將軍，諸將皆屬項籍。項籍使布先渡河擊秦〔三〕，布數有利，籍迺悉引兵涉河從之，遂破秦軍，降章邯等。楚兵常勝，功冠諸侯。諸侯兵皆以服屬楚者，以布數以少敗衆也。

【一】正義　薛古城在徐州滕縣界也。

【二】正義　南郡當陽縣也。

項籍之引兵西至新安，【一】又使布等夜擊阬章邯秦卒二十餘萬人。至關，不得入，又使布等先從閒道【二】破關下軍，遂得入，至咸陽。布常爲軍鋒。【三】項王封諸將，立布爲九江王，都六。

【一】正義　新安故城在河南府澠池縣東二十二里。

【二】索隱　鄒氏云「閒猶閑也，謂私也」。今以閒音紀莧反。閒道即他道，猶若反閒之義。

【三】索隱　案：漢書作「楚軍前簿」，簿者鹵簿。

漢元年四月，諸侯皆罷戲下，各就國。項氏立懷王爲義帝，徙都長沙，迺陰令九江王布等行擊之。其八月，布使將擊義帝，追殺之郴縣。【一】

【一】正義　郴，丑林反。今郴州有義帝冢及祠。

漢二年，齊王田榮畔楚，項王往擊齊，徵兵九江，九江王布稱病不往，遣將將數千人行。漢之敗楚彭城，布又稱病不佐楚。項王由此怨布，數使使者誚讓【一】召布，布愈恐，不敢往。項王方北憂齊、趙，西患漢，所與者獨九江王，又多布材，欲親用之，以故未擊。

【一】集解漢書音義曰：「誚，責也。」

漢三年，漢王擊楚，大戰彭城，不利，出梁地，至虞，【二】謂左右曰：【三】「如彼等者，無足與計天下事。」謁者隨何進曰：「不審陛下所謂。」漢王曰：「孰能爲我使淮南，令之發兵倍楚，留項王於齊數月，我之取天下可以百全。」隨何曰：「臣請使之。」迺與二十人俱，使淮南。至，因太宰主之，【三】三日不得見。隨何因說太宰曰：「王之不見何，必以楚爲彊，以漢爲弱，此臣之所以爲使。使何得見，言之而是邪，是大王所欲聞也；言之而非邪，使何等二十人伏斧質淮南市，以明王倍漢而與楚也。」太宰迺言之王，王見之。隨何曰：「漢王使臣敬進書大王御者，竊怪大王與楚何親也。」淮南王曰：「寡人北鄉而臣事之。」隨何曰：「大王與項王俱列爲諸侯，北鄉而臣事之，必以楚爲彊，可以託國也。項王伐齊，身負板築，【四】以爲士卒先，大王宜悉淮南之衆，身自將之，爲楚軍前鋒，今迺發四千人以助楚。夫北面而臣事人者，固若是乎？夫漢王戰於彭城，項王未出齊也，大王宜騷【五】淮南之兵渡淮，日夜會戰彭城下，大王撫萬人之衆，無一人渡淮者，垂拱而觀其孰勝。夫託國於人者，固若是乎？大王提空名以鄉楚，而欲厚自託，臣竊爲大王不取也。然而大王不背楚者，以漢爲弱也。夫楚兵雖彊，天下負之以不義之名，【六】以其背盟約而殺義帝也。然而楚王恃戰勝自彊，漢王收諸侯，還守成皋、滎陽，下蜀、漢之粟，深溝壁壘，分卒守徼乘塞，〔七〕楚人還兵，閒以梁地，深入敵國八九百里，〔八〕欲戰則不得，攻城則力不能，老弱轉糧千里之外；楚兵至滎陽、成皋，漢堅守而不動，進則不得攻，退則不得解。故曰楚兵不足恃也。〔九〕使楚勝漢，則諸侯自危懼而相救。夫楚之彊，適足以致天下之兵耳。故楚不如漢，其勢易見也。今大王不與萬全之漢而自託於危亡之楚，臣竊爲大王惑之。臣非以淮南之兵足以亡楚也。夫大王發兵而倍楚，項王必留；留數月，漢之取天下可以萬全。臣請與大王提劍而歸漢，漢王必裂地而封大王，又況淮南，淮南必大王有也。故漢王敬使使臣進愚計，願大王之留意也。」淮南王曰：「請奉命。」陰許畔楚與漢，未敢泄也。

〔一〕正義今宋州虞城也。

〔二〕索隱案：謂隨何。

〔三〕集解漢書音義曰：「淮南太宰作内主也。」韋昭曰：「主，舍也。」索隱太宰，掌膳食之官。韋昭曰「主，舍」。

〔四〕集解李奇曰：「板，牆板也。築，杵也。」

〔五〕集解音埽。

〔六〕索隱負猶被也。以不義被其身。

【七】索隱 徼謂邊境亭鄣。以徼繞邊陲，常守之也。乘者，登也，登塞垣而守之。

【八】集解 張晏曰：「羽從齊還，當經梁地八九百里，迺得羽地。」索隱 案：服虔曰「梁在楚漢之中閒」【四】。

【九】集解 徐廣曰：「恃，一作『罷』。言其已困，不足復苦也。」索隱 案：漢書作「罷」，音皮。

楚使者在，【一】方急責英布發兵，舍傳舍。隨何直入，坐楚使者上坐，曰：「九江王已歸漢，楚何以得發兵？」布愕然。楚使者起。何因說布曰：「事已搆，【二】可遂殺楚使者，無使歸，而疾走漢【三】并力。」布曰：「如使者教，因起兵而擊之耳。」於是殺使者，因起兵而攻楚。楚使項聲、龍且攻淮南，項王留而攻下邑。【四】數月，龍且擊淮南，破布軍。布欲引兵走漢，恐楚王殺之，故閒行與何俱歸漢。

【一】集解 文穎曰：「在淮南王所。」

【二】索隱 按：搆訓成也。

【三】索隱 走音奏，向也。

【四】正義 宋州碭山縣。

淮南王至，【一】上方踞牀洗，召布入見，布大怒【五】，悔來，欲自殺。出就舍，帳御飲食從官如漢王居，布又大喜過望。【二】於是迺使人入九江。楚已使項伯收九江兵，盡殺布妻子。布使者頗得故人幸臣，將衆數千人歸漢。漢益分布兵而與俱北，收兵至成皋。四年七月，立布爲淮南王，與擊項籍。

【一】集解徐廣曰：「三年十二月。」

【二】正義高祖以布先分爲王，恐其自尊大，故峻禮令布折服；已而美其帷帳，厚其飲食，多其從官，以悦其心：權道也。

漢五年，布使人入九江，得數縣。六年，布與劉賈入九江，誘大司馬周殷，周殷反楚，遂舉九江兵與漢擊楚，破之垓下。

項籍死，天下定，上置酒。上折隨何之功，謂何爲腐儒，爲天下安用腐儒。【一】隨何跪曰：「夫陛下引兵攻彭城，楚王未去齊也，陛下發步卒五萬人，騎五千，能以取淮南乎？」上曰：「不能。」隨何曰：「陛下使何與二十人使淮南，至，如陛下之意，是何之功賢於步卒五萬人騎五千也。然而陛下謂何腐儒，『爲天下安用腐儒』，何也？」上曰：「吾方圖子之功。」迺以隨何爲護軍中尉。布遂剖符爲淮南王，都六，九江、廬江、衡山、豫章郡皆屬布。

【一】索隱腐音輔。謂之腐儒者，言如腐敗之物不任用。

七年，朝陳〔六〕。八年，朝雒陽。九年，朝長安〔七〕。

十一年，高后誅淮陰侯，布因心恐。夏，漢誅梁王彭越，醢之，盛其醢徧賜諸侯。至淮南，淮南王方獵，見醢，因大恐，陰令人部聚兵，候伺旁郡警急。【一】

【一】集解張晏曰：「欲有所會。」

布所幸姬疾，請就醫，醫家與中大夫賁赫【一】對門，姬數如醫家，賁赫自以爲侍中，迺厚餽遺，從姬飲醫家。姬侍王，從容語次，譽赫長者也。王怒曰：「汝安從知之？」具說狀。王疑其與亂。赫恐，稱病。王愈怒，欲捕赫。赫言變事，乘傳詣長安。布使人追，不及。赫至，上變，言布謀反有端，可先未發誅也。上讀其書，語蕭相國。相國曰：「布不宜有此，恐仇怨妄誣之。請繫赫，使人微【二】驗淮南王。」淮南王布見赫以罪亡，上變，固已疑其言國陰事；漢使又來，頗有所驗，遂族赫家，發兵反。反書聞，上迺赦賁赫，以爲將軍。

【一】集解徐廣曰：「賁音肥。」索隱賁，音肥，人姓也；赫，音虛格反。

【二】集解一作「徵」。

上召諸將問曰：「布反，爲之柰何？」皆曰：「發兵擊之，阬豎子耳，何能爲乎！」汝陰侯滕公召故楚令尹問之。令尹曰：「是故當反。」滕公曰：「上裂地而王之，疏爵而貴之，【一】南面而立萬乘之主，其反何也？」令尹曰：「往年殺彭越，前年殺韓信，【二】此三人者，同功一體之人也。自疑禍及身，故反耳。」滕公言之上曰：「臣客故楚令尹薛公者，其人有籌筴之計，可問。」上迺召見問薛公。薛公對曰：「布反不足怪也。使布出於上計，山東非漢之有也；出於中計，勝敗之數未可知也；出於下計，陛下安枕而卧矣。」上曰：「何謂上計？」令尹對曰：「東取吳，【三】西取楚，【四】并齊取魯，傳檄燕、趙，固守其所，山東非漢之有也。」「何謂中計？」「東取吳，西取楚，并韓取魏，據敖庾之粟，【五】塞成皋之口，勝敗之數未可知也。」「何謂下計？」「東取吳，西取下蔡，【六】歸重於越，身歸長沙，【七】陛下安枕而卧，漢無事矣。」【八】上曰：「是計將安出？」令尹對曰：「出下計。」上曰：「何謂廢上中計而出下計？」令尹曰：「布故麗山之徒也，自致萬乘之主，此皆爲身，不顧後爲百姓萬世慮者也，故曰出下計。」上曰：「善。」封薛公千户。【九】迺立皇子長爲淮南王。上遂發兵自將東擊布。

【一】集解漢書音義曰：「疏，分也。『禹決江疏河』是也。」索隱疏，分也。漢書曰「禹決江疏河」。尚書曰「列爵惟五，分土惟三」。按：裂地是對文，故知疏即分也。

【二】集解張晏曰：「往年、前年同耳，使文相避也。」

【三】正義荆王劉賈都吳，蘇州闔廬城也。

【四】正義楚王劉交都徐州下邳。

【五】索隱案：太康地記云「秦建敖倉於成皋」。又云「庾」，故云「敖庾」也。

【六】正義古州來國。

【七】正義今潭州。

【八】集解桓譚新論曰：「世有圍碁之戲，或言是兵法之類也。及爲之，上者，遠碁疏張置，以會圍，因而成多，得道之勝；中者，則務相絕遮要，以爭便求利，故勝負狐疑，須計數而定；下者，則守邊隅，趨作罫，以自生於小地，然亦必不如。察薛公之言上計，云取吳、楚，并齊、魯及燕、趙者，此廣道地之謂；中計云取吳、楚，并韓、魏，塞成皋，據敖倉，此趨遮要爭利者也；下計云取吳、下蔡，據長沙以臨越，此守邊隅，趨作罫者也。」索隱罫音烏卦反。

【九】索隱劉氏云：「薛公得封千户，蓋關内侯也。」

布之初反，謂其將曰：「上老矣，厭兵，必不能來。使諸將，諸將獨患淮陰、彭越，今皆已死，餘不足畏也。」故遂反。果如薛公籌之，東擊荆，荆王劉賈走死富陵。【一】盡劫其兵，渡淮擊楚。楚發兵與戰徐、僮閒，【二】爲三軍，欲以相救爲奇。或說楚將曰：「布善用兵，民素畏之。且兵法，諸侯戰其地爲散地。【三】今别爲三，彼敗吾一軍，餘皆走，安能相救！」不聽。布果破其一軍，其二軍散走。

【一】正義 故城在楚州盱眙縣東北六十里。

【二】集解 如淳曰：「地名也。」 索隱 案：地理志臨淮有徐縣、僮縣。 正義 杜預云：「徐在下邳僮縣東。」括地志云：「大徐城在泗州徐城縣北四十里〔九〕，古徐國也。」

【三】集解 漢書音義曰：「謂散滅之地。」 正義 魏武帝注孫子曰：「卒戀土地，道近而易敗散。」

遂西，與上兵遇蘄西會甀。【一】布兵精甚，上迺壁庸城，【二】望布軍置陳如項籍軍，上惡之。與布相望見，遙謂布曰：「何苦而反？」布曰：「欲爲帝耳。」上怒罵之，遂大戰。布軍敗走，渡淮，數止戰，不利，與百餘人走江南。布故與番君婚，以故長沙哀王【三】使人紿布，僞與亡，誘走越，故信而隨之番陽。番陽人殺布茲鄉【四】民田舍，遂滅黥布。【五】

【一】索隱 上古外反，下持瑞反。韋昭云「蘄之鄉名」。漢書作「甀」，應劭音保，銍下亭名〔一〇〕。 正義 蘄音機。沛郡蘄城也。甀，逐瑞反。

【二】集解 鄧展曰：「地名也。」

【三】集解 徐廣曰：「表云成王臣，吳芮之子也。」駰案：晉灼曰「芮之孫固〔一一〕」。或曰是成王，非哀王也，傳誤也。 索隱「哀」字誤也。是成王臣，吳芮之子也。

【四】索隱 番陽鄡縣之鄉〔一二〕。

【五】正義 英布冢在饒州鄱陽縣北百五十二里十三步。

立皇子長爲淮南王，封賁赫爲期思侯，【一】諸將率多以功封者。【二】

【一】正義期思故城在光州固始縣界。

【二】集解漢書曰：「將率封者六人。」

太史公曰：英布者，其先豈春秋所見楚滅英、六，皋陶之後哉？身被刑法，何其拔興【一】之暴也！項氏之所阬殺人以千萬數，而布常爲首虐。功冠諸侯，用此得王，亦不免於身爲世大僇。禍之興自愛姬殖，妒媢【二】生患，竟以滅國！

【一】索隱拔，白曷反，疾也。

【二】集解音冒。媢亦妒也。索隱案：王劭音冒，媢亦妒也。漢書外戚傳亦云「成結寵妾妬媢之誅〔一三〕」。又論衡云「妬夫媢婦」，則媢是妬之别名。今原英布之誅爲疑賁赫與其妃有亂，故至滅國，所以不得言妬媢是媚也。一云男妬曰媢。

【索隱述贊】九江初筮，當刑而王。既免徒中，聚盜江上。再雄楚卒〔一四〕，頻破秦將。病爲羽疑，歸受漢杖。賁赫見毁，卒致無妄。

校勘記

〔一〕徒之輩類　原作「徒輩之類」，據耿本、黄本、彭本、柯本、凌本、殿本改。

〔二〕渡淮南　瀧川資言會注：「楓、三本無『南』字，此疑衍。」

〔三〕先渡河　「渡」上黄本、彭本、柯本、凌本、殿本有「涉」字。

〔四〕梁在楚漢之中閒　「中閒」，耿本、黄本、彭本、柯本、凌本、殿本作「中央」，漢書卷三四彭越傳顔師古注引服虔同。

〔五〕布大怒　「大」上原有「甚」字。梁玉繩志疑卷三二：「『甚』『大』二字當去其一。」按：漢書卷三四英布傳、通鑑卷一〇漢紀二高帝三年無「甚」字。今據删。

〔六〕七年朝陳　梁玉繩志疑卷三二：「『七年』當作『六年』。」按：本書卷九〇魏豹彭越列傳：「六年，朝陳。」漢書卷三四英布傳朝陳亦在六年。

〔七〕九年朝長安　梁玉繩志疑卷三二：「『九年』下又缺『十年』二字。」按：本書卷一七漢興以來諸侯王年表云九年「來朝」，十年「來朝，反，誅」。卷九〇魏豹彭越列傳：「九年，十年，皆來朝長安。」

〔八〕漢書曰禹決江疏河　「漢書」，疑當作「漢書音義」。耿本、黄本、彭本、柯本、凌本、殿本無此八字，以其與集解複而删之也。

〔九〕徐城縣北四十里　「四十里」，本書卷四周本紀「東伐淮夷」、卷五秦本紀「徐偃王作亂」、卷四三趙世家「徐偃王反」正義引括地志皆作「三十里」。

〔一〇〕銍下　「銍」，原作「銍」。張文虎札記卷五：「『銍』疑『銍』之譌。漢志銍、蘄皆屬沛。」今據改。

〔一一〕固　漢書卷三四彭越傳「故長沙哀王使人誘布」顏師古注引晉灼作「回」，本書卷一七漢興以來諸侯王年表、漢書卷一三異姓諸侯王表同。

〔一二〕番陽鄡縣之鄉　「鄡」，耿本、黄本、彭本、柯本、凌本、殿本、會注本作「鄱」。疑索隱本作「番陽縣之鄉」，「鄡」爲「鄱」之譌衍。正義曰「英布冢在饒州鄱陽縣北百五十二里十三步」，可爲旁證。

〔一三〕成結　原作「或結」，據耿本、黄本、彭本、柯本、凌本、殿本改。按：漢書卷九七下外戚傳下作「成結」。

〔一四〕再雄楚卒　「再」，黄本、彭本、柯本、凌本、殿本、會注本作「每」。

史記卷九十二

淮陰侯列傳第三十二

淮陰侯韓信者，淮陰人也。〔一〕始爲布衣時，貧無行，不得推擇爲吏，〔二〕又不能治生商賈，常從人寄食飲，人多厭之者。常數從其下鄉〔三〕南昌亭長〔四〕寄食，數月，亭長妻患之，乃晨炊蓐食。〔五〕食時信往，不爲具食。信亦知其意，怒，竟絕去。

〔一〕正義楚州淮陰縣也。

〔二〕集解李奇曰：「無善行可推舉選擇。」

〔三〕集解張晏曰：「下鄉，縣，屬淮陰也。」索隱案：下鄉，鄉名，屬淮陰郡。

〔四〕索隱案：楚漢春秋作「新昌亭長〔一〕」。

〔五〕集解張晏曰：「未起而牀蓐中食。」

信釣於城下，〔一〕諸母漂，〔二〕有一母見信飢，飯信，竟漂數十日。信喜，謂漂母曰：

「吾必有以重報母。」母怒曰：「大丈夫不能自食，〔三〕吾哀王孫而進食，〔四〕豈望報乎！」

〔一〕正義淮陰城北臨淮水，昔信去下鄉而釣於此。

〔二〕集解韋昭曰：「以水擊絮爲漂，故曰漂母。」

〔三〕正義音寺。

〔四〕集解蘇林曰：「如言公子也。」　索隱劉德曰：「秦末多失國，言王孫、公子，尊之也。」蘇林亦同。　張晏云「字王孫」，非也。

淮陰屠中少年有侮信者，曰：「若雖長大，好帶刀劍，中情怯耳。」衆辱之曰：「信能死，刺我；不能死，出我袴下。」〔一〕於是信孰視之，俛出袴下，蒲伏。〔二〕一市人皆笑信，以爲怯。

〔一〕集解徐廣曰：「袴，一作『胯』。胯，股也，音同。」又云漢書作「跨」，同耳。　索隱袴，漢書作「胯」。胯，股也，音枯化反。　然尋此文作「袴」，欲依字讀，何爲不通？　袴下即胯下也，亦何必須作「胯」。

〔二〕正義俛音俯。　伏，蒲北反。

及項梁渡淮，信杖劍從之，居戲下，〔一〕無所知名。　項梁敗，又屬項羽，羽以爲郎中。

數以策干項羽，羽不用。漢王之入蜀，信亡楚歸漢，未得知名，爲連敖。【三】坐法當斬，其輩十三人皆已斬，次至信，信乃仰視，適見滕公，曰：「上不欲就天下乎？何爲斬壯士！」滕公奇其言，壯其貌，釋而不斬。與語，大說之。言於上，上拜以爲治粟都尉，上未之奇也。

【二】集解徐廣曰：「戲，一作『麾』。」
【三】集解徐廣曰：「典客也。」索隱李奇云：「楚官名。」張晏云：「司馬也。」

信數與蕭何語，何奇之。至南鄭，諸將行道亡者數十人，信度何等已數言上，上不我用，即亡。何聞信亡，不及以聞，自追之。人有言上曰：「丞相何亡。」上大怒，如失左右手。居一二日，何來謁上，上且怒且喜，罵何曰：「若亡，何也？」何曰：「臣不敢亡也，臣追亡者。」上曰：「若所追者誰？」何曰：「韓信也。」上復罵曰：「諸將亡者以十數，公無所追；追信，詐也。」何曰：「諸將易得耳。至如信者，國士無雙。王必欲長王漢中，無所事信；【一】必欲爭天下，非信無所與計事者。顧王策安所決耳。」王曰：「吾亦欲東耳，安能鬱鬱久居此乎？」何曰：「王計必欲東，能用信，信即留；不能用，信終亡耳。」王曰：「吾爲公以爲將。」何曰：「雖爲將，信必不留。」王曰：「以爲大將。」何曰：「幸甚。」於是王欲召信拜之。何曰：「王素慢無禮，今拜大將如呼小兒耳，此乃信所以去也。王必欲拜之，擇良日，齋戒，設壇場，具禮，乃可耳。」王許之。諸將皆喜，人人各自以爲得大將。至拜大將，乃韓信也，一軍皆驚。

【一】集解文穎曰：「事猶業也。」張晏曰：「無事用信。」

信拜禮畢，上坐。王曰：「丞相數言將軍，將軍何以教寡人計策？」信謝，因問王曰：「今東鄉爭權天下，豈非項王邪？」漢王曰：「然。」曰：「大王自料勇悍仁彊孰與項王？」漢王默然良久，曰：「不如也。」信再拜賀曰：「惟信亦爲大王不如也。然臣嘗事之，請言項王之爲人也。項王喑噁【二】叱咤，【三】千人皆廢，【三】然不能任屬賢將，此特匹夫之勇耳。項王見人恭敬慈愛，言語嘔嘔，【四】人有疾病，涕泣分食飲，至使人有功當封爵者，印刓敝，忍不能予，【五】此所謂婦人之仁也。項王雖霸天下而臣諸侯，不居關中而都彭城。有背義帝之約，而以親愛王，諸侯不平。諸侯之見項王遷逐義帝置江南，亦皆歸逐其主而自王善地。項王所過無不殘滅者，天下多怨，百姓不親附，特劫於威彊耳。名雖爲霸，實失天下心。故曰其彊易弱。今大王誠能反其道：任天下武勇，何所不誅！【六】以天下城邑封功臣，何所不服！以義兵從思東歸之士，何所不散！【七】且三秦王爲秦將，將秦子弟數歲矣，所殺亡不可勝計，又欺其衆降諸侯，至新安，項王詐阬秦降卒二十餘萬，唯獨邯、欣、翳得脱，秦父兄怨此三人，痛入骨髓。今楚彊以威王此三人，秦民莫愛也。大王之入武關，秋豪無所害，【八】除秦苛法，與秦民約，法三章耳，秦民無不欲得大王王秦者。於諸侯之約，大王當王關中，關中民咸知之。大王失職入漢中，秦民無不恨者。今大王舉而東，三秦可傳檄而定也。」【九】於是漢王大喜，自以爲得信晚。遂聽信計，部署諸將所擊。

【一】索隱上於金反〔二〕，下烏路反。喑啞，懷怒氣。

【二】索隱上昌栗反，下卓嫁反。「咤」字或作「吒」〔三〕。叱咤，發怒聲。

【三】集解晉灼曰：「廢，不收也。」索隱孟康曰：「廢，伏也。」張晏曰：「廢，偃也。」

【四】集解音凶于反。索隱音吁。嘔嘔猶區區也〔四〕。漢書作「姁姁」。鄧展曰「姁姁，和好貌也〔五〕」。張晏音吁。

【五】集解漢書音義曰：「不忍授。」

【六】索隱何不誅。按：劉氏云「言何所不誅也」。

【七】索隱何不散。劉氏云：「用東歸之兵擊東方之敵，此敵無不散敗也。」

【八】索隱案：豪秋乃成。又王逸注楚詞云「鋭毛爲豪，夏落秋生也」。

【九】索隱案：説文云「檄，二尺書也」。此云「傳檄」，謂爲檄書以責所伐者。

八月，漢王舉兵東出陳倉，【一】定三秦。漢二年，出關，【二】收魏、河南，韓、殷王皆降。合齊、趙共擊楚。四月，至彭城，漢兵敗散而還。信復收兵與漢王會滎陽，復擊破楚京、索之閒，以故楚兵卒不能西。

【一】正義漢王從關北出岐州陳倉縣。

【二】正義出函谷關。

漢之敗卻彭城，【一】塞王欣、翟王翳亡漢降楚，齊、趙亦反漢與楚和。六月，魏王豹謁歸視親疾，至國，即絕河關【二】反漢，與楚約和。漢王使酈生說豹，不下。其八月，以信爲左丞相，擊魏。魏王盛兵蒲坂，塞臨晉，【三】信乃益爲疑兵，【四】陳船欲度臨晉，【五】而伏兵從夏陽以木罌缻渡軍，【六】襲安邑。【七】魏王豹驚，引兵迎信，信遂虜豹，【八】定魏爲河東郡。【九】漢王遣張耳與信俱，引兵東北擊趙、代。後九月，破代兵，禽夏說閼與。【一〇】信之下魏破代，漢輒使人收其精兵，詣滎陽以距楚。

【一】正義兵敗散彭城而卻退。

【二】索隱按：謂今蒲津關。

【三】索隱塞音先得反。臨晉，縣名，在河東之東岸，對舊關也。

【四】集解漢書音義曰：「益張旍旗，以疑敵者。」

【五】索隱劉氏云「陳船，地名，在舊關之西，今之朝邑」，非也〔六〕。案：京兆有船司空縣，不名「陳船」。陳船者，陳列船艘欲渡河也。

【六】集解徐廣曰：「甀，一作『缶』。」服虔曰：「以木押縛罌甀以渡。」韋昭曰：「以木爲器如罌甀，以渡軍。無船，且尚密也。」正義按：韓信詐陳列船艘於臨晉，欲渡河，即此從夏陽木押罌甀渡軍，襲安邑。臨晉，同州東朝邑界。夏陽在同州北渭城界〔七〕。

【七】正義安邑故城在絳州夏縣東北十五里。

【八】索隱按：劉氏云「夏陽舊無船，豹不備之，而防臨晉耳。今安邑被襲，故豹遂降也」。

【九】正義今安邑縣故城。

【一〇】集解徐廣曰：「音余。」駰案：李奇曰「夏說，代相也」。索隱司馬彪郡國志上黨沾縣有閼與聚。閼音曷，又音焉；與音余，又音預。沾音他廉反。正義閼與聚城在潞州銅鞮縣西北二十里。

信與張耳以兵數萬，欲東下井陘擊趙。【一】趙王、成安君陳餘聞漢且襲之也，聚兵井陘口，【二】號稱二十萬。廣武君李左車說成安君曰：「聞漢將韓信涉西河，虜魏王，禽夏說，新喋血【三】閼與，今乃輔以張耳，議欲下趙，此乘勝而去國遠鬭，其鋒不可當。臣聞千里餽糧，士有飢色，樵蘇後爨，【四】師不宿飽。今井陘之道，車不得方軌，騎不得成列，行數百里，其勢糧食必在其後。願足下假臣奇兵三萬人，從閒道絕其輜重〔八〕；足下深溝高壘，堅營勿與戰。彼前不得鬭，退不得還，吾奇兵絶其後，使野無所掠，不至十日，而兩將之頭可致於戲下。願君留意臣之計。否，必爲二子所禽矣。」成安君，儒者也，常稱義兵不用詐謀奇計，曰：「吾聞兵法十則圍之，倍則戰。今韓信兵號數萬，其實不過數千。能千里而襲我，亦已罷極。今如此避而不擊，後有大者，何以加之〔九〕！則諸侯謂吾怯，而輕來伐我。」不聽廣武君策，廣武君策不用〔一〇〕。

【一】索隱案：地理志常山石邑縣，井陘山在西。又穆天子傳云「至于陘山之隧，升于三道之磴」是也。

【二】正義井陘故關在并州石艾縣東十八里，即井陘口。

【三】索隱喋，舊音歃，非也。案：陳湯傳「喋血萬里之外」，如淳云「殺人血流滂沱也」。韋昭音徒協反。

【四】集解漢書音義曰：「樵，取薪也。蘇，取草也。」

韓信使人閒視，知其不用，還報，則大喜，乃敢引兵遂下。【一】未至井陘口三十里，止舍。夜半傳發，【二】選輕騎二千人，人持一赤幟，從閒道萆山而望趙軍，【三】誡曰：「趙見我走，必空壁逐我，若疾入趙壁，拔趙幟，立漢赤幟。」令其裨將傳飱，【四】曰：「今日破趙會食！」【五】諸將皆莫信，詳應曰：「諾。」謂軍吏曰：「趙已先據便地爲壁，且彼未見吾大將旗鼓，未肯擊前行，恐吾至阻險而還。」信乃使萬人先行，出，背水陳。【六】趙軍望見而大笑。平旦，信建大將之旗鼓，鼓行出井陘口，趙開壁擊之，【七】大戰良久。於是信、張耳詳弃鼓旗，走水上軍。水上軍開入之，復疾戰。趙果空壁爭漢鼓旗，逐韓信、張耳。韓信、張耳已入水上軍，軍皆殊死戰，不可敗。信所出奇兵二千騎，共候趙空壁逐利，則馳入趙壁，皆拔趙旗，立漢赤幟二千。趙軍已不勝，不能得信等，欲還歸壁，壁皆漢赤幟，而大驚，以爲漢皆已得趙王將矣，兵遂亂，遁走，趙將雖斬之，不能禁也。於是漢兵夾擊，大破虜趙軍，斬成安君泜水上，【八】禽趙王歇。

【一】正義引兵入井陘狹道，出趙。

【二】集解漢書音義曰：「傳令軍中使發。」

【三】集解如淳曰：「革音蔽。依山自覆蔽。」索隱案：謂令從閒道小路向前，望見陳餘軍營即住，仍須隱山自蔽，勿令趙軍知也。革音蔽。蔽者，蓋覆也。楚漢春秋作「卑山」，漢書作「箄山」。說文云「箄，蔽也〔一二〕，從竹，卑聲」。

【四】集解徐廣曰：「音湌也。」

【五】集解服虔曰：「立駐傳湌食也。」如淳曰：「小飯曰湌。言破趙後乃當共飽食也。」索隱如淳曰：「小飯曰湌。」謂立駐傳湌，待破趙乃大食也。

【六】正義縣蔓水，一名阜將，一名回星，自并州流入井陘界〔一二〕，即信背水陣陷之死地〔一三〕，即此水也。

【七】正義恒州鹿泉縣，即六國時趙壁也。

【八】集解徐廣曰：「泜音遲。」索隱徐廣音遲。劉氏音脂。

信乃令軍中毋殺廣武君，有能生得者購千金。於是有縛廣武君而致戲下者，信乃解其縛，東鄉坐，西鄉對，師事之。

諸將效首虜，【一】畢賀〔一四〕，因問信曰：「兵法右倍山陵，前左水澤，今者將軍令臣等反背水陳，曰破趙會食，臣等不服。然竟以勝，此何術也？」信曰：「此在兵法，顧諸君不察耳。兵法不曰『陷之死地而後生，置之亡地而後存』？且信非得素拊循士大夫也，此所謂『驅市人而戰之』，其勢非置之死地，使人人自爲戰；今予之生地，皆走，寧尚可得而用之乎！」諸將皆服曰：「善。非臣所及也。」

【一】索隱如淳曰：「效，致也。」晉灼云：「效，數也。」鄭玄注禮「效猶呈見也」。

於是信問廣武君曰：「僕欲北攻燕，東伐齊，何若而有功？」廣武君辭謝曰：「臣聞敗軍之將，不可以言勇，亡國之大夫，不可以圖存。今臣敗亡之虜，何足以權大事乎！」信曰：「僕聞之，百里奚居虞而虞亡，在秦而秦霸，非愚於虞而智於秦也，用與不用，聽與不聽也。誠令成安君聽足下計，若信者亦已爲禽矣。以不用足下，故信得侍耳。」因固問曰：「僕委心歸計，願足下勿辭。」廣武君曰：「臣聞智者千慮，必有一失；愚者千慮，必有一得。故曰『狂夫之言，聖人擇焉』。顧恐臣計未必足用，願效愚忠。夫成安君有百戰百勝之計，一旦而失之，軍敗鄗下，【一】身死泜上。今將軍涉西河，【二】虜魏王，禽夏説閼與，一舉而下井陘，不終朝破趙二十萬衆，誅成安君。名聞海内，威震天下，農夫莫不輟耕釋耒，褕衣甘食，【三】傾耳以待命者。【四】若此，將軍之所長也。然而衆勞卒罷，其實難用。今將軍欲舉倦獘之兵，頓之燕堅城之下，欲戰恐久力不能拔，情見勢屈，曠日糧竭，而弱燕不服，齊必距境以自彊也。燕齊相持而不下，則劉項之權未有所分也。若此者，將軍所短也。臣愚，竊以爲亦過矣。故善用兵者不以短擊長，而以長擊短。」韓信曰：「然則何由？」廣武君對曰：「方今爲將軍計，莫如案甲休兵，鎮趙撫其孤，百里之内，牛酒日至，以饗士大夫醳兵，【五】北首燕路，【六】而後遣辯士奉咫尺之書，【七】暴其所長於燕，【八】燕必不敢不聽從。燕已從，使諠言者東告齊，齊必從風而服，雖有智者，亦不知爲齊計矣。如是，則天下事皆可圖也。兵固有先聲而後實者，此之謂也。」韓信曰：「善。」從其策，發使使燕，燕從風而靡。乃遣使報漢，因請立張耳爲趙王，以鎮撫其國。漢王許之，乃立張耳爲趙王。

【一】集解李奇曰：「鄗音臛。」今高邑是。

【二】索隱此之西河當馮翊也。正義即同州龍門河，從夏陽度者。

【三】索隱褕，鄒氏音踰，美也。恐滅亡不久，故廢止作業而事美衣甘食，日偷苟且也，慮不圖久故也。漢書作「靡衣媮食」也。

【四】集解如淳曰：「恐滅亡不久故也。」

【五】集解魏都賦曰：「肴醳順時。」劉逵曰：「醳，酒也。」索隱劉氏依劉逵音〔一五〕。醳酒謂以酒食養兵士也。案：史記古「釋」字皆如此作，豈亦謂以酒食醳兵士，故字從酉乎？

【六】正義首音狩，向也。

【七】正義咫尺，八寸。言其簡牘或長尺也〔一六〕。

【八】正義暴音僕。

楚數使奇兵渡河擊趙，趙王耳、韓信往來救趙，因行定趙城邑，發兵詣漢。楚方急圍漢王於滎陽，漢王南出，之宛、葉閒，【一】得黥布，走入成皋，楚又復急圍之。六月，漢王出成皋，東渡河，獨與滕公俱，從張耳軍脩武。至，宿傳舍。晨自稱漢使，馳入趙壁。張耳、韓信未起，即其臥內上奪其印符，以麾召諸將，易置之。信、耳起，乃知漢王來，大驚。漢王奪兩人軍，即令張耳備守趙地，拜韓信爲相國，收趙兵未發者擊齊。【二】

【一】正義宛在鄧州。葉在許州。

【二】集解文穎曰：「謂趙人未嘗見發者。」

信引兵東，未渡平原，【一】聞漢王使酈食其已說下齊，韓信欲止。范陽辯士蒯通說信曰：「將軍受詔擊齊，而漢獨發閒使下齊，寧有詔止將軍乎？何以得毋行也！且酈生一士，伏軾【二】掉三寸之舌，下齊七十餘城，將軍將數萬衆，歲餘乃下趙五十餘城，爲將數歲，反不如一豎儒之功乎？」於是信然之，從其計，遂渡河。齊已聽酈生，即留縱酒，罷備漢守禦。信因襲齊歷下軍，【三】遂至臨菑。齊王田廣以酈生賣己，乃亨之，而走高密，使使之楚請救。韓信已定臨菑，遂東追廣至高密西。楚亦使龍且將，號稱二十萬，救齊。

【一】正義懷州有平原津。

【二】集解韋昭曰：「軾，今小車中隆起者。」

【三】集解徐廣曰：「濟南歷城縣。」

齊王廣、龍且并軍與信戰，未合。人或說龍且曰：「漢兵遠鬭窮戰，其鋒不可當。齊、楚自居其地戰，兵易敗散。【一】不如深壁，令齊王使其信臣招所亡城，亡城聞其王在，楚來救，必反漢。漢兵二千里客居，齊城皆反之，其勢無所得食，可無戰而降也。」龍且曰：「吾平生知韓信爲人，易與耳。且夫救齊不戰而降之，吾何功？今戰而勝之，齊之半可得，何爲止！」遂戰，與信夾濰水陳。【二】韓信乃夜令人爲萬餘囊，滿盛沙，壅水上流，引軍半渡，擊龍且，詳不勝，還走。龍且果喜曰：「固知信怯也。」遂追信渡水。信使人決壅囊，水大至。龍且軍大半不得渡，即急擊，殺龍且。龍且水東軍散走，齊王廣亡去。信遂追北至城陽，【三】皆虜楚卒。

【一】正義近其室家，懷顧望也。

【二】集解徐廣曰：「出東莞而東北流，至北海都昌縣入海。」索隱濰音維。地理志濰水出琅邪箕縣，東北至都昌入海。徐廣云「出東莞而東北流入海」，蓋據水經而説，少不同耳。

【三】正義城陽，雷澤縣是也，在濮州東南九十一里。

漢四年，遂皆降平齊。使人言漢王曰：「齊僞詐多變，反覆之國也，南邊楚，不爲假王以鎮之，其勢不定。願爲假王便。」當是時，楚方急圍漢王於滎陽，韓信使者至，發書，【一】漢王大怒，罵曰：「吾困於此，旦暮望若來佐我，乃欲自立爲王！」張良、陳平躡漢王足，因附耳語曰：「漢方不利，寧能禁信之王乎？不如因而立，善遇之，使自爲守。不然，變生。」漢王亦悟，因復罵曰：「大丈夫定諸侯，即爲真王耳，何以假爲！」乃遣張良往立信爲齊王，【二】徵其兵擊楚。

【一】集解張晏曰：「發信使者所賫書。」

【二】集解徐廣曰：「四年二月。」

楚已亡龍且，項王恐，使盱眙人武涉【一】往説齊王信曰：「天下共苦秦久矣，相與勠力擊秦。秦已破，計功割地，分土而王之，以休士卒。今漢王復興兵而東，侵人之分，奪人之地，已破三秦，引兵出關，收諸侯之兵以東擊楚，其意非盡吞天下者不休，其不知厭足如是甚也。且漢王不可必，身居項王掌握中數矣，【二】項王憐而活之，然得脱，輒倍約，復擊項王，其不可親信如此。今足下雖自以與漢王爲厚交，爲之盡力用兵，終爲之所禽矣。足下所以得須臾至今者，以項王尚存也。當今二王之事，權在足下。足下右投則漢王勝，左投則項王勝。項王今日亡，則次取足下。足下與項王有故，何不反漢與楚連和，參分天下王之？今釋此時，而自必於漢以擊楚，且爲智者固若此乎！」韓信謝曰：「臣事項王，官不過郎中，位不過執戟，【三】言不聽，畫不用，故倍楚而歸漢。漢王授我上將軍印，予我數萬衆，解衣衣我，推食食我，言聽計用，故吾得以至於此。夫人深親信我，我倍之不祥，雖死不易。幸爲信謝項王！」

【一】集解張華曰：「武涉墓在盱眙城東十五里。」

【二】正義數，色庾反。

【三】集解張晏曰：「郎中，宿衞執戟之人也。」

武涉已去，齊人蒯通知天下權在韓信，欲爲奇策而感動之，以相人説韓信曰：「僕嘗受相人之術。」韓信曰：「先生相人何如？」對曰：「貴賤在於骨法，憂喜在於容色，成敗在於決斷，以此參之，萬不失一。」韓信曰：「善。先生相寡人何如？」對曰：「願少閒。」信曰：「左右去矣。」通曰：「相君之面，不過封侯，又危不安。相君之背，貴乃不可言。」【一】韓信曰：「何謂也？」蒯通曰：「天下初發難也，俊雄豪桀建號壹呼，天下之士雲合霧集，魚鱗襍遝，熛至風起。當此之時，憂在亡秦而已。今楚漢分爭，使天下無罪之人肝膽塗地，父子暴骸骨於中野，不可勝數。楚人起彭城，轉鬭逐北，至於滎陽，乘利席卷，威震天下。然兵困於京、索之閒，迫西山而不能進者，三年於此矣。漢王將數十萬之衆，距鞏、雒，阻山河之險，一日數戰，無尺寸之功，折北不救，【二】敗滎陽，傷成皋，【三】遂走宛、葉之閒，此所謂智勇俱困者也。夫鋭氣挫於險塞，而糧食竭於内府，百姓罷極怨望，容容無所倚。以臣料之，其勢非天下之賢聖固不能息天下之禍。當今兩主之命縣於足下。足下爲漢則漢勝，與楚則楚勝。臣願披腹心，輸肝膽，效愚計，恐足下不能用也。誠能聽臣之計，莫若兩利而俱存之，參分天下，鼎足而居，其勢莫敢先動。夫以足下之賢聖，有甲兵之衆，據彊齊，從燕、趙，出空虛之地而制其後，因民之欲，西鄉【四】爲百姓請命，【五】則天下風走而響應矣，孰敢不聽！割大弱彊，以立諸侯，諸侯已立，天下服聽而歸德於齊。案齊之故，有膠、泗之地，懷諸侯以德，深拱揖讓，則天下之君王相率而朝於齊矣。蓋聞天與弗取，反受其咎；時至不行，反受其殃。願足下孰慮之。」

【一】集解張晏曰：「背畔則大貴。」

【二】集解張晏曰：「折，衂敗也。北，奔北。」

【三】集解張晏曰：「於成皋傷智也。」臣瓚曰：「謂軍折傷。」

【四】正義鄉音向。齊國在東，故曰西向也。

【五】正義止楚漢之戰鬬，士卒不死亡，故云「請命」。

韓信曰：「漢王遇我甚厚，載我以其車，衣我以其衣，食我以其食。吾聞之，乘人之車者載人之患，衣人之衣者懷人之憂，食人之食者死人之事，吾豈可以鄉利倍義乎！」蒯生曰：「足下自以爲善漢王，欲建萬世之業，臣竊以爲誤矣。始常山王、成安君爲布衣時，相與爲刎頸之交，後爭張黶、陳澤之事，二人相怨。常山王背項王，奉項嬰頭而竄逃，歸於漢王。漢王借兵而東下，殺成安君泜水之南，頭足異處，卒爲天下笑。此二人相與，天下至驩也。然而卒相禽者，何也？患生於多欲而人心難測也。今足下欲行忠信以交於漢王，必不能固於二君之相與也，而事多大於張黶、陳澤。故臣以爲足下必漢王之不危己，亦誤矣。大夫種、范蠡存亡越，霸句踐，立功成名而身死亡。野獸已盡而獵狗亨。夫以交友言之，則不如張耳之與成安君者也；以忠信言之，則不過大夫種、范蠡之於句踐也。此二人者，足以觀矣。願足下深慮之。且臣聞勇略震主者身危，而功蓋天下者不賞。臣請言大王功略：足下涉西河，虜魏王，禽夏説，引兵下井陘，誅成安君，徇趙，脅燕，定齊，南摧楚人之兵二十萬，東殺龍且，西鄉以報，此所謂功無二於天下，而略不世出者也。今足下戴震主之威，挾不賞之功，歸楚，楚人不信；歸漢，漢人震恐：足下欲持是安歸乎？夫勢在人臣之位而有震主之威，名高天下，竊爲足下危之。」韓信謝曰：「先生且休矣，吾將念之。」

後數日，蒯通復説曰：「夫聽者事之候也，計者事之機也，聽過計失而能久安者，鮮矣。聽不失一二者，不可亂以言；計不失本末者，不可紛以辭。夫隨廝養之役者，失萬乘之權；守儋石之祿者，【一】闕卿相之位。故知者決之斷也，疑者事之害也，審豪氂之小計，遺天下之大數，智誠知之，決弗敢行者，百事之禍也。故曰『猛虎之猶豫，不若蜂蠆之致螫；【二】騏驥之跼躅，【三】不如駑馬之安步；孟賁之狐疑，不如庸夫之必至也；雖有舜禹之智，吟而不言，【四】不如瘖聾之指麾也』。此言貴能行之。夫功者難成而易敗，時者難得而易失也。『時乎時，不再來』。願足下詳察之。」韓信猶豫不忍倍漢，又自以爲功多，漢終不奪我齊，遂謝蒯通。蒯通説不聽，已詳狂爲巫。【五】

【一】集解晉灼曰：「楊雄方言海、岱之閒名罌爲儋。石，斗石也。」蘇林曰：「齊人名小罌爲儋。石，如今受鮐魚石罌，不過一二石耳。一説，一儋與一斛之餘。」索隱儋音都濫反。石，斗也。蘇林解爲近之。鮐音胎。

【二】正義音適。

【三】集解徐廣曰：「踼，一作『蹢』也。」

【四】索隱吟，鄒氏音拒蔭反，又音琴。

【五】集解徐廣曰：「一本『遂不用蒯通，蒯通曰：「夫迫於細苛者，不可與圖大事；拘於臣虜者，固無君王之意。」説不聽，因去詳狂』也。」索隱注「一云卒遂不用」〔一七〕。案：漢書及戰國策皆有此文。

漢王之困固陵，用張良計，召齊王信，遂將兵會垓下。項羽已破，高祖襲奪齊王軍。【一】漢五年正月，徙齊王信爲楚王，都下邳。

【一】集解徐廣曰：「以齊爲平原、千乘、東萊、齊郡。」

信至國，召所從食漂母，賜千金。【一】及下鄉南昌亭長，賜百錢，曰：「公，小人也，爲德不卒。」召辱己之少年令出胯下者以爲楚中尉。告諸將相曰：「此壯士也。方辱我時，我寧不能殺之邪？殺之無名，故忍而就於此。」

【一】集解張華曰漂母冢在泗口南岸。

項王亡將鍾離眛家在伊廬，【一】素與信善。項王死後，亡歸信。漢王怨眛，聞其在楚，詔楚捕眛。信初之國，行縣邑，陳兵出入。漢六年，人有上書告楚王信反。高帝以陳平計，天子巡狩會諸侯，南方有雲夢，發使告諸侯會陳：「吾將游雲夢。」實欲襲信，信弗知。高祖且至楚，信欲發兵反，自度無罪，欲謁上，恐見禽。人或說信曰：「斬眛謁上，上必喜，無患。」信見眛計事。眛曰：「漢所以不擊取楚，以眛在公所。若欲捕我以自媚於漢，吾今日死，公亦隨手亡矣。」乃罵信曰：「公非長者！」卒自剄。信持其首，謁高祖於陳。上令武士縛信，載後車。信曰：「果若人言，『狡兔死，良狗亨；【二】高鳥盡，良弓藏；敵國破，謀臣亡。』天下已定，我固當亨！」上曰：「人告公反。」遂械繫信。至雒陽，赦信罪，以爲淮陰侯。

【一】集解徐廣曰：「東海朐縣有伊盧鄉。」駰案：韋昭曰「今中盧縣」。索隱徐注出司馬彪郡國志。正義括地志云：「中盧在義清縣北二十里，本春秋時盧戎之國也，秦謂之伊盧，漢爲中盧縣。項羽之將鍾離眛冢在〔一八〕。」韋昭及括地志云皆説之也。

【三】集解張晏曰：「狡猶猾。」索隱郊兔死。郊音狡。狡，猾也。吳越春秋作「郊兔」，亦通。漢書作「狡兔」。戰國策曰「東郭逡，海内狡兔也」。

信知漢王畏惡其能，常稱病不朝從。信由此日夜怨望，居常鞅鞅，羞與絳、灌等列。信嘗過樊將軍噲，噲跪拜送迎，言稱臣，曰：「大王乃肯臨臣！」信出門，笑曰：「生乃與噲等爲伍！」上常從容與信言諸將能不，各有差。上問曰：「如我能將幾何？」信曰：「陛下不過能將十萬。」上曰：「於君何如？」曰：「臣多多而益善耳。」上笑曰：「多多益善，何爲爲我禽？」信曰：「陛下不能將兵，而善將將，此乃信之所以爲陛下禽也。且陛下所謂天授，非人力也。」

陳豨拜爲鉅鹿守，〔一〕辭於淮陰侯。淮陰侯挈其手，辟左右與之步於庭，仰天歎曰：「子可與言乎？欲與子有言也。」豨曰：「唯將軍令之。」淮陰侯曰：「公之所居，天下精兵處也；而公，陛下之信幸臣也。人言公之畔，陛下必不信；再至，陛下乃疑矣；三至，必怒而自將。吾爲公從中起，天下可圖也。」陳豨素知其能也，信之，曰：「謹奉教！」漢十年，陳豨果反。上自將而往，信病不從。陰使人至豨所，曰：「弟舉兵，吾從此助公。」信乃謀與家臣夜詐詔赦諸官徒奴，欲發以襲呂后、太子。部署已定，待豨報。其舍人【一】得罪於信，信囚，欲殺之。舍人弟上變，告信欲反狀於呂后。呂后欲召，恐其黨不就，乃與蕭相國謀，詐令人從上所來，言豨已得死，列侯羣臣皆賀。相國紿信曰：「雖疾，彊入賀。」信入，呂后使武士縛信，斬之長樂鍾室。【二】信方斬，曰：「吾悔不用蒯通之計，乃爲兒女子所詐，豈非天哉！」遂夷信三族。

【一】集解徐廣曰：「表云爲趙相國，將兵守代也。」

【二】索隱按：晉灼曰：「楚漢春秋云謝公也。」姚氏案功臣表云慎陽侯樂説，淮陰舍人，告信反。未知孰是。

【三】正義長樂宮懸鍾之室。

高祖已從豨軍來，至，見信死，且喜且憐之，問：「信死亦何言？」呂后曰：「信言恨不用蒯通計。」高祖曰：「是齊辯士也。」乃詔齊捕蒯通。蒯通至，上曰：「若教淮陰侯反乎？」對曰：「然，臣固教之。豎子不用臣之策，故令自夷於此。如彼豎子用臣之計，陛下安得而夷之乎！」上怒曰：「亨之。」通曰：「嗟乎，冤哉亨也！」上曰：「若教韓信反，何冤？」對曰：「秦之綱絶而維弛，山東大擾，異姓並起，英俊烏集。秦失其鹿，天下共逐之，【一】於是高材疾足者先得焉。蹠之狗吠堯，堯非不仁，狗固吠非其主【一九】。當是時，臣唯獨知韓信，非知陛下也。且天下鋭精持鋒欲爲陛下所爲者甚衆，顧力不能耳。又可盡亨之邪？」高帝曰：「置之。」乃釋通之罪。

【二】集解張晏曰：「以鹿喻帝位也。」

太史公曰：吾如淮陰，淮陰人爲余言，韓信雖爲布衣時，其志與衆異。其母死，貧無以葬，然乃行營高敞地，令其旁可置萬家。余視其母冢，良然。假令韓信學道謙讓，不伐己功，不矜其能，則庶幾哉於漢家勳可以比周、召、太公之徒，後世血食矣。不務出此，而天下已集，乃謀畔逆，夷滅宗族，不亦宜乎！

【索隱述贊】君臣一體，自古所難。相國深薦，策拜登壇。沈沙決水，拔幟傳餐。與漢漢重，歸楚楚安。三分不議，僞遊可歎。

校勘記

〔一〕作新昌亭長　耿本、黄本、彭本、柯本、凌本、殿本作「南昌作新昌亭長者主亭之吏也」。

〔二〕於金反　「金」，黄本、彭本、柯本、凌本、殿本作「鴂」。耿本作「鳩」，當是「鴂」字之譌。通鑑卷九漢紀一高帝元年「項王喑噁叱咤」胡三省注：「喑，於鴆翻。」

〔三〕咤字或作吒　此五字原在「上昌栗反」之上，據耿本、黃本、彭本、柯本、凌本、殿本移。

〔四〕區區　通鑑卷九漢紀一高帝元年「言語嘔嘔」胡三省注引索隱作「姁姁」。

〔五〕姁姁和好貌也　「和好貌也」，原作「好也」，據耿本、黃本、彭本、柯本、凌本、殿本補「和」「貌」二字。按：通鑑卷九漢紀一高帝元年「言語嘔嘔」胡三省注引索隱：「鄧展曰：和好貌。」漢書卷三四韓信傳顏師古注：「姁姁，和好貌也。」亦當本于鄧氏。

〔六〕非也　原作「是也」，據耿本、黃本、彭本、柯本、凌本、殿本改。

〔七〕渭城界　疑當作「韓城界」。按：通鑑卷九漢紀一高帝二年「從夏陽以木罌渡軍」胡三省注引史記正義作「韓城界」。漢書卷三四韓信傳顏師古注：「夏陽在韓城縣界。」

〔八〕閒道　景祐本、紹興本、耿本、黃本、彭本、柯本、凌本、殿本作「閒路」。

〔九〕何以加之　漢書卷三四韓信傳作「何以距之」。

〔一〇〕廣武君策不用　張文虎札記卷五：「六字疑衍。當是後人注於下『知其不用』句旁，誤入正文。」按：漢書卷三四韓信傳無此六字。

〔一一〕箄蔽也　說文竹部：「箅，蔽也。所以蔽甑底。从竹，畀聲。」又，說文竹部：「箄，簁箄也。从竹，卑聲。」「箅」、「箄」二字，說文注音釋義皆異。此或是司馬貞誤記。

〔一二〕自并州流入井陘界　通鑑卷一〇漢紀二高帝三年「背水陣」胡三省注引史記正義作「自并州

北流入井陘縣界」。

〔一三〕即信背水陣陷之死地　通鑑卷一〇漢紀二高帝三年「背水陣」胡三省注引史記正義作「即信背水陣處」。

〔一四〕畢賀　「畢」上原有「休」字，據景祐本刪。按：通鑑卷一〇漢紀二高帝三年亦無「休」字。

〔一五〕劉氏依劉逵音　四庫全書考證：「『劉氏』當作『裴氏』，指裴駰也。」又，「音」，耿本、黄本、彭本、柯本、凌本、殿本作「作」，則當與「醳酒」連讀。

〔一六〕咫尺八寸言其簡牘或長尺也　疑文有譌誤。按：漢書卷三四韓信傳「奉咫尺之書」顏師古注：「八寸曰咫。咫尺者，言其簡牘或長咫，或長尺。」

〔一七〕注一云卒遂不用　此七字原無，據索隱本補。

〔一八〕鍾離眛冢在　「冢」，原作「家」，據黄本、彭本、柯本、凌本、殿本改。

〔一九〕狗固吠非其主　「固」，原作「因」，據景祐本、紹興本、耿本、黄本、彭本、柯本、凌本、殿本改。按：通鑑卷一二漢紀四高帝十一年亦作「固」。

史記卷九十三

韓信盧綰列傳第三十三

韓王信者，〔一〕故韓襄王孽孫也，〔二〕長八尺五寸。及項梁之立楚後懷王也，燕、齊、趙、魏皆已前王，唯韓無有後，故立韓諸公子横陽君成〔三〕爲韓王，〔四〕欲以撫定韓故地。項梁敗死定陶，成犇懷王。沛公引兵擊陽城，〔五〕使張良以韓司徒〔六〕降下韓故地，得信，以爲韓將，將其兵從沛公入武關。

〔一〕集解徐廣曰：「一云『信都』。」索隱楚漢春秋云韓王信都，恐謬也。諸書不言有韓信都。案：韓王信初爲韓司徒，後訛云「申徒」，因誤以爲韓王名耳。

〔二〕集解張晏曰：「孺子爲孽。」索隱張晏云「庶子爲孽子〔一〕」。何休注公羊以爲「孽，賤子，猶樹之有孽生也〔二〕」。漢書鼂錯云「孽子悼惠王」是也。

〔三〕正義故横城在宋州宋城縣西南三十里。

【四】集解徐廣曰：「二年六月也。都陽翟。」

【五】正義河南縣也。

【六】集解徐廣曰：「他本多作『申徒』，申與司聲相近，字由此錯亂耳〔三〕。今有申徒，云是司徒之後，言司聲轉爲申。」

沛公立爲漢王，韓信從入漢中，迺説漢王曰：「項王王諸將近地，而王獨遠居此，此左遷也。士卒皆山東人，跂而望歸，【一】及其鋒東鄉，【二】可以爭天下。」漢王還定三秦，迺許信爲韓王，先拜信爲韓太尉，將兵略韓地。

【一】索隱跂音企，起踵也。正義跂音岐。

【二】集解文穎曰：「鋒鋭欲東向。」索隱按：鄭氏云〔四〕「軍中將士氣鋒」。韋昭曰「其氣鋒鋭欲東也」。

項籍之封諸王皆就國，韓王成以不從無功，不遣就國，更以爲列侯。【一】及聞漢遣韓信略韓地，迺令故項籍游吴時吴令鄭昌【二】爲韓王以距漢。漢二年，韓信略定韓十餘城。漢王至河南，韓信急擊韓王昌陽城。昌降，漢王迺立韓信爲韓王，【三】常將韓兵從。三年，漢王出滎陽，韓王信、周苛等守滎陽。及楚敗滎陽，信降楚，已而得亡，復歸漢，漢復立以爲韓王，竟從擊破項籍，天下定。五年春，遂與剖符爲韓王，王潁川。

〔一〕集解徐廣曰：「元年十一月，誅成。」駰案：漢書曰「封爲穰侯」。索隱地理志穰縣屬南陽。

〔二〕正義項籍在吴時，昌爲吴縣令。

〔三〕集解徐廣曰：「二年十一月。」

明年春，〔一〕上以韓信材武，所王北近鞏、洛，南迫宛、葉，東有淮陽，皆天下勁兵處，迺詔徙韓王信王太原以北，備禦胡，都晉陽。信上書曰：「國被邊，〔二〕匈奴數入，晉陽〔三〕去塞遠，請治馬邑。」〔四〕上許之，信乃徙治馬邑。秋，匈奴冒頓〔五〕大圍信，信數使使胡求和解。漢發兵救之，疑信數閒使，有二心，使人責讓信。信恐誅，因與匈奴約共攻漢，反，以馬邑降胡，擊太原。

〔一〕集解徐廣曰：「即五年之二月。」駰案：漢書曰「六年春」。

〔二〕集解李奇曰：「被音『被馬』之『被』也〔五〕。」

〔三〕正義并州。

〔四〕正義朔州。

〔五〕索隱上音墨，又音莫報反。

七年冬，上自往擊，破信軍銅鞮，【一】斬其將王喜。信亡走匈奴。其將白土人【二】曼丘臣、王黄等立趙苗裔趙利爲王，復收信敗散兵，而與信及冒頓謀攻漢。匈奴使左右賢王將萬餘騎與王黄等屯廣武以南，【三】至晉陽，與漢兵戰，漢大破之，追至于離石，【四】復破之。匈奴復聚兵樓煩【五】西北，漢令車騎擊破匈奴。匈奴常敗走，漢乘勝追北，聞冒頓居代谷，【六】高皇帝居晉陽，使人視冒頓，還報曰「可擊」。上遂至平城。【七】上出白登，【八】匈奴騎圍上，上乃使人厚遺閼氏。【九】閼氏乃説冒頓曰：「今得漢地，猶不能居；且兩主不相戹。」居七日，胡騎稍引去。時天大霧，漢使人往來，胡不覺。護軍中尉陳平言上曰：「胡者全兵，【一〇】請令彊弩傅兩矢外嚮，【一一】徐行出圍。」入平城，漢救兵亦到，胡騎遂解去。漢亦罷兵歸。韓信爲匈奴將兵往來擊邊。

【一】正義潞州縣。

【二】集解張晏曰：「白土，縣名，屬上郡。」

【三】正義廣武故城在代州鴈門縣界也。

【四】正義石州縣。

【五】正義鴈門郡樓煩縣。

【六】正義今嬀州。

【七】正義朔州定襄縣是也。

【八】集解服虔曰：「白登，臺名，去平城七里。」如淳曰：「平城旁之高地，若丘陵也。」索隱姚氏案：北疆記「桑乾河北有白登山，冒頓圍漢高之所，今猶有壘壁」。

【九】正義閼，於連反，又音燕；氏，音支。單于嫡妻號，若皇后。

【一〇】集解漢書音義曰：「言唯弓矛，無雜仗也。」

【一一】索隱傅音附。

漢十年，信令王黄等説誤陳豨。十一年春，故韓王信復與胡騎入居參合，【一】距漢。漢使柴將軍擊之，【二】遺信書曰：「陛下寬仁，諸侯雖有畔亡，而復歸，輒復故位號，不誅也。大王所知。今王以敗亡走胡，非有大罪，急自歸！」韓王信報曰：「陛下擢僕起閭巷，南面稱孤，此僕之幸也。滎陽之事，僕不能死，囚於項籍，此一罪也。及寇攻馬邑，僕不能堅守，以城降之，此二罪也。今反爲寇〔八〕，將兵與將軍争一旦之命，此三罪也。夫種、蠡無一罪，身死亡；【三】今僕有三罪於陛下，而欲求活於世，此伍子胥所以僨於吴也。【四】今僕亡匿山谷閒，旦暮乞貸蠻夷，僕之思歸，如痿人不忘起，【五】盲者不忘視也，勢不可耳。」遂戰。柴將軍屠參合，斬韓王信。

【一】集解蘇林曰：「代地也。」正義故城在朔州定襄縣北。

【二】集解鄧展曰：「柴奇也。」索隱應劭云柴武，鄧展云柴奇；晉灼云奇，武之子。應劭說爲得，此時奇未爲將。

【三】集解文穎曰：「大夫種、范蠡也。」

【四】索隱蘇林曰：「僨音奮。」張晏曰：「僨，僵仆也。」正義信知歸漢必死，故引子胥以爲辭。

【五】索隱痿，耳誰反。舊音耳睡反，於義爲疏。張揖云「痿，不能起〔九〕」，哀帝紀云〔一〇〕「帝即位痿痺」是也。

信之入匈奴，與太子俱；及至穨當城，【一】生子，因名曰穨當。韓太子亦生子，命曰嬰。至孝文十四年，穨當及嬰率其衆降漢。漢封穨當爲弓高侯，【二】嬰爲襄城侯。【三】吴楚軍時，弓高侯功冠諸將。【四】傳子至孫，孫無子，失侯。嬰孫以不敬失侯。【五】穨當孽孫韓嫣，【六】貴幸，名富顯於當世。其弟說，再封，數稱將軍，卒爲案道侯。子代，【七】歲餘坐法死。後歲餘，說孫曾【八】拜爲龍頟侯，續說後。【九】

【一】集解漢書音義曰：「縣名。」韋昭曰：「在匈奴地。」

【二】集解地理志河閒有弓高縣也。索隱地理志屬河閒，漢書功臣表屬營陵。正義滄州縣。

【三】索隱案：服虔云「縣名。功臣表屬魏郡」。

【四】集解徐廣曰：「謚曰壯。」

【五】集解徐廣曰：「表云嬰子澤之，元朔四年不敬國除。」

【六】集解漢書音義曰：「音『鄢陵』之『鄢』。」索隱音偃，又一言反，又休延反，並通。

【七】集解徐廣曰：「名長君。」

【八】集解徐廣曰：「長君之子也。」索隱徐廣曰「長君之子」。案博物志，字季君也。

【九】索隱頟，五格反。又作「雒」，音洛。龍頟，縣名。正義史記表、衞青傳及漢書表云：韓説元朔五年從大將軍有功，封龍頟侯，以酎金坐免。元封元年，擊東越有功，封桉道侯。征和二年，孫子曾復封爲龍頟侯。漢書功臣表云武後元年，説孫曾紹封龍頟侯。漢表是也。

盧綰者，豐人也，與高祖同里。盧綰親與高祖太上皇相愛，【一】及生男，高祖、盧綰同日生，里中持羊酒賀兩家。及高祖、盧綰壯，俱學書，又相愛也。里中嘉兩家親相愛，生子同日，壯又相愛，復賀兩家羊酒。高祖爲布衣時，有吏事辟匿，盧綰常隨出入上下。及高祖初起沛，盧綰以客從，入漢中爲將軍，常侍中。從東擊項籍，以太尉常從，出入卧内，衣被飲食賞賜，羣臣莫敢望，雖蕭曹等，特以事見禮，至其親幸，莫及盧綰。綰封爲長安侯。

長安，故咸陽也。【二】

【一】集解如淳曰：「親謂父也。」

【二】正義秦咸陽在渭北，長安在渭南，蕭何起未央宮處也。

漢五年冬，以破項籍，迺使盧綰別將，與劉賈擊臨江王共尉，【一】破之。七月還，從擊燕王臧荼，臧荼降。高祖已定天下，諸侯非劉氏而王者七人。欲王盧綰，爲羣臣觖望。【二】及虜臧荼，迺下詔諸將相列侯，擇羣臣有功者以爲燕王。羣臣知上欲王盧綰，皆言曰：「太尉長安侯盧綰常從平定天下，功最多，可王燕。」詔許之。漢五年八月，迺立盧綰爲燕王。諸侯王得幸莫如燕王。

【一】集解李奇曰：「共敖子。」

【二】集解如淳曰：「觖音『決別』之『決』。望猶怨也。」瓚曰：「觖謂相觖而怨望也。」韋昭曰：「觖猶冀也。」索隱服虔音決。觖望猶怨望也。又音企。韋昭音冀。

漢十一年秋，陳豨反代地，高祖如邯鄲擊豨兵，燕王綰亦擊其東北。當是時，陳豨使王黄求救匈奴。燕王綰亦使其臣張勝於匈奴，言豨等軍破。張勝至胡，故燕王臧荼子衍出亡在胡，見張勝曰：「公所以重於燕者，以習胡事也。燕所以久存者，以諸侯數反，兵連不決也。今公爲燕欲急滅豨等，豨等已盡，次亦至燕，公等亦且爲虜矣。公何不令燕且緩陳豨而與胡和？事寬，得長王燕；即有漢急，可以安國。」張勝以爲然，迺私令匈奴助豨等擊燕。燕王綰疑張勝與胡反，上書請族張勝。勝還，具道所以爲者。燕王寤，迺詐論它人，脱勝家屬，使得爲匈奴閒，而陰使范齊之陳豨所，欲令久亡，〔一〕連兵勿決。

〔一〕集解晉灼曰：「使陳豨久亡畔。」

漢十二年，東擊黥布，豨常將兵居代，漢使樊噲擊斬豨。其裨將降，言燕王綰使范齊通計謀於豨所。高祖使使召盧綰，綰稱病。上又使辟陽侯審食其、御史大夫趙堯往迎燕王，因驗問左右。綰愈恐，閉匿，謂其幸臣曰：「非劉氏而王，獨我與長沙耳。往年春，漢族淮陰，夏，誅彭越，皆呂后計。今上病，屬任呂后。呂后婦人，專欲以事誅異姓王者及大功臣。」迺遂稱病不行。其左右皆亡匿。語頗泄，辟陽侯聞之，歸具報上，上益怒。又得匈奴降者，降者言張勝亡在匈奴，爲燕使。於是上曰：「盧綰果反矣！」使樊噲擊燕。燕王綰悉將其宮人家屬騎數千居長城下，候伺，幸上病愈，自入謝。四月，高祖崩，盧綰遂將其衆亡入匈奴，匈奴以爲東胡盧王。綰爲蠻夷所侵奪，常思復歸。居歲餘，死胡中。

高后時，盧綰妻子亡降漢，會高后病，不能見，舍燕邸，爲欲置酒見之。高后竟崩，不得見。盧綰妻亦病死。

孝景中六年，盧綰孫他之，〔一〕以東胡王降，〔二〕封爲亞谷侯。〔三〕

〔一〕正義他，徒何反。

〔二〕集解如淳曰：「爲東胡王來降也。漢紀東胡，烏丸也。」

〔三〕集解徐廣曰：「亞，一作『惡』。」　正義漢表在河内。

陳豨者，宛朐人也，〔一〕不知始所以得從。及高祖七年冬，韓王信反，入匈奴，上至平城還，迺封豨爲列侯，〔二〕以趙相國將監趙、代邊兵，邊兵皆屬焉。

〔一〕索隱地理志屬濟陰。下又云「梁人」，是褚先生之説異也。　正義宛朐，曹州縣也。　太史公云「陳豨，梁人」。按：宛朐六國時屬梁。

〔二〕集解徐廣曰：「功臣表曰陳豨『以特將將卒五百人，前元年從起宛朐，至霸上，爲侯，以游擊將軍別定代，已破臧荼，封豨爲陽夏侯』。」

豨常告歸過趙，趙相周昌見豨賓客隨之者千餘乘，邯鄲官舍皆滿。豨所以待賓客如布衣交，皆出客下。〔一〕豨還之代，周昌迺求入見。見上，具言豨賓客盛甚，擅兵於外數歲，恐有變。上乃令人覆案豨客居代者財物諸不法事，多連引豨。豨恐，陰令客通使王黄、曼丘臣所。【三】及高祖十年七月，太上皇崩，使人召豨，豨稱病甚。九月，遂與王黄等反，自立爲代王，劫略趙、代。

【一】正義言屈己禮之，不用富貴自尊大。

【二】正義二人韓王信將。

上聞，迺赦趙、代吏人爲豨所詿誤劫略者，皆赦之。上自往，至邯鄲，喜曰：「豨不南據漳水，北守邯鄲，知其無能爲也。」趙相奏斬常山守、尉，曰：「常山二十五城，豨反，亡其二十城。」上問曰：「守、尉反乎？」對曰：「不反。」上曰：「是力不足也。」赦之，復以爲常山守、尉。上問周昌曰：「趙亦有壯士可令將者乎？」對曰：「有四人。」四人謁，上謾罵曰：「豎子能爲將乎？」四人慙伏。上封之各千户，以爲將。左右諫曰：「從入蜀、漢，伐楚，功未徧行，今此何功而封？」上曰：「非若所知！陳豨反，邯鄲以北皆豨有，吾以羽檄徵天下兵，【一】未有至者，今唯獨邯鄲中兵耳。吾胡愛四千户封四人，不以慰趙子弟！」皆曰：「善。」於是上曰：「陳豨將誰？」曰：「王黄、曼丘臣，皆故賈人。」上曰：「吾知之矣。」迺各以千金購黄、臣等。

【一】集解魏武帝奏事曰：「今邊有小警，輒露檄插羽，飛羽檄之意也。」駰案：推其言，則以鳥羽插檄書，謂之羽檄，取其急速若飛鳥也。

十一年冬，漢兵擊斬陳豨將侯敞、王黄於曲逆下，【一】破豨將張春於聊城，【二】斬首萬餘。太尉勃入定太原、代地。十二月，上自擊東垣，東垣不下，卒罵上；東垣降，卒罵者斬之，不罵者黥之。更命東垣爲真定。王黄、曼丘臣其麾下受購賞之，皆生得，以故陳豨軍遂敗。

【一】正義定州北平縣東南十五里蒲陰故城是也。

【二】正義博州縣。

上還至洛陽。上曰：「代居常山北，趙迺從山南有之，遠。」迺立子恒爲代王，【一】都中都，【二】代、鴈門皆屬代。

【一】集解徐廣曰：「十一年正月。」

【二】正義中都故城在汾州平遥縣西南十二里〔一二〕。

高祖十二年冬，樊噲軍卒追斬豨於靈丘。【一】

【一】正義蔚州是。

太史公曰：韓信、盧綰非素積德累善之世，徼一時權變，以詐力成功，遭漢初定，故得列地，南面稱孤。内見疑彊大，外倚蠻貊以爲援，是以日疏自危，事窮智困，卒赴匈奴，豈不哀哉！陳豨，梁人，其少時數稱慕魏公子；及將軍守邊，招致賓客而下士，名聲過實。周昌疑之，疵瑕頗起，懼禍及身，邪人進説，遂陷無道。於戲悲夫！夫計之生孰成敗於人也深矣！

【索隱述贊】韓襄遺孽，始從漢中。剖符南面，徙邑北通。穨當歸國，龍頟有功。盧綰親愛，羣臣莫同。舊燕是王，東胡計窮。

校勘記

〔一〕庶子　疑當作「孺子」。按：本書卷八五呂不韋列傳「秦諸庶孽孫」索隱引張晏作「孺子」，漢書卷三三韓王信傳「故韓襄王孽孫也」顔師古注、通鑑卷五周紀五赧王五十八年「異人以庶孽孫質於諸侯」胡三省注引同。耿本、黄本、彭本、柯本、凌本、殿本無「張晏云庶子爲孽子」八字，蓋因與集解複而删之。

〔二〕猶樹之有孽生　「樹之」，原作「之伐木」，據耿本、黄本、彭本、柯本、凌本、殿本改。按：公羊傳襄公二十七年「庶孽之事」何休注作「猶樹之有孽生」。

〔三〕錯亂　景祐本、耿本、黄本、彭本、柯本、凌本、殿本作「雜亂」。

〔四〕鄭氏　原作「姚氏」，據耿本、黄本、彭本、柯本、凌本、殿本改。按：漢書卷三三韓王信傳「及其鏠東鄉」顔師古注：「鄭氏曰：『及軍中將士氣鋒也。』」

〔五〕被音被馬之被　「之被」二字原無，據漢書卷三三韓王信傳「國被邊」顔師古注引文補。

〔六〕其將白土人　「其」上原有「與」字。梁玉繩志疑卷三二：「朱子文漢書辨正曰『多一「與」字』。」按：本書卷八高祖本紀：「白土曼丘臣、王黄立故趙將趙利爲王以反。」今據删。

〔七〕居代谷　「谷」上原有「上」字。王念孫雜志史記第五：「衍『上』字。漢書作『居代谷』是也。主父偃傳曰『高皇帝聞匈奴聚於代谷之外而欲擊之。御史成進諫，不聽，遂北至於代谷，果有平城之圍』。是代谷與平城相近。若上谷，則去平城遠矣。又案：漢之沮陽爲上谷郡治，即唐之嬀州也。今本云『冒頓居代上谷』，而正義於『上谷』下注云『今嬀州』，則張氏所見本已誤衍『上』字。」今據删。

〔八〕今反爲寇　漢書卷三三韓王信傳作「今爲反寇」。

〔九〕痿不能起　「起」，耿本、黄本、彭本、柯本、凌本、殿本作「行」，疑是。按：漢書卷六三武五子傳「疾痿，行步不便」顔師古注：「痿，風痹疾也。」吕氏春秋孟春紀重己「多陽則痿」高誘注：「痿，躄不能行也。」

〔一〇〕哀帝紀　耿本、黄本、彭本、柯本、凌本、殿本作「哀紀」。

〔一一〕平遥縣西南十二里　本書卷五秦本紀「伐取趙中都、西陽」、卷五八梁孝王世家「以武爲代王」正義引括地志皆無「南」字。

史記卷九十四

田儋列傳第三十四

田儋者，狄人也，〔一〕故齊王田氏族也。儋從弟田榮，榮弟田橫，皆豪，宗彊，能得人。〔二〕

〔一〕集解徐廣曰：「今樂安臨濟縣也。」正義淄州高苑縣西北北狄故縣城。

〔二〕索隱儋子市，從弟榮，榮子廣，榮弟橫，各遞爲王。榮并王三齊。

陳涉之初起王楚也，使周市略定魏地，北至狄，狄城守。田儋詳爲縛其奴，從少年之廷，欲謁殺奴。〔一〕見狄令，因擊殺令，而召豪吏子弟曰：「諸侯皆反秦自立，齊，古之建國，儋，田氏，當王。」遂自立爲齊王，〔二〕發兵以擊周市。周市軍還去，田儋因率兵東略定齊地。

〔一〕集解服虔曰：「古殺奴婢皆當告官。儋欲殺令，故詐縛奴而以謁也。」

【三】集解徐廣曰：「二世元年九月也。」

秦將章邯圍魏王咎於臨濟，急。魏王請救於齊，齊王田儋將兵救魏。【一】章邯夜銜枚擊，大破齊、魏軍，殺田儋於臨濟下。儋弟田榮收儋餘兵東走東阿。

【一】集解徐廣曰：「二年六月。」

齊人聞王田儋死，迺立故齊王建之弟田假爲齊王，田角爲相，田閒爲將，以距諸侯。

田榮之走東阿，章邯追圍之。項梁聞田榮之急，迺引兵擊破章邯軍東阿下。章邯走而西，項梁因追之。而田榮怒齊之立假，迺引兵歸，擊逐齊王假。假亡走楚。齊相角亡走趙；角弟田閒前求救趙，因留不敢歸。田榮乃立田儋子市爲齊王，【一】榮相之，田橫爲將，平齊地。

【一】集解徐廣曰：「二年八月。」

項梁既追章邯，章邯兵益盛，項梁使使告趙、齊，發兵共擊章邯。田榮曰：「使楚殺田假，趙殺田角、田閒，迺肯出兵。」楚懷王曰：「田假與國之王，窮而歸我，殺之不義。」趙亦不殺田角、田閒以市於齊。齊曰：「蝮螫手則斬手，螫足則斬足。何者？爲害於身也。【一】今田假、田角、田閒於楚、趙，非直手足戚也，【二】何故不殺？且秦復得志於天下，則齮齕用事者墳墓矣。」【三】楚、趙不聽，齊亦怒，終不肯出兵。章邯果敗殺項梁，破楚兵，楚兵東走，而章邯渡河圍趙於鉅鹿。項羽往救趙，由此怨田榮。

【一】集解應劭曰：「蝮，一名虺，螫人手足，則割去其肉，不然則致死。」索隱蝮音芳伏反。螫音釋，又音釋。正義按：蝮，毒蛇，長二三丈，嶺南北有之。虺長一二尺，頭腹皆一徧。說文云「虺博三寸，首大如擘」。擘，手大指也，音步歷反。

【二】集解文穎曰：「言將亡身，非手足憂也。」瓚曰：「於楚、趙非手足之親。」

【三】集解如淳曰：「齮齕猶齚齧。」索隱齮音蟻。齕音紇。齮齕，側齒齩也。正義按：秦重得志，非但辱身，墳墓亦發掘矣，若子胥鞭荆平王墓。一云墳墓，言死也。

項羽既存趙，降章邯等，西屠咸陽，滅秦而立侯王也，迺徙齊王田市更王膠東，治即墨。齊將田都從共救趙，因入關，故立都爲齊王，治臨淄。故齊王建孫田安，項羽方渡河救趙，田安下濟北數城，引兵降項羽，項羽立田安爲濟北王，治博陽。田榮以負項梁不肯出兵助楚、趙攻秦，故不得王；趙將陳餘亦失職，不得王：二人俱怨項王。

項王既歸，諸侯各就國，田榮使人將兵助陳餘，令反趙地，而榮亦發兵以距擊田都，田都亡走楚。田榮留齊王市，無令之膠東。市之左右曰：「項王彊暴，而王當之膠東，不就國，必危。」市懼，迺亡就國。田榮怒，追擊殺齊王市於即墨，還攻殺濟北王安。於是田榮

迺自立爲齊王，盡并三齊之地。【一】

【一】索隱田市王膠東，田都王齊，田安王濟北。

項王聞之，大怒，迺北伐齊。齊王田榮兵敗，走平原，【二】平原人殺榮。項王遂燒夷齊城郭，所過者盡屠之。【三】齊人相聚畔之。榮弟横收齊散兵，得數萬人，反擊項羽於城陽。【三】而漢王率諸侯敗楚，入彭城。項羽聞之，迺醳齊【四】而歸，擊漢於彭城，因連與漢戰，相距滎陽。以故田横復得收齊城邑，【五】立田榮子廣爲齊王，而横相之，專國政，政無巨細皆斷於相。

【一】集解徐廣曰：「三年正月。」正義平原，德州也。

【二】集解徐廣曰：「立故王田假也。」

【三】集解徐廣曰：「假走楚，楚殺之。」正義城陽，濮州雷澤是。

【四】索隱此豈亦以「醳酒」之義？並古「釋」字。

【五】集解徐廣曰：「四月。」

横定齊三年，漢王使酈生往説下齊王廣及其相國横。横以爲然，解其歷下軍。漢將韓信引兵且東擊齊。齊初使華無傷、田解軍於歷下以距漢，漢使至，迺罷守戰備，縱酒，且遣使與漢平。漢將韓信已平趙、燕，用蒯通計，度平原，襲破齊歷下軍，因入臨淄。齊王廣、相橫怒，以酈生賣己，而亨酈生。齊王廣東走高密，【一】相橫走博陽〔二〕，守相田光走城陽，將軍田既軍於膠東。楚使龍且救齊，齊王與合軍高密。漢將韓信與曹參破殺龍且，【二】虜齊王廣。漢將灌嬰追得齊守相田光。至博陽，而橫聞齊王死，自立爲齊王，還擊嬰，嬰敗橫之軍於嬴下。【三】田橫亡走梁，歸彭越。彭越是時居梁地，中立，且爲漢，且爲楚。韓信已殺龍且，因令曹參進兵破殺田既於膠東，使灌嬰破殺齊將田吸於千乘。【四】韓信遂平齊，乞自立爲齊假王，【五】漢因而立之。

【一】集解徐廣曰：「高，一作『假』。」

【二】集解徐廣曰：「四年十一月。」

【三】集解晉灼曰：「泰山嬴縣也。」正義故嬴城在兖州博城縣東北百里。

【四】正義千乘故城在淄州高苑縣北二十五里。

【五】集解徐廣曰：「二月也。」

後歲餘，漢滅項籍，漢王立爲皇帝，以彭越爲梁王。田橫懼誅，而與其徒屬五百餘人入海，居島中。【一】高帝聞之，以爲田橫兄弟本定齊，齊人賢者多附焉，今在海中，不收，後恐爲亂，迺使使赦田橫罪而召之。田橫因謝曰：「臣亨陛下之使酈生，今聞其弟酈商爲漢將而賢，臣恐懼，不敢奉詔，請爲庶人，守海島中。」使還報，高皇帝迺詔衞尉酈商曰：「齊王田横即至，人馬從者敢動摇者致族夷！」迺復使使持節具告以詔商狀，曰：「田横來，大者王，小者迺侯耳；不來，且舉兵加誅焉。」田横迺與其客二人乘傳詣雒陽。【二】

【一】集解韋昭曰：「海中山曰島。」正義按：海州東海縣有島山，去岸八十里。

【二】集解如淳曰：「四馬下足爲乘傳。」

未至三十里，至尸鄉廄置，【一】横謝使者曰：「人臣見天子當洗沐。」止留。謂其客曰：「横始與漢王俱南面稱孤，今漢王爲天子，而横迺爲亡虜而北面事之，其恥固已甚矣。且吾亨人之兄，與其弟並肩而事其主，縱彼畏天子之詔，不敢動我，我獨不愧於心乎？且陛下所以欲見我者，不過欲一見吾面貌耳。今陛下在洛陽，今斬吾頭，馳三十里閒，形容尚未能敗，猶可觀也。」遂自剄，令客奉其頭，【二】從使者馳奏之高帝。高帝曰：「嗟乎，有以也夫！起自布衣，兄弟三人更王，豈不賢乎哉！」爲之流涕，而拜其二客爲都尉，發卒二千人，以王者禮葬田横。【三】

【一】集解應劭曰：「尸鄉在偃師。」瓚曰：「廄置，置馬以傳驛也。」

【二】正義奉音捧。

【三】正義齊田横墓在偃師西十五里。崔豹古今注云：「薤露、蒿里，送哀歌也〔一〕，出田横門人。

橫自殺，門人傷之而作悲歌，言人命如薤上露，易晞滅。至李延年乃分爲二曲，薤露送王公貴人，蒿里送士大夫庶人，使挽逝者歌之〔三〕，俗呼爲挽歌。」

既葬，二客穿其冢旁孔，皆自剄，下從之。高帝聞之，迺大驚，以田橫之客皆賢，「吾聞其餘尚五百人在海中」，使使召之。至則聞田橫死，亦皆自殺。於是迺知田橫兄弟能得士也。

太史公曰：甚矣蒯通之謀，亂齊驕淮陰，其卒亡此兩人！【一】蒯通者，善爲長短說，【二】論戰國之權變，爲八十一首。【三】通善齊人安期生，安期生嘗干項羽，項羽不能用其筴。已而項羽欲封此兩人，兩人終不肯受，亡去。田橫之高節，賓客慕義而從橫死，豈非至賢！余因而列焉。不無善畫者，莫能圖，何哉？【四】

【一】集解韓信、田橫。

【二】索隱言欲令此事長，則長說之；欲令此事短，則短說之：故戰國策亦名曰「短長書」是也。

【三】集解漢書曰：「號爲雋永。」永，一作「求」。索隱雋永，書名也。雋音松兗反。

【四】索隱言天下非無善畫之人，而不知圖畫田橫及其黨慕義死節之事，何故哉？歎畫人不知畫此也。

【索隱述贊】秦項之際，天下交兵。六國樹黨，自置豪英。田儋殞寇，立市相榮。楚封王假，齊破酈生。兄弟更王，海島傳聲。

校勘記

〔一〕相横走博陽　「博陽」，梁玉繩志疑卷三二：「漢書作『博』，是也。灌嬰傳『破田横至嬴、博』，傅寬傳『屬相國參，殘博』。漢志博屬泰山郡，若博陽則爲汝南之縣，豈齊封内哉？下亦誤。」

〔二〕送哀歌也　古今注音樂作「並喪歌也」，文選卷二八陸機挽歌詩李善注引同。

〔三〕使挽逝者歌之　「逝」，古今注音樂作「柩」，文選卷二八陸機挽歌詩李善注引作「並喪歌」。

史記卷九十五

樊酈滕灌列傳第三十五

舞陽侯〔一〕樊噲〔二〕者，沛人也。〔三〕以屠狗爲事，〔四〕與高祖俱隱。

〔一〕正義舞陽在許州葉縣東十里。

〔二〕正義音快，又吉外反。

〔三〕正義沛，徐州縣。

〔四〕正義時人食狗亦與羊豕同，故噲專屠以賣之。

初從高祖起豐，攻下沛。高祖爲沛公，以噲爲舍人。從攻胡陵、方與，〔一〕還守豐，擊泗水監豐下，〔二〕破之。復東定沛，破泗水守薛西。〔三〕與司馬𡰱〔四〕戰碭東，〔五〕卻敵，斬首十五級，賜爵國大夫。〔六〕常從沛公擊章邯軍濮陽，攻城先登，斬首二十三級，賜爵列大夫。〔七〕復常從，從攻城陽，〔八〕先登。下户牖，〔九〕破李由軍，斬首十六級，賜上間爵。〔一〇〕

從攻圍東郡守尉於成武，【一一】卻敵，斬首十四級，捕虜十一人，賜爵五大夫。從擊秦軍，出亳南。【一二】河間守軍於杠里，【一三】破之。擊破趙賁軍開封【一四】北，以卻敵先登，斬候一人，首六十八級，捕虜二十七人，賜爵卿。從攻破楊熊軍於曲遇。【一五】攻宛陵，【一六】先登，斬首八級，捕虜四十四人，賜爵封號賢成君。【一七】從攻長社、轘轅，【一八】絕河津，【一九】東攻秦軍於尸，【二〇】南攻秦軍於犨。【二一】破南陽守齮於陽城東，攻宛城，先登。西至酈，【二二】以卻敵，斬首二十四級，捕虜四十人，賜重封。【二三】攻武關，至霸上，斬都尉一人，首十級，捕虜百四十六人，降卒二千九百人。

【一】正義房預二音。

【二】索隱案：監者，秦時御史監郡也。豐下，豐縣之下也。正義泗水，郡名。

【三】索隱謂破其守於薛縣之西也。

【四】集解張晏曰：「秦司馬。」正義秦將章邯司馬尸。

【五】正義碭，宋州縣也。

【六】集解文穎曰：「即官大夫也。」正義爵第六級也。

【七】集解文穎曰：「即公大夫，爵第七。」

【八】集解徐廣曰：「年表『二年七月，破秦軍濮陽東，屠城陽』也。」正義按：城陽近濮陽，而漢書作「陽城」，大錯誤。

【九】正義 户牖，汴州東陳留縣東北九十一里東昏故城是〔一〕。

【一〇】集解 孟康曰：「不在二十爵中，如執圭、執帛比也。」如淳曰：「閒，或作『聞』。呂氏春秋曰『魏文侯東勝齊於長城，天子賞文侯以上聞爵』。」 索隱 賜上聞爵。張晏云：「得徑上聞。」晉灼曰：「名通於天子也。」如淳曰「或作『上聞』」，又引呂氏春秋，當證「上閒」。「閒」音「中閒」之「閒」。

【一一】正義 曹州縣。

【一二】索隱 案：亳，湯所都，今河南偃師有湯亳是也。 正義 亳故城在宋州穀熟縣西南四十里。

【一三】正義 地名，近城陽。

【一四】正義 汴州縣。

【一五】索隱 音齵顒二音，邑名也。 正義 曲，丘雨反；遇，牛恭反。鄭州中牟縣有曲遇聚。

【一六】索隱 地理志屬河南。 正義 宛陵故城在鄭州新鄭縣東北三十八里。

【一七】集解 徐廣曰：「時賜爵有執帛、執圭，又有賜爵封而加美名以爲號也。又有功，則賜封列侯。」駰案：張晏曰「食祿比封君而無邑」。瓚曰「秦制，列侯乃有封爵也」。 索隱 張晏曰：「食祿比封君而無邑。」徐廣曰：「賜爵有執圭、執帛，又有爵封而加美號。」又小顏云：「楚漢之際，權設寵榮，假其位號，或得邑地，或空受爵，此例多矣。約以秦制，於義不通。」

【一八】正義許州理縣也。轘轅關在緱氏縣東南三十里。

【一九】正義古平陰津在河南府東北五十里也。

【二〇】正義在偃師南。

【二一】正義在汝州魯山縣東南。

【二二】正義酈，音擲，在鄧州新城縣西北四十里。

【二三】集解張晏曰：「益祿也。」如淳曰：「正爵名也。」瓚曰：「增封也。」索隱張晏云「益祿也」。臣瓚以爲增封，義亦近是。而如淳曰「正爵名」，非也。小顏以爲重封者，兼二號，蓋爲得也。

項羽在戲下，欲攻沛公。沛公從百餘騎因項伯面見項羽，謝無有閉關事。項羽既饗軍士，中酒，【一】亞父謀欲殺沛公，令項莊拔劍舞坐中，欲擊沛公，項伯常屏蔽之。【二】時獨沛公與張良得入坐，樊噲在營外，聞事急，乃持鐵盾入。到營，營衛止噲，噲直撞入，【三】立帳下。【三】項羽目之，問爲誰。張良曰：「沛公參乘樊噲。」項羽曰：「壯士。」賜之卮酒彘肩。噲既飲酒，拔劍切肉食，盡之。項羽曰：「能復飲乎？」噲曰：「臣死且不辭，豈特卮酒乎！且沛公先入定咸陽，暴師霸上，以待大王。【四】大王今日至，聽小人之言，與沛公有隙，臣恐天下解，【五】心疑大王也。」項羽默然。沛公如廁，麾樊噲去。既出，沛公留車騎，獨騎一馬，與樊噲等四人步從，從閒道山下歸走霸上軍，而使張良謝項羽。項羽亦因

遂已，無誅沛公之心矣。是日微樊噲犇入營譙讓項羽〔三〕，【六】沛公事幾殆。【七】

【一】集解張晏曰：「酒酣也。」

【二】集解漢書音義曰：「揰音撞鍾。」正義撞，直江反。

【三】集解徐廣曰：「一本作『立帷下，瞋目而視，眥皆血出』。」

【四】正義時羽未爲王，史追書。

【五】正義紀買反。至此爲絶句。

【六】索隱譙音誚，責也。或才笑反，或亦作「誚」。

【七】正義幾音祈。

明日，項羽入屠咸陽，立沛公爲漢王。漢王賜噲爵爲列侯，號臨武侯。【一】遷爲郎中，從入漢中。

【一】正義桂陽臨武縣。

還定三秦，別擊西丞白水北、【一】雍輕車騎於雍南，破之。【二】從攻雍、斄【三】城，先登。擊章平軍好時，【四】攻城，先登陷陣，斬縣令丞各一人，首十一級，虜二十人，遷郎中騎將。從擊秦車騎壤東，【五】卻敵，遷爲將軍。攻趙賁，下郿、【六】槐里、柳中、【七】咸陽；灌廢丘，最。【八】至櫟陽，【九】賜食邑杜之樊鄉。【一〇】從攻項籍，屠煮棗。【一一】擊破王武、程處軍於外黄。攻鄒、魯、瑕丘、薛。【一二】項羽敗漢王於彭城，盡復取魯、梁地。噲還至滎陽，益食平陰二千户。【一三】以將軍守廣武一歲。項羽引而東，從高祖擊項籍，下陽夏，【一四】虜楚周將軍卒四千人。圍項籍於陳，【一五】大破之。屠胡陵。【一六】

【一】集解徐廣曰：「隴西有西縣。白水在武都。」駰案：如淳曰「皆地名也」。晉灼曰「白水，今廣平魏縣也。地理志無『西丞』，似秦將名」。索隱案：西謂隴西之西縣。白水，水名，出武都，經西縣東南流。言噲擊西縣之丞在白水之北耳，徐廣等説皆非也。正義括地志云：「白馬水源出文州曲水縣西南，會經孫山下。」

【二】正義上「雍」於拱反。

【三】集解音胎。

【四】索隱案：雍即扶風雍縣。斄，音台，即后稷所封，今之武功故斄城是。章平即章邯子也〔四〕。

【五】索隱小顔亦以爲地名。正義壤鄉在武功縣東南二十里。

【六】正義岐州縣。

【七】索隱按：柳中即細柳，地在長安西也〔五〕。

【八】集解李奇曰：「以水灌廢丘也。」張晏曰：「最，功第一也。」晉灼曰：「京輔治華陰，灌北也。」【索隱】灌謂以水灌廢丘，城陷，其功最上也。李奇曰「廢丘即槐里也。上有槐里，此又言者，疑此是小槐里」，非也。按：文云「攻趙賁，下郿、槐里、柳中、咸陽」，總言所攻陷之邑。別言以水灌廢丘，其功特最也。何者？初云槐里，稱其新名，後言功最，是重舉，不欲再見其文，故因舊稱廢丘也。

【九】【正義】雍州縣。

【一〇】【索隱】案：杜陵有樊鄉。三秦記曰「長安正南，山名秦嶺，谷名子午，一名樊川，一名御宿」。樊鄉即樊川也。

【一一】【索隱】晉灼云檢地理志〔六〕無「煮棗」〔七〕。功臣表有煮棗侯，云清河有煮棗城。小顏以爲「攻項籍，屠煮棗，合在河南，非清河之城明矣」。今案續漢書郡國志，在濟陰宛朐也。【正義】案：其時項羽未渡河北，冀州信都縣東北五十里煮棗非矣。

【一二】【正義】鄒，兗州縣，在州東南六十二里。魯，兗州曲阜縣。瑕丘，兗州縣。薛在徐州滕縣界。

【一三】【正義】平陰故城在濟陽東北五里。

【一四】【正義】夏音假。陳州太康縣。

【一五】【正義】陳州。

【一六】【正義】在兗州南。

項籍既死，漢王爲帝，以噲堅守戰有功，益食八百户。從高帝攻反燕王臧荼，虜荼，定燕地。楚王韓信反，噲從至陳，取信，定楚。【一】更賜爵列侯，與諸侯剖符，世世勿絕，食舞陽，號爲舞陽侯，除前所食。以將軍從高祖攻反韓王信於代。自霍人以往【二】至雲中，【三】與絳侯等共定之，益食千五百户。因擊陳豨與曼丘臣軍，【四】戰襄國，【五】破柏人，【六】先登，降定清河、常山凡二十七縣，殘東垣，【七】遷爲左丞相。破得綦毋卬、尹潘軍於無終、廣昌。【八】破豨別將胡人王黄軍於代南，因擊韓信軍於參合。【九】軍所將卒斬韓信，破豨胡騎横谷，【一〇】斬將軍趙既，虜代丞相馮梁、守孫奮、大將王黄、將軍、太卜太僕解福【一一】等十人〔八〕。與諸將共定代鄉邑七十三。其後燕王盧綰反，噲以相國擊盧綰，破其丞相抵薊南，【一二】定燕地，凡縣十八，鄉邑五十一。益食邑千三百户，定食舞陽五千四百户。從斬首百七十六級，虜二百八十八人。別破軍七，下城五，定郡六，縣五十二，得丞相一人，將軍十二人，二千石已下至三百石十一人。

【一】正義徐州。

【二】正義先累反，又蘇果反，又山寡反。杜預云「霍人，晉邑也」。「霍人」當作「葰」，地理志云葰人縣屬太原郡。括地志云：「葰人故城在代州繁時縣界也。」

【三】正義雲中郡縣，皆朔州善陽縣北三百八十里定襄故城是也。

【四】集解徐廣曰：「曼，一作『甯』字。」

【五】正義邢州城。

【六】正義邢州縣。

【七】集解張晏曰：「殘，有所毁也。」瓚曰：「殘謂多所殺傷也。」孟子曰：「賊義謂之殘。」

【八】正義在蔚州飛狐縣北七里。

【九】正義在朔州定襄縣界。

【一〇】正義谷音欲。蓋在代。

【一一】正義人姓名。

【一二】索隱抵音丁禮反。抵訓至。一云抵者，丞相之名。

噲以吕后女弟吕須爲婦，生子伉，故其比諸將最親。

先黥布反時，高祖嘗病甚，惡見人，卧禁中，詔户者無得入羣臣。羣臣絳、灌等莫敢入。十餘日，噲乃排闥直入，【一】大臣隨之。上獨枕一宦者卧。噲等見上流涕曰：「始陛下與臣等起豐沛，定天下，何其壯也！今天下已定，又何憊也！且陛下病甚，大臣震恐，不見臣等計事，顧獨與一宦者絶乎？且陛下獨不見趙高之事乎？」高帝笑而起。

【一】正義闥，宫中小門。

其後盧綰反，高帝使噲以相國擊燕。是時高帝病甚，人有惡噲黨於呂氏，即上一日宮車晏駕，則噲欲以兵盡誅滅戚氏、趙王如意之屬。高帝聞之大怒，乃使陳平載絳侯代將，而即軍中斬噲。陳平畏呂后，執噲詣長安。至則高祖已崩，呂后釋噲，使復爵邑。

孝惠六年，樊噲卒，謚爲武侯。子伉代侯。而伉母呂須亦爲臨光侯，高后時用事專權，大臣盡畏之。伉代侯九歲，高后崩。大臣誅諸呂、呂須媭【一】屬，因誅伉。舞陽侯中絕數月。孝文帝既立，乃復封噲他庶子市人爲舞陽侯，復故爵邑。市人立二十九歲卒，謚爲荒侯。子他廣代侯。六歲，侯家舍人得罪他廣，怨之，乃上書曰：「荒侯市人病不能爲人，【二】令其夫人與其弟亂而生他廣，他廣實非荒侯子，不當代後。」詔下吏。孝景中六年，他廣奪侯爲庶人，國除。【三】

【一】索隱音須眷二音。

【二】正義言不能行人道。

【三】索隱案：漢書平帝元始二年，封噲玄孫之子章爲舞陽侯，邑千户。

曲周侯【一】酈商者，高陽人。【二】陳勝起時，商聚少年東西略人，得數千。沛公略地至陳留，六月餘，【三】商以將卒四千人屬沛公於岐。【四】從攻長社，先登，賜爵封信成君。從沛公攻緱氏，絶河津，破秦軍洛陽東。從攻下宛、穰，定十七縣。別將攻旬關，【五】定漢中。

【一】正義故城在洺州曲周西南十五里〔九〕。

【二】索隱酈音歷。高陽，聚名，屬陳留。正義雍丘〔一〇〕西南聚邑人也〔一一〕。

【三】集解徐廣曰：「月表曰二世元年九月，沛公起兵；二世三年二月，襲陳留，用酈食其策。起兵至此十九月矣。食其傳曰既説高帝已，乃言其弟商，使從沛公也。」索隱事與酈生傳及年表小不同，蓋史官意異也。正義徐注非也。言商先東西略得數千人，及沛公略地至陳留，商起兵乃六月餘，得四千人，以將軍從高祖也。

【四】索隱此地名闕，蓋在河南陳、鄭之界。正義高紀云「酈食其説沛公襲陳留，乃以食其爲廣野君，酈商爲將，將陳留兵，與偕攻開封」。酈生傳云「沛公引兵隨之，乃下陳留，爲廣陽君〔一二〕。言其弟酈商，使將數千人從沛公西南略地」。此傳云「屬沛公於岐，從攻長社」。案紀、傳此説，岐當與陳留、高陽相近也。

【五】集解漢書音義曰：「漢中旬陽縣。音詢。」索隱案：在漢中旬陽縣，旬水上之關。

項羽滅秦，立沛公爲漢王。漢王賜商爵信成君，以將軍爲隴西都尉。別將定北地、【一】上郡。【二】破雍將軍烏氏【一三】、【三】周類軍栒邑，【四】蘇駔軍於泥陽。【五】賜食邑武成六千户。【六】以隴西都尉從擊項籍軍五月，出鉅野，與鍾離眛戰，疾鬭，受梁相國印，益食邑四千户。以梁相國將從擊項羽二歲三月，攻胡陵。

【一】正義寧州。

【二】正義鄜州。

【三】集解音支。索隱上音於然反，下音支。縣名，屬安定。漢書云破章邯別將。正義縣在涇州安定縣東四十里。

【四】索隱栒邑在豳州。地理志屬右扶風。栒音荀。

【五】集解徐廣曰：「駔，一作『駻』。」索隱北地縣名。駔者，龍馬也。正義故城在寧州羅川縣北三十一里。泥谷水源出羅川縣東北泥陽。源側有泉，於泥中潛流二十餘步而流入泥谷。又有泥陽湫，在縣東北四十里。

【六】正義縣在華州鄭縣東十三里。

項羽既已死，漢王爲帝。其秋，燕王臧荼反，商以將軍從擊荼，戰龍脱，【一】先登陷陣，破荼軍易下，【二】卻敵，遷爲右丞相，賜爵列侯，與諸侯剖符，世世勿絶，食邑涿五千户，【三】

號曰涿侯。以右丞相别定上谷，【四】因攻代，受趙相國印。以右丞相趙相國别與絳侯等定代、鴈門，得代丞相程縱、守相郭同、將軍已下至六百石十九人。還，以將軍爲太上皇衞一歲七月。以右丞相擊陳豨，殘東垣。又以右丞相從高帝擊黥布，攻其前拒，【五】陷兩陳，得以破布軍，更食曲周五千一百户，除前所食。凡别破軍三，降定郡六，縣七十三，得丞相、守相、大將各一人，小將二人，二千石已下至六百石十九人。

【一】集解徐廣曰：「在燕趙之界。」駰案：漢書音義曰「地名」。索隱孟康曰「地名」。在燕趙之界，其地闕。

【二】正義易州易縣。

【三】正義涿，幽州。

【四】正義嬀州。

【五】集解徐廣曰：「一作『和』。」駰謂拒，方陳。拒音矩。索隱音巨，又音矩。裴駰云「拒，方陣」。鄒氏引左傳有「左拒」、「右拒」。徐云「一作『和』。和，軍門也」。漢書作「前垣」，小顔以爲「攻其壁壘之前垣」也。李奇以爲「前鋒堅蔽若垣牆」，非也。

商事孝惠。高后時，商病，不治。【一】其子寄，字況，【二】與吕禄善。及高后崩，大臣欲誅諸吕，吕禄爲將軍，軍於北軍，太尉勃不得入北軍，於是乃使人劫酈商，令其子況紿吕

祿，【三】呂祿信之，故與出游，而太尉勃乃得入據北軍，遂誅諸呂。是歲商卒，謚爲景侯。子寄代侯。天下稱酈況賣交也。【四】

【一】集解文穎曰：「不能治官事。」

【二】索隱酈寄字也。鄒氏本作「兄」，亦音況。

【三】索隱紿，欺也，詐也。音待。

【四】集解班固曰：「夫賣交者，謂見利而忘義也。若寄，父爲功臣，而又執劫，雖摧呂祿以安社稷，誼存君親可也。」

孝景前三年，吳、楚、齊、趙反，上以寄爲將軍，圍趙城，十月不能下。得俞侯【一】欒布自平齊來，乃下趙城，滅趙，王自殺，除國。孝景中二年，寄欲取平原君爲夫人，【二】景帝怒，下寄吏，有罪，奪侯。景帝乃以商他子堅封爲繆侯，【三】續酈氏後。繆靖侯卒，子康侯遂成立。遂成卒，子懷侯世宗立。【四】世宗卒，子侯終根立，爲太常，坐法，國除。

【一】集解俞音舒。索隱俞，音歈，縣名，又音輸，在河東。

【二】集解蘇林曰：「景帝王皇后母臧兒也。」

【三】集解徐廣曰：「繆者，更封邑名。謚曰靖。」索隱繆，音穆，邑也。謚曰靖侯。漢書無謚。

【四】集解徐廣曰：「世，一作『他』。」

汝陰侯【一】夏侯嬰，沛人也。爲沛廄司御。【二】每送使客還，過沛泗上亭，與高祖語，未嘗不移日也。嬰已而試補縣吏，與高祖相愛。高祖戲而傷嬰，人有告高祖。【三】高祖時爲亭長，重坐傷人，【四】告故不傷嬰，【五】嬰證之。後獄覆，【六】嬰坐高祖繫歲餘，掠笞數百，終以是脱高祖。

【一】正義汝陰即今陽城。

【二】索隱案：楚漢春秋云滕公爲御也。

【三】集解韋昭曰：「告，白也。白高祖傷人。」

【四】集解如淳曰：「爲吏傷人，其罪重也。」

【五】集解鄧展曰：「律有故乞鞫。高祖自告不傷人。」索隱注「乞鞫」〔一四〕。案：晉令云〔一五〕「獄結竟，呼囚鞫語罪狀，囚若稱枉欲乞鞫者，許之也」。

【六】索隱案：韋昭曰「高帝自言不傷嬰，嬰證之，是獄辭翻覆也」。

高祖之初與徒屬欲攻沛也，嬰時以縣令史爲高祖使。【一】上降沛一日，【二】高祖爲沛公，賜嬰爵七大夫，以爲太僕。從攻胡陵，嬰與蕭何降泗水監平，【三】平以胡陵降，賜嬰爵五大夫。從擊秦軍碭東，攻濟陽，下户牖，破李由軍雍丘下，以兵車趣攻戰疾，賜爵執帛。常以太僕奉車從擊章邯軍東阿、濮陽下，以兵車趣攻戰疾，破之，賜爵執珪。復常奉車從擊趙賁軍開封，楊熊軍曲遇。嬰從捕虜六十八人，降卒八百五十人，得印一匱。【四】因復常奉車從擊秦軍雒陽東，以兵車趣攻戰疾，賜爵封，轉爲滕公。【五】因復奉車從攻南陽，戰於藍田、芷陽，【六】以兵車趣攻戰疾，至霸上。項羽至，滅秦，立沛公爲漢王。漢王賜嬰爵列侯，號昭平侯，復爲太僕，從入蜀、漢。

【一】正義爲，于僞反。使，所吏反。

【二】正義謂父老開城門迎高祖。

【三】集解張晏曰：「胡陵，平所止縣，何嘗給之，故與降也。」

【四】索隱案：説文云：「匱，匣也。」謂得其時自相部署之印。

【五】集解徐廣曰：「令也。」駰案：鄧展曰「今沛郡公丘」。漢書曰嬰爲滕令奉車，故號滕公。

正義滕即公丘故城是，在徐州滕縣西南十五里。

【六】索隱芷音止。地名，今霸陵也，在京兆。

還定三秦，從擊項籍。至彭城，項羽大破漢軍。漢王敗，不利，馳去。見孝惠、魯元，載之。漢王急，馬罷，虜在後，常蹶兩兒【一】欲弃之，嬰常收，竟載之，徐行面雍樹乃馳。【二】漢王怒，行欲斬嬰者十餘，卒得脱，而致孝惠、魯元於豐。

【一】索隱 蹶音厥，又音巨月反，一音居衛反。漢書作「蹳」，音撥。

【二】集解 服虔曰：「高祖欲斬之，故嬰圍樹走也。面，向樹也。」應劭曰：「古者皆立乘，嬰恐小兒墜，各置一面雍持之。樹，立也。」蘇林曰：「南方人謂抱小兒爲〔一六〕『雍樹』。面者，大人以面首向臨之，小兒抱大人頸似懸樹也。」索隱 蘇林與晉灼皆言南方及京師謂抱兒爲「擁樹」，今則無其言，或當時有此説。其應、服之説，蓋疎也。

漢王既至滎陽，收散兵，復振，賜嬰食祈陽。【一】復常奉車從擊項籍，追至陳，卒定楚，至魯，益食茲氏。【二】

【一】集解 徐廣曰：「祈，一作『沂』。」索隱 蓋鄉名也。漢書作「沂」。楚無其縣。

【二】索隱 縣名也。地理志屬太原。

漢王立爲帝。其秋，燕王臧荼反，嬰以太僕從擊荼。明年，從至陳，取楚王信。更食汝陰，剖符世世勿絶。以太僕從擊代，至武泉、雲中，【一】益食千户。因從擊韓信軍胡騎晉陽旁，大破之。追北至平城，爲胡所圍，七日不得通。高帝使使厚遺閼氏，冒頓開圍一角。高帝出欲馳，嬰固徐行，弩皆持滿外向，卒得脱。益食嬰細陽【二】千户。復以太僕從擊胡騎句注北，大破之。以太僕擊胡騎平城南，三陷陳，功爲多，賜所奪邑五百户。【三】以太僕擊陳豨、黥布軍，陷陳卻敵，益食千户，定食汝陰六千九百户，除前所食。

【一】索隱地理志武泉屬雲中。正義二縣在朔州善陽縣界。

【二】索隱地理志屬汝南。

【三】集解漢書音義曰：「時有罪過奪邑者，以賜之。」

嬰自上初起沛，常爲太僕，竟高祖崩。以太僕事孝惠。孝惠帝及高后德嬰之脱孝惠、魯元於下邑之閒也，【一】乃賜嬰縣北第第一，曰「近我」，以尊異之。孝惠帝崩，以太僕事高后。高后崩，代王之來，嬰以太僕與東牟侯入清宫，廢少帝，以天子法駕迎代王代邸，與大臣共立爲孝文皇帝，復爲太僕。八歲卒，謚爲文侯。【二】子夷侯竈立，七年卒。子共侯賜立，三十一年卒。子侯頗尚平陽公主。立十九歲，元鼎二年，坐與父御婢姦罪，自殺，國除。

【一】正義宋州碭山縣。

【二】索隱案：姚氏云「三輔故事曰『滕文公墓在飲馬橋東大道南，俗謂之馬冢』。博物志曰『公卿送嬰葬，至東都門外，馬不行，踣地悲鳴，得石椁，有銘曰「佳城鬱鬱，三千年見白日，吁嗟滕公居此室」。乃葬之』」。

潁陰侯【一】灌嬰者，睢陽販繒者也。【二】高祖之爲沛公，略地至雍丘下，章邯敗殺項梁，而沛公還軍於碭，嬰初以中涓從，擊破東郡尉於成武及秦軍於杠里，疾鬬，賜爵七大夫。從攻秦軍亳南、開封、曲遇，戰疾力，【三】賜爵執帛，號宣陵君。從攻陽武以西至雒陽，破秦軍尸北，北絕河津，南破南陽守齮陽城東，遂定南陽郡。西入武關，戰於藍田，疾力，至霸上，賜爵執珪，號昌文君。【四】

【一】正義今陳州南潁縣西北十三里潁陰故城是〔一七〕。

【二】正義睢陽，宋州宋城縣。

【三】集解服虔曰：「疾攻之。」

【四】索隱亦稱宣陵君，皆非爵土，加美號耳。

沛公立爲漢王，拜嬰爲郎中，從入漢中十月，拜爲中謁者。從還定三秦，下櫟陽，降塞王。還圍章邯於廢丘，未拔。從東出臨晉關，擊降殷王，定其地。擊項羽將龍且、魏相項他軍定陶南，疾戰，破之。賜嬰爵列侯，號昌文侯，食杜平鄉。【一】

【一】索隱謂食杜縣之平鄉。

復以中謁者從降下碭，以至彭城。項羽擊，大破漢王。漢王遁而西，嬰從還，軍於雍丘。王武、魏公申徒反，【一】從擊破之。攻下黄，【二】西收兵，軍於滎陽。楚騎來衆，漢王乃擇軍中可爲騎將者〔一八〕，皆推故秦騎士重泉人【三】李必、駱甲【四】習騎兵，今爲校尉，可爲騎將。漢王欲拜之，必、甲曰：「臣故秦民，恐軍不信臣，臣願得大王左右善騎者傅之。」【五】灌嬰雖少，然數力戰，乃拜灌嬰爲中大夫，令李必、駱甲爲左右校尉，將郎中騎兵擊楚騎於滎陽東，大破之。受詔別擊楚軍後，絶其餉道，起陽武至襄邑。擊項羽之將項冠於魯下，破之，所將卒斬右司馬、騎將各一人。【六】擊破柘公王武，【七】軍於燕西，所將卒斬樓煩將五人、【八】連尹一人。【九】擊王武別將桓嬰白馬下，破之，所將卒斬都尉一人。以騎渡河南，送漢王到雒陽，使北迎相國韓信軍於邯鄲。還至敖倉，嬰遷爲御史大夫。

【一】集解張晏曰：「秦將，降爲公，今反。」

【二】正義故城在曹州考城縣東二十四里。

【三】集解徐廣曰：「重泉屬馮翊。」正義故城在同州蒲城縣東南四十五里。

【四】索隱必、甲，二人名也。姚氏案：漢紀桓帝延熹三年，追録高祖功臣李必後黄門丞李遂爲晉陽關内侯也。

【五】集解如淳曰：「傅音附。猶言隨從者。」

【六】集解張晏曰：「主右方之馬〔一九〕，左亦如之。」

【七】集解徐廣曰：「柘屬陳。」索隱案：武，柘縣令也。柘縣屬陳。正義柘屬淮陽國。案：滑州胙城，本南燕國也。

【八】集解李奇曰：「樓煩，縣名。其人善騎射，故以名射士爲『樓煩』，取其美稱，未必樓煩人也。」張晏曰：「樓煩，胡國名也。」

【九】集解張晏曰：「大夫，楚官。」索隱蘇林曰：「楚官也。」案：左傳莫敖、連尹、宮廄尹是。

三年，以列侯食邑杜平鄉。以御史大夫受詔將郎中騎兵東屬相國韓信，擊破齊軍於歷下，所將卒虜車騎將軍華毋傷及將吏四十六人。降下臨菑，得齊守相田光。追齊相田横至嬴、博，破其騎，所將卒斬騎將一人，生得騎將四人。攻下嬴、博，破齊將軍田吸於千乘，所將卒斬吸。東從韓信攻龍且、留公旋於高密〔二〇〕，【一〇】卒斬龍且，【一一】生得右司馬、連尹各一人，樓煩將十人，身生得亞將周蘭。

【一〇】索隱留，縣。令稱公，旋其名也。高密，縣名，在北海。漢書作「假密」。假密，地名，不知所在，未知孰是。正義留縣在沛郡。公，其令。

【一一】集解文穎曰：「所將卒。」

齊地已定，韓信自立爲齊王，使嬰別將擊楚將公杲於魯北，破之。轉南，破薛郡長，身虜騎將一人。攻傅陽〔二二〕，前至下相以東南僮、取慮、徐。【一二】度淮，盡降其城邑，至廣陵。【二】項羽使項聲、薛公、郯公復定淮北。嬰度淮北，擊破項聲、郯公下邳，【三】斬薛公，下下邳，擊破楚騎於平陽，【四】遂降彭城，虜柱國項佗，降留、薛、沛、酇、蕭、相。攻苦、譙，【五】復得亞將周蘭。與漢王會頤鄉。【六】從擊項籍軍於陳下，破之，所將卒斬樓煩將二人，虜騎將八人。賜益食邑二千五百户。

【一】索隱取音秋。慮音閭。取又音趣。僮、徐是二縣，取慮是一縣名。

【二】集解漢書音義曰：「住廣陵以禦敵。」正義謂從下相以東南，盡降城邑，乃至廣陵，皆平定也。

【三】正義郯，音談，東海縣。

【四】索隱小顔云「此平陽在東郡」。地理志太山有東平陽縣。正義南平陽縣城，今兖州鄒縣也，在兖州東南六十二里。案：鄒縣去徐州滕縣界四十餘里也。

【五】正義户焦二音。

【六】集解徐廣曰：「苦縣有頤鄉。」索隱徐廣云：「苦縣有頤鄉。」音以之反。

項籍敗垓下去也，嬰以御史大夫受詔將車騎別追項籍至東城，【一】破之。所將卒五人共斬項籍，皆賜爵列侯。降左右司馬各一人，卒萬二千人，盡得其軍將吏。下東城、歷陽。【二】渡江，破吴郡長吴下，【三】得吴守，遂定吴、豫章、會稽郡。還定淮北，凡五十二縣。

【一】正義 縣在濠州定遠縣東南五十五里。

【二】正義 和州歷陽縣，即今州城是也。

【三】集解 如淳曰：「『雄長』之『長』也。」 索隱 下有郡守，此長即令也。如淳以爲雄長，非也。 正義 今蘇州也。案：如説非也。吴郡長即吴郡守也。一破吴郡長兵於吴城下而得吴郡守身也。

漢王立爲皇帝，賜益嬰邑三千户。其秋，以車騎將軍從擊破燕王臧荼。明年，從至陳，取楚王信。還，剖符，世世勿絶，食潁陰二千五百户，號曰潁陰侯。

以車騎將軍從擊反韓王信於代，至馬邑，受詔別降樓煩以北六縣，斬代左相，破胡騎於武泉北。【一】復從擊韓信胡騎晉陽下，所將卒斬胡白題將一人。【二】受詔并將燕、趙、齊、梁、楚車騎，擊破胡騎於硰石。【三】至平城，爲胡所圍，從還軍東垣。

【一】正義 縣名，在朔州北二百二十里。

【二】集解 服虔曰：「胡名也。」

【三】集解 服虔曰：「硰音沙。」 索隱 服虔音沙，劉氏音千卧反。

從擊陳豨，受詔別攻豨丞相侯敞軍曲逆下，破之，卒斬敞及特將五人。【一】降曲逆、盧奴、上曲陽、安國、安平。【二】攻下東垣。

【一】集解文穎曰：「『特一』之『特』也。」

【二】正義盧奴，定州安喜縣是。曲陽，定州曲陽縣是。安平，定州安平縣。

黥布反，以車騎將軍先出，攻布別將於相，破之，斬亞將樓煩將三人。又進擊破布上柱國軍及大司馬軍。又進破布別將肥誅。【一】嬰身生得左司馬一人，所將卒斬其小將十人，追北至淮上。益食二千五百户。布已破，高帝歸，定令嬰食潁陰五千户，除前所食邑。凡從得二千石二人，別破軍十六，降城四十六，定國一，郡二，縣五十二，得將軍二人，柱國、相國各一人，二千石十人。

【一】集解徐廣曰：「一作『銖』。」索隱注「一作銖」〔三三〕。案：漢書作「肥銖」。

嬰自破布歸，高帝崩，嬰以列侯事孝惠帝及呂太后。太后崩，呂祿等以趙王自置爲將軍，軍長安，爲亂。齊哀王聞之，舉兵西，且入誅不當爲王者。上將軍呂祿等聞之，乃遣嬰爲大將，將軍往擊之。嬰行至滎陽，乃與絳侯等謀，因屯兵滎陽，風齊王以誅呂氏事，【一】齊兵止不前。絳侯等既誅諸呂，齊王罷兵歸，嬰亦罷兵自滎陽歸，與絳侯、陳平共立代王，爲孝文皇帝。孝文皇帝於是益封嬰三千户，賜黃金千斤，拜爲太尉。

【一】正義風，方鳳反。

三歲，絳侯勃免相就國，嬰爲丞相，罷太尉官。是歲，匈奴大入北地、上郡，令丞相嬰將騎八萬五千往擊匈奴。匈奴去，濟北王反，詔乃罷嬰之兵。後歲餘，嬰以丞相卒，謚曰懿侯。子平侯阿代侯〔三三〕。二十八年卒，子彊代侯。十三年，彊有罪，絕二歲。元光三年，天子封灌嬰孫賢爲臨汝侯，續灌氏後，八歲，坐行賕有罪，國除。

太史公曰：吾適豐沛，問其遺老，觀故蕭、曹、樊噲、滕公之家，及其素，異哉所聞！方其鼓刀屠狗賣繒之時，豈自知附驥之尾，垂名漢廷，德流子孫哉？余與他廣通，爲言高祖功臣之興時若此云。【一】

【一】索隱案：他廣，樊噲之孫，後失封。蓋嘗訝太史公序蕭、曹、樊、滕之功悉具，則從他廣而得其事，故備也。

【索隱述贊】聖賢影響，雲蒸龍變。屠狗販繒，攻城野戰。扶義西上，受封南面。酈況賣交，舞陽內援。滕灌更王〔三四〕，奕葉繁衍。

校勘記

〔一〕汴州東陳留縣東北九十一里東昏故城是　「汴州東」，本書卷五六陳丞相世家「陽武户牖鄉人也」正義引括地志無「東」字，通鑑卷一一漢紀三高帝六年「封陳平爲户牖侯」胡三省注引同。又，「九十一里」，陳丞相世家正義引括地志作「九十里」，通鑑胡三省注引同。

〔二〕項伯常屏蔽之　「屏」，原作「肩」。王念孫雜志史記第五：「『肩』當爲『屏』，字之誤也，漢書作『屏蔽』，謂以身屏蔽之，非謂以肩蔽之也。」今據改。

〔三〕譙讓　景祐本、紹興本、耿本、黄本、彭本、柯本、凌本、殿本作「誚讓」。

〔四〕章平即章邯子也　本書卷八高祖本紀、漢書卷一上高帝紀上皆云章平爲章邯弟，疑是。

〔五〕細柳地　「地」，黄本、彭本、柯本、凌本、殿本作「也」。

〔六〕晉灼云檢地理志　「晉灼云」三字原無，據耿本、黄本、彭本、柯本、凌本、殿本補。參見下條。

〔七〕無煮棗　此下原有「晉説是」三字，據耿本、黄本、彭本、柯本、凌本、殿本删。按：漢書卷四一樊噲傳「屠煮棗」顔師古注：「晉灼曰：『地理志無也。清河有煮棗城，功臣表有煮棗侯。』」

〔八〕將軍太卜　景祐本無「太卜」二字。張文虎札記卷五：「疑即下文『太僕』之誤衍。」漢書卷四一樊噲傳作「將軍大將一人」。

〔九〕故城在洛州曲周西南十五里　「洛州」，原作「洺州」。後漢書卷一八吴漢傳「食廣平、斥漳、曲周、廣年」李賢注：「曲周故城在今洺州曲周縣西南。」元和志卷一五河東道四洺州曲周縣：「隋開皇六年復置，屬洺州，大業二年省。武德四年，于曲周故城重置。」今據改。

〔一〇〕雍丘　原作「雍州」。本書卷九七酈生陸賈列傳「陳留高陽人也」正義：「陳留風俗傳云『高陽在雍丘西南』。」卷八高祖本紀「西過高陽」集解引臣瓚曰「陳留傳曰在雍丘西南」。今據改。

〔一一〕聚邑人也　「人」，疑當作「名」。按：本書卷八高祖本紀「西過高陽」集解：「文穎曰：『聚邑名也，屬陳留圉縣。』」

〔一二〕廣陽君　疑當作「廣野君」。按：本書卷九七酈生陸賈列傳：「號酈食其爲廣野君。」卷八高祖本紀：「乃以酈食其爲廣野君。」

〔一三〕烏氏　原作「焉氏」，據景祐本、紹興本、耿本、黄本、彭本、柯本、凌本、殿本改。按：漢書卷二八下地理志下安定郡有烏氏縣。卷四一酈商傳「破章邯別將於烏氏」顏師古注：「烏氏，安定縣也。」

〔一四〕注乞鞫　此三字原無，據索隱本補。

〔一五〕晉令　耿本、黄本、彭本、柯本、凌本、殿本作「晉灼」。

〔一六〕南方　原作「南陽」，據索隱本改。按：漢書卷四一夏侯嬰傳「面雍樹馳」顏師古注引蘇林亦作「南方」。

〔一七〕南潁　疑當作「南頓」。按：本書卷五七絳侯周勃世家「賜與潁陰侯共食鍾離」正義引括地志：「潁陰故城在陳州南頓縣西北。」

〔一八〕可爲騎將者　「騎」上原有「車」字。張文虎札記卷五：「志疑云：『車』字衍。案：漢書無『車』字。」今據刪。按：下文曰「李必、駱甲習騎兵，今爲校尉，可爲騎將」，與此相應。通鑑卷九漢紀一高帝二年亦無「車」字。

〔一九〕主右方之馬　「主」，原作「王」，據景祐本、紹興本、耿本、黄本、彭本、柯本、凌本、殿本改。按：漢書卷四一灌嬰傳「斬右司馬」顏師古注引張晏亦作「主」。

〔二〇〕攻龍且留公旋於高密　「旋」，景祐本、紹興本、耿本、黄本、彭本、柯本、凌本、殿本無，漢書卷四一灌嬰傳同。

〔二一〕攻傅陽　「傅陽」，原作「博陽」。梁玉繩志疑卷三二：「『博』乃『傅』之譌。」按：漢書卷四一灌嬰傳作「博陽」。王先謙漢書補注卷四一：「沈欽韓曰：『博陽』當作『傅陽』。紀要偪陽城在兗州府嶧縣南五十里，春秋時小國，漢置傅陽縣，屬楚國。」今據改。

〔二二〕注一作銖　此四字原無，據索隱本補。

〔二三〕平侯阿　梁玉繩志疑卷三二：「『阿』乃『何』之譌，功臣表、灌夫傳及漢書鼂錯傳並作『何』。」

〔二四〕滕灌更王　四庫全書考證卷二四：「滕公夏侯嬰及灌嬰俱未封王，此『更王』二字疑誤。」

史記卷九十六

張丞相列傳第三十六

張丞相蒼者，陽武人也。【一】好書律曆。秦時爲御史，主柱下方書。【二】有罪，亡歸。及沛公略地過陽武，蒼以客從攻南陽。蒼坐法當斬，解衣伏質，【三】身長大，肥白如瓠，時王陵見而怪其美士，乃言沛公，赦勿斬。遂從西入武關，至咸陽。沛公立爲漢王，入漢中，還定三秦。陳餘擊走常山王張耳，耳歸漢，漢乃以張蒼爲常山守。從淮陰侯擊趙，蒼得陳餘。趙地已平，漢王以蒼爲代相，備邊寇。已而徙爲趙相，相趙王耳。耳卒，相趙王敖。復徙相代王。燕王臧荼反，高祖往擊之，蒼以代相從攻臧荼有功，以六年中封爲北平侯，食邑千二百户。

【一】索隱案：縣名，屬陳留。正義鄭州陽武縣也。

【二】集解如淳曰：「方，版也，謂書事在版上者也。秦以上置柱下史，蒼爲御史，主其事。或曰四方文書。」 索隱 周秦皆有柱下史，謂御史也。所掌及侍立恒在殿柱之下，故老子爲周柱下史〔一〕。今蒼在秦代亦居斯職。方書者，如淳以爲方板，謂小事書之於板也〔二〕，或曰主四方文書也。姚氏以爲下云「明習天下圖書計籍，主郡上計」，則方爲四方文書是也。

【三】索隱 小顏云：「質，椹也。」

遷爲計相，【一】一月，更以列侯爲主計四歲。【二】是時蕭何爲相國，而張蒼乃自秦時爲柱下史，明習天下圖書計籍。蒼又善用算律曆，故令蒼以列侯居相府，領主郡國上計者。黥布反亡，漢立皇子長爲淮南王，而張蒼相之。十四年，遷爲御史大夫。

【一】集解 文穎曰：「能計，故號曰計相。」

【二】集解 張晏曰：「以列侯典校郡國簿書。」如淳曰：「以其所主，因以爲官號，與計相同。時所卒立，非久施也。」 索隱 謂改計相之名，更名主計也。此蓋權時立號也。

周昌者，沛人也。其從兄曰周苛，秦時皆爲泗水卒史。及高祖起沛，擊破泗水守監，於是周昌、周苛自卒史從沛公，沛公以周昌爲職志，【一】周苛爲客。【二】從入關，破秦。沛公立爲漢王，以周苛爲御史大夫，周昌爲中尉。

【一】集解 徐廣曰：「主旗幟之屬。」 索隱 官名也。職，主也；志，旗幟也。謂掌旗幟之官也。音昌志反。

【二】集解張晏曰：「爲帳下賓客，不掌官。」

漢王四年，楚圍漢王滎陽急，漢王遁出去，而使周苛守滎陽城。楚破滎陽城，欲令周苛將。苛罵曰：「若趣降漢王！不然，今爲虜矣！」項羽怒，亨周苛。【一】於是乃拜周昌爲御史大夫。常從擊破項籍。以六年中與蕭、曹等俱封：封周昌爲汾陰侯；周苛子周成以父死事，封爲高景侯。【二】

【一】集解徐廣曰：「四年三月也。」

【二】集解徐廣曰：「九年封，封三十九年，文帝後元四年謀反死〔三〕，國除。」

昌爲人彊力，敢直言，自蕭、曹等皆卑下之。昌嘗燕時入奏事，【一】高帝方擁戚姬，昌還走，高帝逐得，騎周昌項，問曰：「我何如主也？」昌仰曰：「陛下即桀紂之主也。」於是上笑之，然尤憚周昌。及帝欲廢太子，而立戚姬子如意爲太子，大臣固爭之，莫能得；上以留侯策即止。而周昌廷爭之彊，上問其說，昌爲人吃，又盛怒，曰：「臣口不能言，然臣期期知其不可。【二】陛下雖欲廢太子，臣期期不奉詔。」上欣然而笑。既罷，呂后側耳於東箱聽，【三】見周昌，爲跪謝曰：「微君，太子幾廢。」【四】

【一】集解漢書音義曰：「以上燕時入奏事。」

【二】正義昌以口吃，每語故重言期期也。

【三】集解韋昭曰：「殿東堂也。」 索隱韋昭曰：「殿東堂也。」小顏云：「正寢之東西室，皆號曰箱，言似箱篋之形。」

【四】索隱幾，鉅依反。

是後戚姬子如意爲趙王，年十歲，高祖憂即萬歲之後不全也。趙堯年少，爲符璽御史。趙人方與公【一】謂御史大夫周昌曰：「君之史趙堯，年雖少，然奇才也，君必異之，是且代君之位。」周昌笑曰：「堯年少，刀筆吏耳，【二】何能至是乎！」居頃之，趙堯侍高祖。高祖獨心不樂，悲歌，羣臣不知上之所以然。趙堯進請問曰：「陛下所爲不樂，非爲趙王年少而戚夫人與呂后有郤邪？備萬歲之後而趙王不能自全乎？」高祖曰：「然。吾私憂之，不知所出。」【三】堯曰：「陛下獨宜爲趙王置貴彊相，及呂后、太子、羣臣素所敬憚乃可。」高祖曰：「然。吾念之欲如是，而羣臣誰可者？」堯曰：「御史大夫周昌，其人堅忍質直，且自呂后、太子及大臣皆素敬憚之。獨昌可。」高祖曰：「善。」於是乃召周昌，謂曰：「吾欲固煩公，公彊爲我相趙王。」【四】周昌泣曰：「臣初起從陛下，陛下獨柰何中道而弃之於諸侯乎？」高祖曰：「吾極知其左遷，【五】然吾私憂趙王，念非公無可者。公不得已彊行！」於是徙御史大夫周昌爲趙相。

【一】集解孟康曰：「方與，縣名；公，其號。」瓚曰：「方與縣令也。」

【二】正義古用簡牘，書有錯謬，以刀削之，故號曰「刀筆吏」。

【三】索隱謂不知其計所出也。

【四】正義桓譚新論云：「使周相趙，不如使取呂后家女爲妃，令戚夫人善事呂后，則如意無斃也。」

【五】索隱按：諸侯王表有左官之律。韋昭以爲「左猶下也，禁不得下仕於諸侯王也」。然地道尊右，右貴左賤，故謂貶秩爲「左遷」。他皆類此。

既行久之，高祖持御史大夫印弄之，曰：「誰可以爲御史大夫者？」孰視趙堯，曰：「無以易堯。」遂拜趙堯爲御史大夫。【一】堯亦前有軍功食邑，及以御史大夫從擊陳豨有功，封爲江邑侯。【二】

【一】集解徐廣曰：「十年也。」

【二】集解徐廣曰：「十一年封〔四〕。」

高祖崩，呂太后使使召趙王，其相周昌令王稱疾不行。使者三反，周昌固爲不遣趙王。於是高后患之，乃使使召周昌。周昌至，謁高后，高后怒而罵周昌曰：「爾不知我之怨戚氏乎？而不遣趙王，何？」昌既徵，高后使使召趙王，趙王果來。至長安月餘，飲藥而死。周昌因謝病不朝見，三歲而死。【一】

【一】集解徐廣曰：「謚悼也。」索隱注「謚悼」〔五〕。按：漢書列傳及表咸言周昌謚悼，韋昭云「或謚惠」，非也。漢書又曰「傳子至孫意，有罪，國除。景帝復封昌孫左車爲安陽侯，有罪，國除」。

後五歲，【一】高后聞御史大夫江邑侯趙堯高祖時定趙王如意之畫，乃抵堯罪，【二】以廣阿侯任敖爲御史大夫。

【一】正義高后之年〔六〕。

【二】集解徐廣曰：「吕后元年，國除。」

任敖者，故沛獄吏。高祖嘗辟吏，【一】吏繫吕后，遇之不謹。任敖素善高祖，怒，擊傷主吕后吏。及高祖初起，敖以客從，爲御史，守豐二歲。高祖立爲漢王，東擊項籍，敖遷爲上黨守。陳豨反時，敖堅守，封爲廣阿侯，食千八百户。高后時爲御史大夫。三歲免，【二】以平陽侯曹窋爲御史大夫。高后崩，不與大臣共誅吕禄等〔七〕。免，以淮南相張蒼爲御史大夫。

【一】正義辟音避。

【二】集解徐廣曰：「文帝二年，任敖卒，謚懿侯。曾孫越人，元鼎二年爲太常，坐酒酸，國除。」駟案：漢書任敖孝文元年薨，徐誤也。索隱此徐氏據漢書爲説，而誤云「二年」，裴駰又引任安書證〔八〕，爲得其實。正義按：史記書表云孝文二年卒，漢表又云封十九年卒，計高祖十一年封，到文帝二年則十九年矣。而漢書誤，裴氏不考，乃云徐誤，何其貳過也！

蒼與絳侯等尊立代王爲孝文皇帝。四年，丞相灌嬰卒，張蒼爲丞相。

自漢興至孝文二十餘年，會天下初定，將相公卿皆軍吏。張蒼爲計相時，緒正律曆。【一】以高祖十月始至霸上，因故秦時本以十月爲歲首，弗革。推五德之運，以爲漢當水德之時，尚黑如故。【二】吹律調樂，入之音聲，及以比定律令。【三】若百工，天下作程品。【四】至於爲丞相，卒就之，故漢家言律曆者，本之張蒼。蒼本好書，無所不觀，無所不通，而尤善律曆。【五】

【一】集解文穎曰：「緒，尋也。或曰緒，業也。」

【二】正義姚察云：「蒼是秦人，猶用推五勝之法，以周赤烏爲火，漢勝火以水也。」

【三】集解如淳曰：「比謂五音清濁各有所比也。以定十二月律之法令於樂官，使長行之。」瓚曰：「謂以比故取類，以定法律與條令也。」正義比音鼻，或音必履反，謂比方也。

【四】集解如淳曰：「若，順也。百工爲器物皆有尺寸斤兩，皆使得宜，此之謂順。」晉灼曰：「若，預及之辭。」【索隱】按：晉灼說以爲「若預及之辭」爲得也。

【五】【集解】漢書曰：「著書十八篇，言陰陽律曆事。」

張蒼德王陵。王陵者，安國侯也。及蒼貴，常父事王陵。陵死後，蒼爲丞相，洗沐，常先朝陵夫人上食，然後敢歸家。

蒼爲丞相十餘年，魯人公孫臣上書言漢土德時，其符有黃龍當見。詔下其議張蒼，張蒼以爲非是，罷之。其後黃龍見成紀，於是文帝召公孫臣以爲博士，草土德之曆制度，更元年。張丞相由此自絀，謝病稱老。蒼任人爲中候，【一】大爲姦利，上以讓蒼，蒼遂病免。蒼爲丞相十五歲而免。孝景前五年，蒼卒，謚爲文侯。子康侯代，八年卒。子類【二】代爲侯，八年，坐臨諸侯喪後就位不敬，國除。【三】

【一】【集解】張晏曰：「所選保任者也。」瓚曰：「中候，官名。」

【二】【集解】徐廣曰：「一作『顓』，音瞶。」

【三】【索隱】案：漢書云「傳子至孫毅有罪，國除」，今此云「康侯代，八年卒，子類代侯」，則類即毅也，與漢書略同。

初，張蒼父長不滿五尺，及生蒼，蒼長八尺餘，爲侯、丞相。蒼子復長〔九〕。【一】及孫類，長六尺餘，坐法失侯。蒼之免相後，老，口中無齒，食乳，女子爲乳母。妻妾以百數，嘗孕者不復幸。蒼年百有餘歲而卒。

【一】集解漢書云長八尺。

申屠丞相嘉者，梁人，以材官蹶張【一】從高帝擊項籍，遷爲隊率。【二】從擊黥布軍，爲都尉。孝惠時，爲淮陽守。孝文帝元年，舉故吏士二千石從高皇帝者，悉以爲關内侯，食邑二十四人，而申屠嘉食邑五百户。張蒼已爲丞相，嘉遷爲御史大夫。張蒼免相，【三】孝文帝欲用皇后弟竇廣國爲丞相，曰：「恐天下以吾私廣國。」廣國賢有行，故欲相之，念久之不可，而高帝時大臣又皆多死，餘見無可者，乃以御史大夫嘉爲丞相，因故邑封爲故安侯。【四】

【一】集解徐廣曰：「勇健有材力開張。」駰案：如淳曰「材官之多力，能脚蹋强弩張之，故曰蹶張。律有蹶張士」。索隱孟康云：「主張强弩。」又如淳曰：「材官之多力，能蹋强弩張之，故曰蹶張。」蹶音其月反。漢令有蹶張士百人是也〔一〇〕。

【二】索隱所類反。

【三】集解徐廣曰：「後二年八月。」

【四】正義今易州界武陽城中東南隅故城是也。

嘉爲人廉直，門不受私謁。是時太中大夫鄧通方隆愛幸，賞賜累巨萬。文帝嘗燕飲通家，其寵如是。是時丞相入朝，而通居上傍，有怠慢之禮。丞相奏事畢，因言曰：「陛下愛幸臣，則富貴之；至於朝廷之禮，不可以不肅！」上曰：「君勿言，吾私之。」罷朝坐府中，嘉爲檄召鄧通詣丞相府，不來，且斬通。通恐，入言文帝。文帝曰：「汝第往，吾今使人召若。」通至丞相府，免冠，徒跣，頓首謝。嘉坐自如，故不爲禮，責曰：「夫朝廷者，高皇帝之朝廷也。通小臣，戲殿上，大不敬，當斬。吏今行斬之！」【一】通頓首，首盡出血，不解。文帝度丞相已困通，使使者持節召通，而謝丞相曰：「此吾弄臣，君釋之。」鄧通既至，爲文帝泣曰：「丞相幾殺臣。」

【一】集解如淳曰：「嘉語其吏曰：『今便行斬之。』」

嘉爲丞相五歲，孝文帝崩，孝景帝即位。二年，鼂錯爲内史，貴幸用事，諸法令多所請變更，議以謫罰侵削諸侯。而丞相嘉自絀所言不用，疾錯。錯爲内史，門東出，不便，更穿一門南出。南出者，太上皇廟堧垣。【一】嘉聞之，欲因此以法錯擅穿宗廟垣爲門，奏請誅錯。錯客有語錯，錯恐，夜入宮上謁，自歸景帝。【二】至朝，丞相奏請誅內史錯。景帝曰：「錯所穿非真廟垣，乃外堧垣，故他官居其中，【三】且又我使爲之，錯無罪。」罷朝，嘉謂長史曰：「吾悔不先斬錯，乃先請之，爲錯所賣。」至舍，因歐血而死。謚爲節侯。子共侯蔑代，三年卒。子侯去病代，三十一年卒。【四】子侯臾代，六歲，坐爲九江太守受故官送有罪，國除。

【一】集解服虔曰：「宮外垣也〔一二〕。」如淳曰：「堧音『畏愞』之『愞』。」索隱如淳音「畏懦」之「懦」，乃喚反。韋昭音而緣反。又音輭。

【二】正義自歸帝首露。

【三】索隱漢書作「宂官」，謂散官也。

【四】集解徐廣曰：「一本無侯去病，而云共侯蔑三十三年，子臾改封靖安侯。」

自申屠嘉死之後，景帝時開封侯陶青、桃侯劉舍爲丞相。【一】及今上時，柏至侯許昌、【二】平棘侯薛澤、【三】武彊侯莊青翟、【四】高陵侯趙周【五】等爲丞相。皆以列侯繼嗣，娖娖【六】廉謹，爲丞相備員而已，無所能發明功名有著於當世者。

【一】集解徐廣曰：「陶青，高祖功臣陶舍之子也，謚夷。劉舍，本項氏親也，賜姓劉氏。父襄佐高祖有功。舍謚哀侯。」

【二】集解徐廣曰：「高祖功臣許温之孫，謚哀侯。」

【三】集解徐廣曰：「高祖功臣廣平侯薛歐之孫平棘節侯薛澤。」

【四】集解徐廣曰：「高祖功臣莊不識之孫。」

【五】集解徐廣曰：「周父夷吾爲楚王戊太傅，諫爭而死。」

【六】集解徐廣曰：「娖音七角反。一作『斷』，一作『躖』。」索隱娖音側角反。小顏云「持整之貌」。漢書作「齪齪」，音初角反。斷音都亂反。義如尚書「斷斷猗無他技」。

太史公曰：張蒼文學律曆，爲漢名相，而絀賈生、公孫臣等言正朔服色事而不遵，明用秦之顓頊曆，何哉〔三〕？【一】周昌，木彊人也。【二】任敖以舊德用。【三】申屠嘉可謂剛毅守節矣，然無術學，殆與蕭、曹、陳平異矣。

【一】集解張晏曰：「不考經典，專用顓頊曆，何哉？」

【二】正義言其質直掘强如木石焉。

【三】集解張晏曰：「謂傷辱呂后吏。」

孝武時丞相多甚，不記，莫録其行起居狀略，且紀征和以來。

有車丞相，長陵人也。【一】卒而有韋丞相代。【二】韋丞相賢者，魯人也。以讀書術爲吏，至大鴻臚。有相工相之，當至丞相。有男四人，使相工相之，至第二子，其名玄成。相工曰：「此子貴，當封。」韋丞相言曰：「我即爲丞相，有長子，是安從得之？」後竟爲丞相，病死，而長子有罪論，不得嗣，而立玄成。玄成時佯狂，不肯立，竟立之，有讓國之名。後坐騎至廟，不敬，有詔奪爵一級，爲關内侯，失列侯，得食其故國邑。韋丞相卒，有魏丞相代。

【一】集解 名千秋。

【二】索隱 自車千秋已下，皆褚先生等所記。然丞相傳都省略，漢書則備。

魏丞相相者，濟陰人也。以文吏至丞相。其人好武，皆令諸吏帶劍，帶劍前奏事。或有不帶劍者，當入奏事，至乃借劍而敢入奏事。其時京兆尹趙君，【一】丞相奏以免罪，使人執魏丞相，欲求脱罪而不聽。復使人脅恐魏丞相，以夫人賊殺侍婢事而私獨奏請驗之，發吏卒至丞相舍，捕奴婢笞擊問之，實不以兵刃殺也。而丞相司直繁君【二】奏京兆尹趙君迫脅丞相，誣以夫人賊殺婢，發吏卒圍捕丞相舍，不道；又得擅屏騎士事，趙京兆坐要斬。又有使掾陳平等劾中尚書，疑以獨擅劫事而坐之，大不敬，長史以下皆坐死，或下蠶室。而魏丞相竟以丞相病死。子嗣。後坐騎至廟，不敬，有詔奪爵一級，爲關内侯，失列侯，得食其故國邑。魏丞相卒，以御史大夫邴吉代。

【一】集解名廣漢。

【二】索隱繁，姓也，音婆。

邴丞相吉者，魯國人也。以讀書好法令至御史大夫。孝宣帝時，以有舊故，封爲列侯，而因爲丞相。明於事，有大智，後世稱之。以丞相病死。子顯嗣。後坐騎至廟，不敬，有詔奪爵一級，失列侯，得食故國邑。顯爲吏至太僕，坐官秏亂，身及子男有姦贓，免爲庶人。

邴丞相卒，黄丞相代。長安中有善相工田文者，與韋丞相、魏丞相、邴丞相微賤時會於客家，田文言曰：「今此三君者，皆丞相也。」其後三人竟更相代爲丞相，何見之明也。

黄丞相霸者，淮陽人也。以讀書爲吏，至潁川太守。治潁川，以禮義條教喻告化之。犯法者，風曉令自殺。化大行，名聲聞。孝宣帝下制曰：「潁川太守霸，以宣布詔令治民，道不拾遺，男女異路，獄中無重囚。賜爵關内侯，黄金百斤。」徵爲京兆尹而至丞相，復以禮義爲治。以丞相病死。子嗣，後爲列侯。黄丞相卒，以御史大夫于定國代。于丞相已有廷尉傳，在張廷尉語中。于丞相去，御史大夫韋玄成代。

韋丞相玄成者，即前韋丞相子也。代父，後失列侯。其人少時好讀書，明於詩、論語。爲吏至衞尉，徙爲太子太傅。御史大夫薛君免，【一】爲御史大夫。于丞相乞骸骨免，而爲丞相，因封故邑爲扶陽侯。數年，病死。孝元帝親臨喪，賜賞甚厚。子嗣後。其治容容隨世俗浮沈，而見謂諂巧。而相工本謂之當爲侯代父，而後失之；復自游宦而起，至丞相。父子俱爲丞相，世閒美之，豈不命哉！相工其先知之。韋丞相卒，御史大夫匡衡代。

【一】集解名廣德也。

丞相匡衡者，東海人也。好讀書，從博士受詩。家貧，衡傭作以給食飲。才下，數射策不中，至九，乃中丙科。其經以不中科故明習。補平原文學卒史。數年，郡不尊敬。御史徵之，以補百石屬薦爲郎，而補博士，拜爲太子少傅，而事孝元帝。孝元好詩，而遷爲光禄勳，居殿中爲師，授教左右，而縣官坐其旁聽，甚善之，日以尊貴。御史大夫鄭弘坐事免，而匡君爲御史大夫。歲餘，韋丞相死，匡君代爲丞相，封樂安侯。以十年之閒，不出長安城門而至丞相，豈非遇時而命也哉！

太史公曰〔一三〕：深惟【一】士之游宦所以至封侯者，微甚。【二】然多至御史大夫即去者。諸爲大夫而丞相次也，其心冀幸丞相物故也。【三】或乃陰私相毁害，欲代之。然守之日久不得，或爲之日少而得之，至於封侯，真命也夫！御史大夫鄭君守之數年不得，匡君居之未滿歲，而韋丞相死，即代之矣，豈可以智巧得哉！多有賢聖之才，困戹不得者衆甚也。

【一】索隱案：此論匡衡已來事，則後人所述也，而亦稱「太史公」，其序述淺陋，一何誣也！

【二】集解徐廣曰：「黴，一作『黴』。」

【三】集解高堂隆答魏朝訪曰：「物，無也。故，事也。言無復所能於事。」

【索隱述贊】張蒼主計，天下作程。孫臣始絀，秦曆尚行。御史亞相，相國阿衡。申屠面折，周子廷爭。其他娖娖，無所發明。

校勘記

〔一〕老子　耿本、黄本、彭本、柯本、凌本、殿本作「老聃」。

〔二〕謂小事書之於板也　「板」，原作「方」，據耿本、黄本、彭本、柯本、凌本、殿本改。按：漢書卷四二張蒼傳「主柱下方書」顔師古注引如淳曰：「方，板也。謂事在板上者也。」又，「小」，集解引如淳無，疑此衍。

〔三〕文帝後元四年謀反死　本書卷一八高祖功臣侯者年表周成謀反在孝文帝後元五年，漢書卷一六高惠高后文功臣表同。此云「四年」，疑誤。

〔四〕十一年封　「封」字原爲正文，今據景祐本、紹興本、耿本、殿本移入注文。

〔五〕注謚悼　此三字原無，據索隱本補。

〔六〕高后之年　疑當作「高后元年」。按：漢書卷四二周昌傳：「高后元年，怨堯前定趙王如意之畫，乃抵堯罪，以廣阿侯任敖爲御史大夫。」

〔七〕高后崩不與大臣共誅呂祿等　梁玉繩志疑卷三二：「『崩』下當衍『不』字。漢書云『高后崩，與大臣共誅諸呂，後坐事免』，是也。攷呂后紀，諸呂之誅，全賴窋往來馳告，得以集事，何云不與？其免官自坐他事耳。」

〔八〕裴駰又引任安書　李笠廣史記訂補卷九：「索隱『任』字蓋涉『任敖』誤衍，『安』爲『漢』字之誤。」

〔九〕蒼子復長　梁玉繩志疑卷三二：「御覽五百十九引史云『蒼子復長八尺餘』，與漢書同，疑今本脱之。」

〔一〇〕漢令有　「有」，耿本、黄本、彭本、柯本、凌本、殿本作「曰」。

〔一一〕宮外垣也　漢書卷四二申屠嘉傳「太上皇廟堧垣也」顏師古注引服虔作「宮外垣餘地也」。

〔二〕而不遵明用秦之顓頊曆何哉　梁玉繩志疑卷三二：「句不可解。漢傳贊作『專遵用秦之顓頊曆』。」按：六朝寫本無「不」字。

〔三〕太史公曰　六朝寫本、景祐本、紹興本、耿本、黃本、彭本、柯本、凌本、殿本無此四字。

史記卷九十七

酈生陸賈列傳第三十七

酈生食其者，【一】陳留高陽人也。【二】好讀書，家貧落魄，【三】無以爲衣食業，爲里監門吏。【四】然縣中賢豪不敢役，【一】縣中皆謂之狂生。

【一】正義歷異幾三音也。

【二】集解徐廣曰：「今在圉縣。」 索隱案：高陽屬陳留圉縣。高陽，鄉名也，故耆舊傳云「食其，圉高陽鄉人【二】」。正義陳留風俗傳云「高陽在雍丘西南」。括地志云「圉城在汴州雍丘縣西南。食其墓在雍丘西南二十八里」。蓋謂此也。

【三】集解應劭曰：「落魄，志行衰惡之貌也。」晉灼曰：「落薄，落託，義同也。」 索隱案：鄭氏云「魄音薄」。應劭云「志行衰惡之貌也」。

【四】正義監音甲衫反。戰國策云齊宣謂顏斶曰：「夫監門閭里，士之賤也。」

及陳勝、項梁等起，諸將徇地過高陽者數十人，【一】酈生聞其將皆握齱【二】好苛禮【三】自用，不能聽大度之言，酈生乃深自藏匿。後聞沛公將兵略地陳留郊，沛公麾下騎士適酈生里中子也，【四】沛公時時問邑中賢士豪俊。騎士歸，酈生見，謂之曰：「吾聞沛公慢而易人，多大略，此真吾所願從游，莫爲我先。【五】若見沛公，謂曰『臣里中有酈生，年六十餘，長八尺，人皆謂之狂生，生自謂我非狂生』。」騎士曰：「沛公不好儒，諸客冠儒冠來者，沛公輒解其冠，溲溺【六】其中。與人言，常大駡。未可以儒生說也。」酈生曰：「弟言之。」騎士從容言如酈生所誡者。

【一】正義徇，略也。

【二】集解應劭曰：「握齱，急促之貌。」索隱應劭曰齱音若「促」。鄒氏音蘢角反。韋昭云「握齱，小節也」。

【三】索隱案：苛亦作「荷」。賈逵云「苛，煩也」。小顏云「苛，細也」。

【四】集解服虔曰：「食其里中子適作沛公騎士。」索隱適食其里中子。適音釋。服虔、蘇林皆云沛公騎士適是食其里中人也。案：言適近作騎士。

【五】索隱案：先謂先容。言無人爲我作紹介也。正義爲，于僞反。

【六】索隱上所由反。下乃弔反，亦如字。溲即溺也。

沛公至高陽傳舍，【一】使人召酈生。酈生至，入謁，沛公方倨牀使兩女子洗足〔三〕，【二】而見酈生。酈生入，則長揖不拜，曰：「足下欲助秦攻諸侯乎，且欲率諸侯破秦也？」沛公罵曰：「豎儒！【三】夫天下同苦秦久矣，故諸侯相率而攻秦，何謂助秦攻諸侯乎？」酈生曰：「必聚徒合義兵誅無道秦，不宜倨見長者。」於是沛公輟洗，起攝衣，【四】延酈生上坐，謝之。酈生因言六國從横時。沛公喜，賜酈生食，問曰：「計將安出？」酈生曰：「足下起糾合之衆〔四〕，【五】收散亂之兵，不滿萬人，欲以徑入强秦，此所謂探虎口者也。夫陳留，天下之衝，四通五達之郊也，【六】今其城又多積粟。臣善其令，【七】請得使之〔五〕，令下足下。【八】即不聽，足下舉兵攻之，臣爲内應。」於是遣酈生行，沛公引兵隨之，遂下陳留。號酈食其爲廣野君。

【一】集解徐廣曰：「二世三年二月。」

【二】索隱案：樂産云〔六〕「邊牀曰倨」。

【三】索隱案：豎者，僮僕之稱。沛公輕之，以比奴豎，故曰「豎儒」也。

【四】正義攝猶言斂著也。

【五】集解一作「烏合」，一作「瓦合」。

【六】集解如淳曰：「四面中央，凡五達也。」瓚曰：「四通五達，言無險阻也。」

【七】正義言食其與陳留縣令相善也。

【八】正義令，力征反。下謂降之也。

酈生言其弟酈商，使將數千人從沛公西南略地。酈生常爲説客，馳使諸侯。

漢三年秋，項羽擊漢，拔滎陽，漢兵遁保鞏、洛。楚人聞淮陰侯破趙，彭越數反梁地，【一】則分兵救之。淮陰方東擊齊，漢王數困滎陽、成皋，計欲捐成皋以東，屯鞏、洛以拒楚。酈生因曰：「臣聞知天之天者〔七〕，王事可成；不知天之天者，王事不可成。王者以民人爲天，【二】而民人以食爲天〔八〕。夫敖倉，天下轉輸久矣，臣聞其下迺有藏粟甚多。楚人拔滎陽，不堅守敖倉，迺引而東，令適卒【三】分守成皋，此乃天所以資漢也。方今楚易取而漢反卻，自奪其便，【四】臣竊以爲過矣。且兩雄不俱立，楚漢久相持不決，百姓騷動，海內搖蕩，農夫釋耒，工女【五】下機，天下之心未有所定也。願足下急復進兵，收取滎陽，據敖倉之粟，【六】塞成皋之險，【七】杜大行之道，【八】距蜚狐之口，【九】守白馬之津，以示諸侯效實形制之勢〔九〕，則天下知所歸矣。方今燕、趙已定，唯齊未下。今田廣據千里之齊，田閒將二十萬之衆，軍於歷城，諸田宗彊，負海，阻河濟，南近楚，人多變詐，足下雖遣數十萬師，未可以歲月破也。臣請得奉明詔説齊王，使爲漢而稱東藩。」上曰：「善。」

【一】索隱數音朔。

【二】索隱王者以人爲天。案：此語出管子。

【三】索隱上音直革反。案：通俗文云「罰罪云謫」，即所謂謫戍。又音陟革反。卒，租忽反。

【四】索隱漢反却自奪便。以言不取敖倉，是漢卻，自奪其便利。

【五】索隱謂女工工巧也。漢書作「紅」，音工。

【六】正義敖倉在今鄭州滎陽縣西十有五里，石門之東，北臨汴水，南帶三皇山。秦始皇時置倉於敖山上，故名之曰敖倉也。

【七】正義即汜水縣山也。

【八】集解韋昭曰：「在河内野王北也。」

【九】集解如淳曰：「上黨壺關也。」駰案：蜚狐在代郡西南。正義案：蔚州飛狐縣北百五十里有秦漢故郡城，西南有山，俗號爲飛狐口也。

迺從其畫，復守敖倉，而使酈生説齊王曰：「王知天下之所歸乎？」王曰：「不知也。」曰：「王知天下之所歸，則齊國可得而有也；若不知天下之所歸，即齊國未可得保也。」齊王曰：「天下何所歸？」曰：「歸漢。」曰：「先生何以言之？」曰：「漢王與項王戮力西面擊秦，約先入咸陽者王之。漢王先入咸陽，項王負約不與而王之漢中。項王遷殺義帝，漢王聞之，起蜀漢之兵擊三秦，出關而責義帝之處，收天下之兵，立諸侯之後。降城即以侯其將，得賂即以分其士，與天下同其利，豪英賢才皆樂爲之用。諸侯之兵四面而至，蜀漢之粟方船而下。【一】項王有倍約之名，殺義帝之負；於人之功無所記，於人之罪無所忘；戰勝而不得其賞，拔城而不得其封；非項氏莫得用事；爲人刻印，刓而不能授；【二】攻城得賂，積而不能賞：天下畔之，賢才怨之，而莫爲之用。故天下之士歸於漢王，可坐而策也。夫漢王發蜀漢，定三秦；涉西河之外，援上黨之兵；【三】下井陘，誅成安君；破北魏，【四】舉三十二城：此蚩尤之兵也，非人之力也，天之福也。今已據敖倉之粟，塞成皋之險，守白馬之津，杜大行之阪，距蜚狐之口，天下後服者先亡矣。王疾先下漢王，齊國社稷可得而保也；不下漢王，危亡可立而待也。」田廣以爲然，迺聽酈生，罷歷下兵守戰備，與酈生日縱酒。

【一】索隱案：方船謂並舟也。戰國策「方船積粟，循江而下」也。

【二】集解孟康曰：「刓斷無復廉鍔也。」瓚曰：「項羽吝於爵賞，玩惜侯印，不能以封其人也。」索隱刓音五官反。案：郭象注莊子云「杬團無圭角」。漢書作「玩」，言玩惜不忍授人也。

【三】正義援音爰。

【四】索隱謂魏豹也。豹在河北故也。亦謂「西魏」，以大梁在河南故也。

淮陰侯聞酈生伏軾下齊七十餘城，迺夜度兵平原襲齊。齊王田廣聞漢兵至，以爲酈生賣己，迺曰：「汝能止漢軍，我活汝；不然，我將亨汝！」酈生曰：「舉大事不細謹，盛德不辭讓。而公不爲若更言！」齊王遂亨酈生，引兵東走。

漢十二年，曲周侯酈商以丞相將兵擊黥布有功。高祖舉列侯功臣，思酈食其。酈食其子疥【一】數將兵，功未當侯，上以其父故，封疥爲高梁侯。後更食武遂，嗣三世。元狩元年中，武遂侯平【二】坐詐詔衡山王取百斤金，當弃市，病死，國除也。

【一】索隱 疥音界。後更封武遂三世。地理志武遂屬河閒。案：漢書作「武陽子遂」，衍文也〔一〇〕。

【二】正義 年表云「卒，子教嗣。卒，子平嗣，元年有罪國除」。而漢書云「更食武陽，子遂嗣」，恐漢書誤也。

陸賈者，楚人也。【一】以客從高祖定天下，名爲有口辯士，居左右，常使諸侯。

【一】索隱 案：陳留風俗傳云「陸氏，春秋時陸渾國之後。晉侯伐之，故陸渾子奔楚。賈其後」。又陸氏譜云「齊宣公支子達食菜於陸〔一一〕。達生發，發生皋，適楚。賈其孫也」。

及高祖時，中國初定，尉他【一】平南越，因王之。高祖使陸賈賜尉他印爲南越王。

陸生至，尉他魋結【一】箕倨見陸生。陸生因進説他曰：「足下中國人，親戚昆弟墳墓在真定。【二】今足下反天性，弃冠帶，欲以區區之越與天子抗衡【四】爲敵國，禍且及身矣。且夫秦失其政，諸侯豪桀並起，唯漢王先入關，據咸陽。項羽倍約，自立爲西楚霸王，諸侯皆屬，可謂至彊。然漢王起巴蜀，鞭笞天下，劫略諸侯，遂誅項羽滅之。五年之閒，海内平定，此非人力，天之所建也。天子聞君王王南越，不助天下誅暴逆，將相欲移兵而誅王，天子憐百姓新勞苦，故且休之，遣臣授君王印，剖符通使。君王宜郊迎，北面稱臣，迺欲以新造未集之越，屈彊於此。漢誠聞之，掘燒王先人冢，夷滅宗族，使一偏將將十萬衆臨越，則越殺王降漢，如反覆手耳。」

【一】索隱趙他爲南越尉，故曰「尉他」。他音駞。

【二】集解服虔曰：「魋音椎。今兵士椎頭結。」索隱魋，直追反。結音計。謂爲髻一撮似椎而結之，故字從結。且案其「魋結」二字，依字讀之亦得。謂夷人本被髮左衽，今他同其風俗，但魋其髮而結之。

【三】索隱趙地也。本名東垣，屬常山。

【四】索隱案：崔浩云「抗，對也。衡，車扼上横木也。抗衡，言兩衡相對拒，言不相避下」。

於是尉他迺蹶然【一】起坐，謝陸生曰：「居蠻夷中久，殊失禮義。」因問陸生曰：「我孰與蕭何、曹參、韓信賢？」陸生曰：「王似賢。」復曰：「我孰與皇帝賢？」陸生曰：「皇帝起豐沛，討暴秦，誅彊楚，爲天下興利除害，繼五帝三王之業，統理中國。中國之人以億計，地方萬里，居天下之膏腴，人衆車轝，萬物殷富，政由一家，自天地剖泮未始有也。今王衆不過數十萬，皆蠻夷，崎嶇山海閒，譬若漢一郡，王何乃比於漢！」尉他大笑曰：「吾不起中國，故王此。使我居中國，何渠不若漢？」【二】迺大説陸生，留與飲數月。曰：「越中無足與語，至生來，令我日聞所不聞。」賜陸生橐中裝【三】直千金，他送亦千金。【四】陸生卒拜尉他爲南越王，令稱臣奉漢約。歸報，高祖大悦，拜賈爲太中大夫。

【一】索隱蘇林音厥。禮記「子夏蹶然而起」。埤蒼云「蹶，起也」。

【二】集解渠音詎。索隱渠，劉氏音詎。漢書作「遽」字，小顏以爲「有何迫促不如漢也」。

【三】集解張晏曰：「珠玉之寶也。裝，裹也。」索隱橐音托。案：如淳云以爲明月珠之屬也。又案：詩傳曰「大曰橐，小曰囊」。埤蒼云「有底曰囊，無底曰橐」。謂以寶物以入囊橐也〔一三〕。

【四】集解蘇林曰：「非橐中物，故曰『他送』也。」

陸生時時前説稱詩書。高帝罵之曰：「迺公居馬上而得之，安事詩書！」陸生曰：

「居馬上得之，寧可以馬上治之乎？且湯武逆取而以順守之，文武並用，長久之術也。昔者吴王夫差、智伯極武而亡；秦任刑法不變，卒滅趙氏。〔一〕鄉使秦已并天下，行仁義，法先聖，陛下安得而有之？」高帝不懌而有慙色，迺謂陸生曰：「試爲我著秦所以失天下，吾所以得之者何，及古成敗之國。」陸生迺粗述存亡之徵，凡著十二篇。每奏一篇，高帝未嘗不稱善，左右呼萬歲，號其書曰「新語」。〔二〕

〔一〕集解趙氏，秦姓也。索隱案：韋昭云「秦伯益後，與趙同出非廉，至造父，有功於穆王〔一三〕，封之趙城，由此一姓趙氏」。

〔二〕正義七録云「新語二卷，陸賈撰」也。

孝惠帝時，吕太后用事，欲王諸吕，畏大臣有口者，陸生自度不能爭之，迺病免家居。以好畤田地善，〔一〕可以家焉。有五男，迺出所使越得槖中裝，賣千金，〔二〕分其子，子二百金，令爲生產。陸生常安車駟馬，從歌舞鼓琴瑟侍者十人，寶劍直百金，謂其子曰：「與汝約：〔三〕過汝，汝給吾人馬酒食，極欲，十日而更。所死家，得寶劍車騎侍從者。一歲中往來過他客，率不過〔四〕再三過，數見不鮮，〔五〕無久慁公爲也。」〔六〕

〔一〕正義畤音止。雍州縣也。

【二】正義漢制一金直千貫。

【三】集解徐廣曰：「汝，一作『公』。」

【四】索隱率音律。過音戈。

【五】索隱數見音朔現。謂時時來見汝也。不鮮，言必令鮮美作食，莫令見不鮮之物也。漢書作「數擊鮮」，如淳云「新殺曰鮮」。

【六】集解韋昭曰：「慁，污辱。」索隱慁，患也。公，賈自謂也。言汝諸子無久厭患公也。

呂太后時，王諸呂，諸呂擅權，欲劫少主，危劉氏。右丞相陳平患之，力不能爭，恐禍及己，常燕居深念。陸生往請，【一】直入坐，而陳丞相方深念，【二】不時見陸生。陸生曰：「何念之深也？」陳平曰：「生揣我何念？」【三】陸生曰：「足下位爲上相，食三萬户【四】侯，可謂極富貴無欲矣。然有憂念，不過患諸呂、少主耳。」陳平曰：「然。爲之柰何？」陸生曰：「天下安，注意相；天下危，注意將。將相和調，則士務附；士務附，【五】天下雖有變，即權不分。爲社稷計，在兩君掌握耳。臣常欲謂太尉絳侯，絳侯與我戲，易吾言。君何不交驩太尉，深相結？」爲陳平畫呂氏數事。陳平用其計，迺以五百金爲絳侯壽，厚具樂飲；太尉亦報如之。此兩人深相結，則呂氏謀益衰。陳平迺以奴婢百人，車馬五十乘，

錢五百萬，遺陸生爲飲食費。陸生以此游漢廷公卿閒，名聲藉甚。【六】

【一】集解漢書音義曰：「請，若問起居。」

【二】索隱深念，深思之也。

【三】集解孟康曰：「揣，度也。」韋昭曰：「揣音初委反。」

【四】索隱案：陳平傳食户五千，以曲逆秦時有三萬户，恐復業至此，故稱。

【五】集解徐廣曰：「務，一作『豫』。」

【六】集解漢書音義曰：「言狼籍甚盛。」

及誅諸呂，立孝文帝，陸生頗有力焉。孝文帝即位，欲使人之南越。陳丞相等乃言陸生爲太中大夫，往使尉他，令尉他去黄屋稱制，令比諸侯，皆如意旨。語在南越語中。陸生竟以壽終。

平原君朱建者，楚人也。故嘗爲淮南王黥布相，有辠去，後復事黥布。布欲反時，問平原君，平原君止之【一】，布不聽而聽梁父侯，遂反。【二】漢已誅布，聞平原君諫不與

謀，【二】得不誅。語在黥布語中。【三】

【一】索隱梁父侯，史失名。如淳注漢書云「遂，布臣」，非也。臣瓚曰「布用梁父侯計遂反耳」，其說是也。

【二】正義與音預。

【三】集解黥布列傳無此語〔一五〕。

平原君爲人辯有口，刻廉剛直，家於長安。行不苟合，義不取容。辟陽侯行不正，得幸呂太后。時辟陽侯欲知平原君，平原君不肯見。及平原君母死，陸生素與平原君善，過之。平原君家貧，未有以發喪，【一】方假貸服具，陸生令平原君發喪。陸生往見辟陽侯，賀曰：「平原君母死。」辟陽侯曰：「平原君母死，何乃賀我乎？」陸賈曰：「前日君侯欲知平原君，平原君義不知君，以其母故。【二】今其母死，君誠厚送喪，則彼爲君死矣。」辟陽侯乃奉百金往稅。【三】列侯貴人以辟陽侯故，往稅凡五百金。

【一】索隱案：劉氏云謂欲葬時，須啓其殯宮，故云「發喪」也。

【二】集解張晏曰：「相知當同恤災危，母在，故義不知君。」索隱案：崔浩云「建以母在，義不以身許人也」。

【三】集解韋昭曰：「衣服曰稅。稅，當爲『襚』。」索隱案：說文：稅，贈終服也。襚音式芮反，亦音遂。

辟陽侯幸呂太后，人或毁辟陽侯於孝惠帝，孝惠帝大怒，下吏，欲誅之。呂太后慙，不可以言。大臣多害辟陽侯行，欲遂誅之。辟陽侯急，因使人欲見平原君。平原君辭曰：「獄急，不敢見君。」迺求見孝惠幸臣閎籍孺，【一】説之曰：「君所以得幸帝，天下莫不聞。今辟陽侯幸太后而下吏，道路皆言君讒，欲殺之。今日辟陽侯誅，旦日太后含怒，亦誅君。何不肉袒爲辟陽侯言於帝？帝聽君出辟陽侯，太后大驩。兩主共幸君，君貴富益倍矣。」於是閎籍孺大恐，從其計，言帝，果出辟陽侯。辟陽侯之囚，欲見平原君，平原君不見辟陽侯，辟陽侯以爲倍己，大怒。及其成功出之，迺大驚。

【一】索隱案：佞幸傳云高祖時有籍孺，孝惠時有閎孺。今總言「閎籍孺」，誤也。

呂太后崩，大臣誅諸呂，辟陽侯於諸呂至深，【一】而卒不誅。計畫所以全者，皆陸生、平原君之力也。

【一】集解如淳曰：「辟陽侯與諸呂相親信也，爲罪宜誅者至深。」索隱案：如淳説以爲宜誅，非也。小顏云「辟陽侯與諸呂相知情義至深重〔一六〕」，得其理也。

孝文帝時，淮南厲王殺辟陽侯，以諸呂故。文帝聞其客平原君爲計策，使吏捕欲治。

聞吏至門，平原君欲自殺。諸子及吏皆曰：「事未可知，何早自殺爲？」平原君曰：「我死禍絶，不及而身矣。」遂自剄。孝文帝聞而惜之，曰：「吾無意殺之。」迺召其子，拜爲中大夫。【一】使匈奴，單于無禮，迺罵單于，遂死匈奴中。

【一】索隱案：下文所謂與太史公善者。

初，沛公引兵過陳留，酈生踵軍門上謁曰：「高陽賤民酈食其，竊聞沛公暴露，將兵助楚討不義，敬勞從者，願得望見，口畫天下便事。」使者入通，沛公方洗，問使者曰：「何如人也？」使者對曰：「狀貌類大儒，衣儒衣，冠側注。」【一】沛公曰：「爲我謝之，言我方以天下爲事，未暇見儒人也。」使者出謝曰：「沛公敬謝先生，方以天下爲事，未暇見儒人也。」酈生瞋目案劍叱使者曰：「走！復入言沛公，吾高陽酒徒也，【二】非儒人也。」使者懼而失謁，跪拾謁，還走，復入報曰：「客，天下壯士也，叱臣，臣恐，至失謁。曰『走！復入言，而公高陽酒徒也』。」沛公遽雪足杖矛曰：「延客入！」

【一】集解徐廣曰：「側注冠一名高山冠，齊王所服，以賜謁者。」

【二】集解徐廣曰：「一本言『而公高陽酒徒』。」

酈生入，揖沛公曰：「足下甚苦，暴衣露冠，將兵助楚討不義，足下何不自喜也？

臣願以事見，而曰『吾方以天下爲事，未暇見儒人也』。夫足下欲興天下之大事而成天下之大功，而以目皮相，恐失天下之能士。且吾度足下之智不如吾，勇又不如吾。若欲就天下而不相見，竊爲足下失之。」沛公謝曰：「鄉者聞先生之容，今見先生之意矣。」迺延而坐之，問所以取天下者。酈生曰：「夫足下欲成大功，不如止陳留。陳留者，天下之據衝也，兵之會地也，積粟數千萬石，城守甚堅。臣素善其令，願爲足下說之。不聽臣，臣請爲足下殺之，而下陳留。足下將陳留之衆，據陳留之城，而食其積粟，招天下之從兵；從兵已成，足下橫行天下，莫能有害足下者矣。」沛公曰：「敬聞命矣。」

於是酈生迺夜見陳留令，說之曰：「夫秦爲無道而天下畔之，今足下與天下從則可以成大功。今獨爲亡秦嬰城而堅守，臣竊爲足下危之。」陳留令曰：「秦法至重也，不可以妄言，妄言者無類，吾不可以應。先生所以教臣者，非臣之意也，願勿復道。」酈生留宿臥，夜半時斬陳留令首，踰城而下報沛公。沛公引兵攻城，縣令首於長竿以示城上人，曰：「趣下，而令頭已斷矣！今後下者必先斬之！」於是陳留人見令已死，遂相率而下沛公。沛公舍陳留南城門上，因其庫兵，食積粟，留出入三月，從兵以萬數，遂入破秦。

太史公曰：世之傳酈生書，多曰漢王已拔三秦，東擊項籍而引軍於鞏洛之閒，酈生被儒衣往説漢王。迺非也。自沛公未入關，與項羽別而至高陽，得酈生兄弟。余讀陸生新語書十二篇，固當世之辯士。至平原君子與余善，是以得具論之。

【索隱述贊】廣野大度，始冠側注。踵門長揖，深器重遇。説齊歷下，趣鼎何懼。陸賈使越，尉佗懾怖。相説國安，書成主悟。

校勘記

〔一〕爲里監門吏然縣中賢豪不敢役　六朝寫本作「爲里監門然吏縣中賢豪不敢役」，漢書卷四三酈食其傳同。

〔二〕食其圉高陽鄉人　「圉」字原無，據耿本、黄本、彭本、柯本、淩本、殿本補。

〔三〕使兩女子洗足　漢書卷四三酈食其傳無「足」字。

〔四〕糾合　六朝寫本作「瓦合」。按：漢書卷四三酈食其傳作「瓦合」，顔師古注：「瓦合，謂如破瓦之相合，雖曰聚合而不齊同。」

〔五〕請得使之　六朝寫本無「得」字，漢書卷四三酈食其傳同。

〔六〕樂産　耿本、黄本、彭本、索隱本、柯本、淩本、殿本作「樂彦」。

〔七〕臣聞知天之天者　「聞」下六朝寫本有「之」字，漢書卷四三酈食其傳同。

〔八〕王者以民人爲天而民人以食爲天　六朝寫本無兩「人」字。梁玉繩志疑卷三二：「索隱本無『民』字，疑唐時避諱，改『民』爲『人』，而後遂誤并入之也。漢書無『人』字。」

〔九〕以示諸侯效實形制之勢　漢書卷四三酈食其傳無「效實」二字。

〔一〇〕漢書作武陽子遂衍文也　耿本、黄本、彭本、柯本、凌本、殿本作「漢書作武陽子遂衍字誤也」。按：疑各本文字皆有譌誤。漢書卷四三酈食其傳云：「封疥爲高梁侯。後更食武陽，卒，子遂嗣。」索隱大意言漢書云高梁侯疥更食武陽，其子名遂。史謂「更食武遂」，「遂」字誤。

〔一一〕食菜於陸　耿本、黄本、彭本、柯本、凌本、殿本此下有「鄉號曰陸侯」五字。

〔一二〕謂以寶物以入囊橐也　張文虎札記卷五：「『以』字疑衍。」按：耿本、黄本、彭本、柯本、凌本、殿本作「謂以寶物裝裹以入囊橐也」，疑此有脱誤。

〔一三〕有功於穆王　「於」，耿本、黄本、彭本、柯本、凌本、殿本作「周」。

〔一四〕平原君止之　「止」，原作「非」，據六朝寫本、景祐本、紹興本、耿本、黄本、彭本、柯本、殿本改。按：漢書卷四三朱建傳作「建諫止之」。

〔一五〕黥布列傳無此語　六朝寫本、景祐本、紹興本、耿本此上有「駰案」二字。

〔一六〕辟陽侯與諸呂相知情義至深重　「情義」二字原無，據耿本、黄本、彭本、柯本、凌本、殿本補。按：漢書卷四三朱建傳「與諸呂至深」，顔師古注亦有「情義」二字。

史記卷九十八

傅靳蒯成列傳第三十八

陽陵侯〔一〕傅寬，以魏五大夫騎將從，爲舍人，起横陽。〔二〕從攻安陽、〔三〕杠里，擊趙賁軍於開封，及擊楊熊曲遇、〔四〕陽武，〔五〕斬首十二級，賜爵卿。從至霸上。沛公立爲漢王，漢王賜寬封號共德君。〔六〕從入漢中，遷爲右騎將。從定三秦，賜食邑雕陰。〔七〕從擊項籍，待懷，〔八〕賜爵通德侯。從擊項冠、周蘭、龍且，所將卒斬騎將一人敖下，〔九〕益食邑。

〔一〕集解地理志云馮翊陽陵縣〔一〕。

〔二〕索隱按：横陽，邑名，在韓。韓公子成初封横陽君，張良立爲韓王也。正義括地志云：「故横城在宋州宋城縣西南三十里。」按蓋横陽也。

〔三〕正義後魏地形志云：「己氏有安陽城，隋改己氏爲楚丘。」今宋州楚丘縣西十里安陽故城是也。

【四】正義曲，丘羽反。遇，牛恭反。司馬彪郡國志云「中牟有曲遇聚」。按：鄭州中牟縣也。

【五】正義鄭州縣。

【六】索隱謂美號耳，非地邑。共音恭。

【七】集解徐廣曰：「屬上郡。」索隱案：孟康、徐廣云縣名，屬上郡。正義鄜州洛交縣三十里雕陰故城是也〔二〕。

【八】集解服虔曰：「待高帝於懷。」索隱按：服虔云「待高祖於懷縣」。小顏案地理志，懷屬河內，今懷州也。

【九】集解徐廣曰：「敖倉之下。」

屬淮陰，【一】擊破齊歷下軍，擊田解。屬相國參，殘博，【二】益食邑。因定齊地，剖符世世勿絶，封爲陽陵侯，二千六百户，除前所食。爲齊右丞相，備齊。【三】五歲爲齊相國。【四】

【一】索隱張晏云：「信時爲相國，云『淮陰』者，終言之也。」

【二】索隱博，太山縣也。顧祕監云：「屬曹參，以殘破博縣也。」

【三】集解張晏曰：「時田横未降，故設屯備。」正義按：爲齊王韓信相。

【四】正義爲齊悼惠王劉肥相五歲也。

四月，擊陳豨，屬太尉勃，以相國代丞相噲擊豨。一月，徙爲代相國，將屯。【一】二歲，爲代丞相，將屯。

【一】集解如淳曰：「既爲相國，有警則將卒而屯守也。」案：律謂勒兵而守曰屯。索隱如淳云：「漢初諸王官屬如漢朝，故代有丞相。」案：孔文祥云「邊郡有屯兵，寬爲代相國兼領屯兵，後因置將屯將軍也」。

孝惠五年卒，謚爲景侯。子頃侯精立，二十四年卒。子共侯則立，十二年卒。子侯偃立，三十一年，坐與淮南王謀反，死，國除。

信武侯靳歙，【一】以中涓從，起宛朐。【二】攻濟陽。【三】破李由軍。擊秦軍亳南、開封東北，斬騎千人將一人，【四】首五十七級，捕虜七十三人，賜爵封號臨平君。又戰藍田北，斬車司馬二人，【五】騎長一人，【六】首二十八級，捕虜五十七人。至霸上。沛公立爲漢王，賜歙爵建武侯，遷爲騎都尉。

【一】索隱歙音「翕然」之「翕」。

【二】正義上於元反，下求俱反。曹州縣也。

【三】正義曹州宛朐縣西南三十五里濟陽故城。

【四】集解徐廣曰：「將，一作『候』。」

【五】集解張晏曰：「主官車。」

【六】集解張晏曰：「騎之長。」

從定三秦。別西擊章平軍於隴西，破之，定隴西六縣，所將卒斬車司馬、候各四人，騎長十二人。從東擊楚，至彭城。漢軍敗還，保雍丘，去擊反者王武等。略梁地，別將擊邢說軍【一】菑南，【二】破之，身得說都尉二人，司馬、候十二人，降吏卒四千六百八十人〔三〕。破楚軍滎陽東。三年，賜食邑四千二百户。

【一】集解張晏曰：「特起兵者也。說音悅。」索隱邢，姓。說，名，音悅。

【二】集解徐廣曰：「今曰考城。」索隱上音災。今爲考城，屬濟陰也。

別之河内，擊趙將賁郝軍【一】朝歌，破之，所將卒得騎將二人，車馬二百五十匹。從攻安陽以東，至棘蒲，下七縣〔四〕。別攻破趙軍，得其將司馬二人，候四人，降吏卒二千四百人。從攻下邯鄲。別下平陽，【二】身斬守相，所將卒斬兵守、郡守各一人，【三】降鄴。從攻朝歌、邯鄲，及別擊破趙軍，降邯鄲郡六縣。【四】還軍敖倉，破項籍軍成皋南，擊絶楚饟道，起滎陽至襄邑。破項冠軍魯下。【五】略地東至繒、郯、下邳，【六】南至蘄、竹邑。【七】擊項悍濟陽下。還擊項籍陳下，破之。別定江陵，降江陵柱國、大司馬以下八人，身得江陵王，【八】生致之雒陽，因定南郡。從至陳，取楚王信，剖符世世勿絕，定食四千六百户，號信武侯。

【一】集解上音肥，下音釋。索隱漢書作「趙賁軍」。案：此在河北，非曹參、樊噲之所擊也。

【二】集解徐廣曰：「鄴有平陽城。」正義括地志云：「平陽故城在相州臨漳縣西二十五里。」

【三】集解孟康曰：「將兵郡守。」

【四】集解徐廣曰：「邯鄲，高帝改曰趙國。」

【五】正義魯城之下，今兖州曲阜縣也。

【六】索隱案地理志，繒屬東海。正義今繒城在沂州丞縣。下邳，泗水縣。郯縣屬海州。

【七】索隱蘄、竹，二邑名。上音機。竹即竹邑。

【八】索隱案：孔文祥云「共敖子共尉」。

以騎都尉從擊代，攻韓信平城下，還軍東垣。有功，遷爲車騎將軍，并將梁、趙、齊、燕、楚車騎，別擊陳豨丞相敞，破之，【一】因降曲逆。從擊黥布有功，益封，定食五千三百户。凡斬首九十級，虜百三十二人；別破軍十四，降城五十九，定郡、國各一，縣二十三；

得王、柱國各一人，二千石以下至五百石〔二〕三十九人。

〔一〕索隱小顏云侯敞。

〔二〕集解徐廣曰：「一本無此五字。」

高后五年，歙卒，謚爲肅侯。子亭代侯。二十一年，坐事國人過律，〔一〕孝文後三年，奪侯，國除。

〔一〕索隱案：劉氏云「事，役使也。謂使人違律數多也」。

蒯成侯緤者，〔一〕沛人也，姓周氏。常爲高祖參乘，以舍人從起沛。至霸上，西入蜀、漢，還定三秦，食邑池陽。〔二〕東絶甬道，從出度平陰，遇淮陰侯兵襄國，軍乍利乍不利，終無離上心。〔三〕以緤爲信武侯，食邑三千三百户。高祖十二年，以緤爲蒯成侯，除前所食邑。

〔一〕集解服虔曰：「蒯音『菅蒯』之『蒯』。」索隱姓周，名緤，音薛。蒯者，鄉名。案：三蒼云「蒯鄉在城父縣，音裴」。漢書作「鄘」，從崩，從邑。今書本並作「蒯」，音「菅蒯」之「蒯」，非也。蘇林音簿催反。晉灼案功臣表，屬長沙。崔浩音簿壞反。楚漢春秋作「憑成侯」，則裴憑聲相近，此得其實也。正義括地志云：「蒯亭在河南西十四里苑中〔五〕。輿地志云蒯成縣故陳倉縣之故鄉聚名也，周緤所封也。晉武帝咸寧四年，分陳倉立蒯成縣，屬始平郡也。」

【二】正義雍州涇陽縣西北三里池陽故城是也。

【三】集解徐廣曰：「蒯成侯，表云『遇淮陰侯軍襄國，楚漢約分鴻溝，以緤爲信武侯〔六〕。戰不利，不敢離上』。」

上欲自擊陳豨，蒯成侯泣曰：「始秦攻破天下，未嘗自行。今上常自行，是爲無人可使者乎？」上以爲「愛我」，賜入殿門不趨，殺人不死。

至孝文五年，緤以壽終，謚爲貞侯。【一】子昌代侯，有罪，國除。至孝景中二年，封緤子居代侯。【二】至元鼎三年，居爲太常，有罪，國除。

【一】正義謚爲尊侯。一作「卓」。

【二】集解徐廣曰：「表云『孝景中元年，封緤子應爲鄲侯，謚康。中二年，侯居立〔七〕』。沛郡有鄲縣。鄲，一作『鄲』。」索隱鄲，蘇林音多，屬陳國〔八〕。地理志云沛郡有鄲縣。案：此文云「子居」，表云「子應」，不同也。

太史公曰：陽陵侯傅寬、信武侯靳歙皆高爵，【一】從高祖起山東，攻項籍，誅殺名將，破軍降城以十數，未嘗困辱，此亦天授也。蒯成侯周緤操心堅正，〔二〕身不見疑，上欲有所之，未嘗不垂涕，此有傷心者〔三〕然，可謂篤厚君子矣。

〔二〕【索隱】操音倉高反。

〔三〕【集解】徐廣曰：「此，一作『比』。」

〔一〕【集解】徐廣曰：「一無『高』字。又一本『皆從高祖』。」

【索隱述贊】陽陵、信武，結髮從漢。動叶人謀，功實天贊。定齊破項，我軍常冠。蒯成委質，夷險不亂。主上稱忠，人臣扼腕。

校勘記

〔一〕集解地理志云馮翊陽陵縣　殿本史記考證：「漢書地理志陽陵，故弋陽，景帝更置，高帝時不容先有此名。」張文虎札記卷五：「宋本、中統、游、毛皆無此文，疑後人所增。」按：景祐本、紹興本無此條集解。

〔二〕鄜州洛交縣三十里　「縣」下疑脱「北」字。本書卷四四魏世家「秦敗我龍賈軍四萬五千于雕陰」正義：「括地志云：『雕陰故縣在鄜州洛交縣北三十里，雕陰故城是也。』」卷六九蘇秦列傳「取魏之雕陰」正義：「在鄜州洛交縣北三十四里。」

〔三〕四千六百八十人　「六」，原作「一」，據景祐本、紹興本、耿本、黄本、彭本、柯本、凌本、殿本改。按：漢書卷四一靳歙傳亦作「六」。

〔四〕下七縣　漢書卷四一靳歙傳作「下十縣」。

〔五〕河南西十四里苑中　「河南」下疑脱「縣」字。按：後漢書志第十九郡國志一河南尹：「河南，周公時所城雒邑也，春秋時謂之王城。」又同卷「有蒯鄉」劉昭注引晉地道記：「在縣西南，有蒯亭。」本書卷四周本紀「營周居于雒邑而後去」正義引括地志：「故王城一名河南城，本郟鄏，周公新築，在洛州河南縣北九里苑内東北隅。」

〔六〕以緤爲信武侯　本書卷一八高祖功臣侯者年表、漢書卷一六高惠高后文功臣表無「武侯」二字。

〔七〕侯居立　「居」，本書卷一八高祖功臣侯者年表作「中居」，漢書卷一六高惠高后文功臣表作「仲居」。

〔八〕陳國　漢書卷四一周緤傳「鄲侯」顔師古注引蘇林作「沛國」。

史記卷九十九

劉敬叔孫通列傳第三十九

劉敬【一】者，齊人也。漢五年，戍隴西，過洛陽，高帝在焉。婁敬脱輓輅，【二】衣其羊裘，見齊人虞將軍曰：「臣願見上言便事。」虞將軍欲與之鮮衣，【三】婁敬曰：「臣衣帛，衣帛見；衣褐，衣褐見：終不敢易衣。」於是虞將軍入言上。上召入見，賜食。

【一】索隱 敬本姓婁，漢書作「婁敬」。高祖曰「婁即劉也」，因姓劉耳。

【二】集解 蘇林曰：「一木横鹿車前〔一〕，一人推之〔二〕。」孟康曰：「輅音胡格反。輓音晚。」

索隱 輓者，牽也。音晚。輅者，鹿車前横木，二人前輓，一人後推之。音胡格反。

【三】索隱 上音仙。鮮衣，美服也。

已而問婁敬，婁敬説曰：「陛下都洛陽，豈欲與周室比隆哉？」上曰：「然。」婁敬曰：「陛下取天下與周室異。周之先自后稷，堯封之邰，【一】積德累善十有餘世。公劉避桀居豳。太王以狄伐故，去豳，杖馬箠居岐，【二】國人爭隨之。及文王爲西伯，斷虞芮之訟，始受命，呂望、伯夷自海濱來歸之。【三】武王伐紂，不期而會孟津之上八百諸侯，皆曰紂可伐矣，遂滅殷。成王即位，周公之屬傅相焉，迺營成周洛邑，【四】以此爲天下之中也，諸侯四方納貢職，道里均矣，有德則易以王，無德則易以亡。凡居此者，欲令周務以德致人，不欲依阻險，令後世驕奢以虐民也。及周之盛時，天下和洽，四夷鄉風慕義，懷德附離，【五】而並事天子，不屯一卒，不戰一士，八夷大國之民莫不賓服，效其貢職。及周之衰也，分而爲兩，【六】天下莫朝，周不能制也。非其德薄也，而形勢弱也。今陛下起豐沛，收卒三千人，以之徑往而卷蜀漢，定三秦，與項羽戰滎陽，爭成皋之口，大戰七十，小戰四十，使天下之民肝腦塗地，父子暴骨中野，不可勝數，哭泣之聲未絶，傷痍者未起，而欲比隆於成康之時，臣竊以爲不侔也。且夫秦地被山帶河，四塞以爲固，卒然有急，百萬之衆可具也。因秦之故，資甚美膏腴之地，此所謂天府【七】者也。陛下入關而都之，山東雖亂，秦之故地可全而有也。夫與人鬭，不搤其亢，【八】拊其背，未能全其勝也。今陛下入關而都，案秦之故地，此亦搤天下之亢而拊其背也。」

【一】正義邰，音胎，雍州武功縣西南二十三里故斄城是也〔三〕。說文云：「邰，炎帝之後，姜姓所封國，弃外家也。」毛萇云：「邰，姜嫄國，堯見天因邰而生后稷，故因封於邰也。」

【二】集解張晏曰：「言馬箠，示約。」

【三】正義呂望宅及廟在蘇州海鹽縣西也。伯夷孤竹國在平州。皆濱東海也。

【四】正義括地志云：「故王城一名河南城，本郟鄏，周公所築，在洛州河南縣北九里苑中東北隅。帝王紀云武王伐紂，營洛邑而定鼎焉。」按此即營都城也。書云「乃營成周」。括地志云：「洛陽故城在洛州洛陽城東二十六里〔四〕，周公所築，即成周城也。尚書曰〔五〕『成周既成，遷殷頑民』。帝王世紀云『居邶鄘之衆〔六〕』。」按：劉敬説周之美，豈言居頑民之所？以此而論，書序非也〔七〕。

【五】集解莊子曰「附離不以膠漆」也。索隱案：謂使離者相附也。義見莊子。

【六】正義公羊傳云：「東周者何？成周也〔八〕。西周者何？王城也〔九〕。」按：周自平王東遷，以下十二王皆都王城，至敬王乃遷都成周，王赧又居王城也。

【七】索隱案：戰國策蘇秦説惠王曰「大王之國，地勢形便，此所謂天府」。高誘注云「府，聚也」。

【八】集解張晏曰：「亢，喉嚨也。」索隱搤音戹。亢音胡朗反〔一〇〕，一音胡剛反。蘇林以爲亢，頸大脈，俗所謂「胡脈」也。

高帝問羣臣，羣臣皆山東人，爭言周王數百年，秦二世即亡，不如都周。上疑未能決。及留侯明言入關便，即日車駕西都關中。【一】

【一】索隱案：謂即日西都之計定也。

於是上曰：「本言都秦地者婁敬，『婁』者乃『劉』也。」賜姓劉氏，拜爲郎中，號爲奉春君。【一】

【一】索隱案：張晏云「春爲歲之始，以其首謀都關中，故號奉春君」。

漢七年，韓王信反，高帝自往擊之。至晉陽，聞信與匈奴欲共擊漢，上大怒，使人使匈奴。匈奴匿其壯士肥牛馬，但見老弱及羸畜。【一】使者十輩來，皆言匈奴可擊。上使劉敬復往使匈奴，還報曰：「兩國相擊，此宜夸矜見所長。【二】今臣往，徒見羸瘠【三】老弱，此必欲見短，伏奇兵以爭利。愚以爲匈奴不可擊也。」是時漢兵已踰句注，【四】二十餘萬兵已業行。上怒，罵劉敬曰：「齊虜！以口舌得官，今迺妄言沮吾軍。」【五】械繫敬廣武。【六】遂往，至平城，匈奴果出奇兵圍高帝白登，七日然後得解。高帝至廣武，赦敬，曰：「吾不用公言，以困平城。吾皆已斬前使十輩言可擊者矣。」迺封敬二千户，爲關内侯，號爲建信侯。

【一】正義上力爲反，下許又反。

【二】集解韋昭曰：「夸，張；矜，大也。」

【三】索隱上力爲反。瘠音稷。瘠，瘦也。漢書作「胔」，音漬。胔，肉也，恐非。

【四】正義句注山在代州鴈門縣西北三十里。

【五】索隱沮音才敍反。詩傳曰「沮，止也，壞也」。

【六】索隱地理志縣名，屬鴈門。正義廣武故縣在句注山南也。

高帝罷平城歸，韓王信亡入胡。當是時，冒頓爲單于，兵彊，控弦三十萬，【一】數苦北邊。上患之，問劉敬。劉敬曰：「天下初定，士卒罷於兵，未可以武服也。冒頓殺父代立，妻羣母，以力爲威，未可以仁義説也。獨可以計久遠子孫爲臣耳，然恐陛下不能爲。」上曰：「誠可，何爲不能！顧爲柰何？」劉敬對曰：「陛下誠能以適長公主妻之，厚奉遺之，彼知漢適女送厚，蠻夷必慕，以爲閼氏，生子必爲太子，代單于。何者？貪漢重幣。陛下以歲時漢所餘彼所鮮數問遺，因使辯士風諭以禮節。冒頓在，固爲子婿；死，則外孫爲單于。豈嘗聞外孫敢與大父抗禮者哉？兵可無戰以漸臣也。若陛下不能遣長公主，而令宗室及後宮詐稱公主，彼亦知，不肯貴近，無益也。」高帝曰：「善。」欲遣長公主。呂后日夜泣，曰：「妾唯太子、一女，柰何弃之匈奴！」上竟不能遣長公主，而取家人子名爲長公主，妻單于。使劉敬往結和親約。

【一】集解應劭曰：「控，引也。」

劉敬從匈奴來，因言「匈奴河南白羊、樓煩王，【二】去長安近者七百里，輕騎一日一夜可以至秦中。秦中新破，少民，地肥饒，可益實。夫諸侯初起時，非齊諸田，楚昭、屈、景莫能興。今陛下雖都關中，實少人。北近胡寇，東有六國之族，宗彊，一日有變，陛下亦未得高枕而臥也。臣願陛下徙齊諸田，楚昭、屈、景、燕、趙、韓、魏後，及豪桀名家居關中。無事，可以備胡；諸侯有變，亦足率以東伐。此彊本弱末之術也」。上曰：「善。」迺使劉敬徙所言關中十餘萬口。【二】

【一】集解張晏云：「白羊，匈奴國名。」索隱案：張晏云白羊，國名。二者並在河南。河南者，案在朔方之河南，舊並匈奴地也，今亦謂之新秦中。

【二】索隱案：小顏云「今高陵、櫟陽諸田，華陰、好時諸景，及三輔諸屈、諸懷尚多，皆此時所徙也」。

叔孫通者，【一】薛人也。【二】秦時以文學徵，待詔博士。數歲，陳勝起山東，使者以聞，二世召博士諸儒生問曰：「楚戍卒攻蘄入陳，於公如何？」博士諸生三十餘人前曰：「人臣無將，將即反，罪死無赦。【三】願陛下急發兵擊之。」二世怒，作色。叔孫通前曰：「諸生言皆非也。夫天下合爲一家，毀郡縣城，鑠其兵，示天下不復用。且明主在其上，法令具於下，使人人奉職，四方輻輳，安敢有反者！此特羣盜鼠竊狗盜耳，何足置之齒牙閒。郡守尉令捕論，何足憂。」二世喜曰：「善。」盡問諸生，諸生或言反，或言盜。於是二世令御史案諸生言反者下吏，非所宜言。諸言盜者皆罷之。迺賜叔孫通帛二十匹，衣一襲，【四】拜爲博士。叔孫通已出宮，反舍，諸生曰：「先生何言之諛也？」通曰：「公不知也，我幾不脱於虎口！」【五】迺亡去，之薛，薛已降楚矣。及項梁之薛，叔孫通從之。敗於定陶，從懷王。懷王爲義帝，徙長沙，叔孫通留事項王。漢二年，漢王從五諸侯入彭城，叔孫通降漢王。漢王敗而西，因竟從漢。

【一】集解晉灼曰：「楚漢春秋名何。」

【二】索隱按：楚漢春秋云名何。薛，縣名，屬魯國。

【三】集解瓚曰：「將謂逆亂也。公羊傳曰『君親無將，將而必誅』。」

【四】索隱案：國語謂之「一稱」。賈逵案禮記「袍必有表，不單，衣必有裳，謂之一稱」。杜預云「衣單複具云稱也」。

【五】正義幾音祈。

叔孫通儒服，漢王憎之；迺變其服，服短衣，楚製，【一】漢王喜。

【一】索隱案：孔文祥云「短衣便事，非儒者衣服。高祖楚人，故從其俗裁製」。

叔孫通之降漢，從儒生弟子百餘人，然通無所言進，專言諸故羣盜壯士進之。弟子皆竊罵曰：「事先生數歲，幸得從降漢，今不能進臣等，專言大猾，【一】何也？」叔孫通聞之，迺謂曰：「漢王方蒙矢石爭天下，【二】諸生寧能鬬乎？故先言斬將搴旗【三】之士。諸生且待我，我不忘矣。」漢王拜叔孫通爲博士，號稷嗣君。【四】

【一】索隱案：類集云「猾，狡也。音滑」。

【二】集解漢書音義曰：「謂發石以投人。」

【三】集解張晏曰：「搴，卷也。」瓚曰：「拔取曰搴。楚辭曰『朝搴阰之木蘭』。」索隱搴音起焉反，又己勉反。案：方言云「南方取物云搴」。許慎云「搴，取也」。王逸云「阰，山名」。又案：埤蒼云「山在楚，音毗」。

【四】集解徐廣曰：「蓋言其德業足以繼蹤齊稷下之風流也。」駰案：漢書音義曰：「稷嗣，邑名。」

漢五年，已并天下，諸侯共尊漢王爲皇帝於定陶，叔孫通就其儀號。高帝悉去秦苛儀法，爲簡易。羣臣飲酒爭功，醉或妄呼，拔劍擊柱，高帝患之。叔孫通知上益厭之也，說上曰：「夫儒者難與進取，可與守成。臣願徵魯諸生，與臣弟子共起朝儀。」高帝曰：「得無難乎？」叔孫通曰：「五帝異樂，三王不同禮。禮者，因時世人情爲之節文者也。故夏、殷、周之禮所因損益可知者，謂不相復也。臣願頗采古禮與秦儀雜就之。」上曰：「可試爲之，令易知，度吾所能行爲之。」

於是叔孫通使徵魯諸生三十餘人。魯有兩生不肯行，曰：「公所事者且十主，皆面諛以得親貴。今天下初定，死者未葬，傷者未起，又欲起禮樂。禮樂所由起，積德百年而後可興也。吾不忍爲公所爲。公所爲不合古，吾不行。公往矣，無汙我！」叔孫通笑曰：「若真鄙儒也，不知時變。」

遂與所徵三十人西，及上左右爲學者與其弟子百餘人爲緜蕞【一】野外。習之月餘，叔孫通曰：「上可試觀。」上既觀，使行禮，曰：「吾能爲此。」迺令羣臣習肄，【二】會十月。

【一】集解徐廣曰：「表位標準。音子外反。」駰案：如淳曰「置設緜索，爲習肄處。蕞謂以茅翦樹地爲纂位。春秋傳曰『置茅蕝』也」。索隱徐音子外反。如淳云「翦茅樹地，爲纂位尊卑之次」。蘇林音纂。韋昭云「引繩爲緜，立表爲蕞。音茲會反」。注「茅蕝」〔一二〕。按：賈逵云「束茅以表位爲蕝」。又纂文云「蕝，今之『纂』字。包愷音即悅反。又音纂」。

【二】索隱肄亦習也，音異。

漢七年，長樂宮成，諸侯羣臣皆朝十月。【一】儀：先平明，謁者治禮，引以次入殿門，廷中陳車騎步卒衛宮，設兵張旗志。【二】傳言「趨」。【三】殿下郎中俠陛，陛數百人。功臣列侯諸將軍軍吏以次陳西方，東鄉；文官丞相以下陳東方，西鄉。大行設九賓，臚傳〔一三〕。【四】於是皇帝輦出房，【五】百官執職【六】傳警，【七】引諸侯王以下至吏六百石以次奉賀。自諸侯王以下莫不振恐肅敬。至禮畢，復置法酒。【八】諸侍坐殿上皆伏抑首，【九】以尊卑次起上壽。觴九行，謁者言「罷酒」。御史執法舉不如儀者輒引去。竟朝置酒，無敢讙譁失禮者。於是高帝曰：「吾迺今日知爲皇帝之貴也。」迺拜叔孫通爲太常，賜金五百斤。

【一】索隱小顏云「漢以十月爲正，故行朝歲之禮，史家追書十月也」。案：諸書並云十月爲歲首，不言以十月爲正月。古今注亦云「羣臣始朝十月」也。

【二】集解徐廣曰：「一作『幟』。」

【三】索隱案：小顏云「傳聲教入者皆令趨。趨，疾行致敬也」。

【四】集解漢書音義曰：「傳從上下爲臚。」索隱漢書云「設九賓，臚句傳」。蘇林云「上傳語告下爲臚，下傳語告上爲句」。臚猶行者矣。韋昭云「大行人掌賓客之禮〔一三〕，今謂之鴻臚也。九賓，則周禮九儀也，謂公、侯、伯、子、男、孤、卿、大夫、士也」。漢依此以爲臚傳，依次傳令上也。向秀注莊子云「從上語下爲臚」，音閭。句音九注反。

【五】索隱案：輿服志云「殷周以輦載軍器，職載芻豢，至秦始去其輪而輿爲尊」也。

【六】集解徐廣曰：「一作『幟』。」

【七】索隱職音幟，亦音試。傳警者，漢儀云「帝輦動，則左右侍帷幄者稱警」是也。

【八】集解文穎曰：「作酒令法也。」蘇林曰：「常會，須天子中起更衣，然後入置酒矣。」索隱按：文穎云「作酒法令也〔一四〕」。姚氏云「進酒有禮也。古人飲酒不過三爵，君臣百拜，終日宴不爲之亂也」。

【九】集解 如淳曰：「抑，屈。」

叔孫通因進曰：「諸弟子儒生隨臣久矣，與臣共爲儀，願陛下官之。」高帝悉以爲郎。叔孫通出，皆以五百斤金賜諸生。諸生迺皆喜曰：「叔孫生誠聖人也，知當世之要務。」

漢九年，高帝徙叔孫通爲太子太傅。漢十二年，高祖欲以趙王如意易太子，叔孫通諫上曰：「昔者晉獻公以驪姬之故廢太子，立奚齊，晉國亂者數十年，爲天下笑。秦以不蚤定扶蘇，令趙高得以詐立胡亥，自使滅祀，此陛下所親見。今太子仁孝，天下皆聞之；呂后與陛下攻苦食啖，【一一】其可背哉！陛下必欲廢適而立少，臣願先伏誅，以頸血汙地。」【一二】高帝曰：「公罷矣，吾直戲耳。」叔孫通曰：「太子天下本，本一搖天下振動，柰何以天下爲戲！」高帝曰：「吾聽公言。」及上置酒，見留侯所招客從太子入見，上迺遂無易太子志矣。

【一一】集解 徐廣曰：「攻猶今人言擊也。啖，一作『淡』。」駰案：如淳曰「食無菜茹爲啖」。索隱 案：孔文祥云「與帝共攻冒苦難，俱食淡也」。案：説文云「淡，薄味也」。音唐敢反。

【二】索隱楚漢春秋：「叔孫何云『臣三諫不從，請以身當之』。撫劍將自殺。上離席云『吾聽子計，不易太子』。」

高帝崩，孝惠即位，迺謂叔孫生曰：「先帝園陵寢廟，羣臣莫習〔一五〕。」徙爲太常，定宗廟儀法。及稍定漢諸儀法，皆叔孫生爲太常所論箸也。

孝惠帝爲東朝長樂宮，【一】及閒往，數蹕【二】煩人，迺作複道，方築武庫南。【三】叔孫生奏事，因請閒曰：「陛下何自築複道？高寢衣冠月出游高廟，高廟，漢太祖，柰何令後世子孫乘宗廟道上行哉？」【四】孝惠帝大懼，曰：「急壞之。」叔孫生曰：「人主無過舉。【五】今已作，百姓皆知之，今壞此，則示有過舉。願陛下爲原廟渭北，衣冠月出游之，益廣多宗廟，大孝之本也。」上迺詔有司立原廟。原廟起，以複道故。

【一】集解關中記曰：「長樂宮本秦之興樂宮也，漢太后常居之。」

【二】索隱韋昭云：「蹕，止人行也。」按：長樂、未央宮東西相去稍遠。閒往謂非時也。中閒往來，清道煩人也。

【三】集解韋昭曰：「閣道也。」如淳曰：「作複道，方始築武庫南。」

【四】集解應劭曰：「月出高帝衣冠〔一六〕，備法駕，名曰游衣冠。」如淳曰：「三輔黃圖高寢在高廟西，高祖衣冠藏在高寢，月出游於高廟，其道值所作複道下，故言乘宗廟道上行。」

【五】索隱案：謂舉動有過也。左傳云「君舉必書」。

孝惠帝曾春出游離宮，叔孫生曰：「古者有春嘗果，方今櫻桃孰，可獻，【一】願陛下出，因取櫻桃獻宗廟。」上迺許之。諸果獻由此興。

【一】索隱案：呂氏春秋「仲春羞以含桃先薦寢廟〔一七〕」。高誘云「進含桃也。鸎鳥所含，故曰含桃」。今之朱櫻即是也。

太史公曰：語曰「千金之裘，非一狐之腋也；臺榭之榱，非一木之枝也；三代之際，非一士之智也」。信哉！夫高祖起微細，定海內，謀計用兵，可謂盡之矣。然而劉敬脫輓輅一說，建萬世之安，智豈可專邪！叔孫通希世度務制禮，進退與時變化，卒爲漢家儒宗。「大直若詘，【一】道固委蛇」，【二】蓋謂是乎？

【一】索隱音屈。

【二】索隱音移。

【索隱述贊】厦藉衆幹，裘非一狐。委輅獻說，緜蕝陳書。皇帝始貴，車駕西都。既安太子，又和匈奴。奉春、稷嗣，其功可圖。

校勘記

〔一〕橫鹿車前　漢書卷四三劉敬傳「敬脫輓輅」顔師古注引蘇林作「橫遮車前」，通鑑卷一一漢紀三高帝五年胡三省注引同。

〔二〕一人推之　疑文有脫誤。按：漢書卷四三劉敬傳「敬脫輓輅」顔師古注引蘇林作「二人挽之，一人推之」，通鑑卷一一漢紀三高帝五年胡三省注引作「一人輓之，三人推之」。此釋「輓輅」，不應言推而不及挽。

〔三〕武功縣西南二十三里　「二十三里」，本書卷四周本紀「封弃於郃」正義引括地志作「二十二里」，卷一二二酷吏列傳「斄人」正義同。

〔四〕洛陽城東　疑當作「洛陽縣東北」。按：本書卷四周本紀「以封武王少弟封爲衞康叔」、卷七項羽本紀「都雒陽」正義引括地志皆曰「洛陽故城在洛州洛陽縣東北二十六里」。卷八高祖本紀「高祖置酒雒陽南宮」正義引括地志：「南宮在雒州雒陽縣東北二十六里洛陽故城中。」

〔五〕尚書　張文虎札記卷五：「此多士序文，尚書下疑脫『序』字。」

〔六〕⿰比阝鄘　疑「⿰比阝」當作「邶」，「鄘」下脫「衞」字。「⿰比阝」，彭本、會注本作「邶」。黃本作「鄁」，同「邶」。按：本書卷四周本紀「以封武王少弟封爲衞康叔」正義：「尚書洛誥云『我卜瀍水東，亦惟洛食』，以居邶、鄘、衞之衆。」

〔七〕以此而論書序非也　「書序」，原作「漢書」。張文虎札記卷五：「警云：『漢書』疑誤。案：疑亦當作『書序』。」今據改。

〔八〕公羊傳云東周者何成周也　疑「東周」與「成周」誤倒。按：公羊傳宣公十六年：「夏，成周宣謝災。成周者何？東周也。」公羊傳昭公二十六年：「冬十月，天王入于成周。成周者何？東周也。」

〔九〕西周者何王城也　疑「西周」與「王城」誤倒。按：公羊傳昭公二十二年：「秋，劉子、單子以王猛入于王城。王城者何？西周也。」

〔一〇〕胡朗反　耿本、黄本、彭本、柯本、凌本、殿本作「胡浪反」。

〔一一〕注茅蕝　此三字原無，據索隱本補。

〔一二〕臚傳　「臚」下景祐本、耿本、黄本、彭本、柯本、凌本、殿本有「句」字。

〔一三〕大行人　耿本、黄本、彭本、柯本、凌本、殿本無「人」字，漢書卷四三叔孫通傳顏師古注引韋昭同。

〔一四〕作酒法令也　集解引文穎作「作酒令法也」。

〔一五〕莫習　原作「莫能習」。王念孫雜志史記第五：「『莫能習』，當從漢書作『莫習』。莫習者，謂羣臣未習此禮，非謂莫能習也。『能』字後人所加。北堂書鈔設官部、藝文類聚職官部引史記竝無『能』字。」今據删。

〔一六〕月出　「月」下會注本有「旦」字。黄本旁注「旦」字。按：漢書卷四三叔孫通傳「衣冠月出游高廟」顏師古注引應劭有「旦」字。

〔一七〕仲春羞以含桃　「仲春」，疑當作「仲夏」，蓋涉正文「春嘗果」而致誤。按：呂氏春秋仲夏紀：「（仲夏之月）羞以含桃，先薦寢廟。」此文載于仲夏紀，必不作「仲春」可知。

史記卷一百

季布欒布列傳第四十

季布者，楚人也。爲氣任俠，〔一〕有名於楚。項籍使將兵，數窘漢王。〔二〕及項羽滅，高祖購求布千金，敢有舍匿，罪及三族。季布匿濮陽周氏。周氏曰：「漢購將軍急，迹且至臣家，將軍能聽臣，臣敢獻計；即不能，願先自剄。」季布許之。迺髡鉗季布，衣褐衣，置廣柳車中，〔三〕并與其家僮數十人，之魯朱家所賣之。朱家心知是季布，迺買而置之田。誡其子曰：「田事聽此奴，必與同食。」朱家迺乘軺車〔四〕之洛陽，見汝陰侯滕公。滕公留朱家飲數日。因謂滕公曰：「季布何大罪，而上求之急也？」滕公曰：「布數爲項羽窘上，上怨之，故必欲得之。」朱家曰：「君視季布何如人也？」曰：「賢者也。」朱家曰：「臣各爲其主用，季布爲項籍用，職耳。項氏臣可盡誅邪？今上始得天下，獨以己之私怨求一人，何示天下之不廣也！且以季布之賢而漢求之急如此，此不北走胡即南走越耳。夫忌壯士以資敵國，此伍子胥所以鞭荆平王之墓也。君何不從容爲上言邪？」汝陰侯滕公心知朱家大俠，意季布匿其所，迺許曰：「諾。」待閒，果言如朱家指。上迺赦季布。當是時，諸公皆多季布能摧剛爲柔，朱家亦以此名聞當世。季布召見，謝，上拜爲郎中。

【一】集解孟康曰：「信交道曰任。」如淳曰：「相與信爲任，同是非爲俠。所謂『權行州里，力折公侯』者也。」或曰任，氣力也；俠，甹也。索隱任，而禁反。俠音協。如淳曰「相與信爲任〔一〕，同是非爲俠，權行州里，力折公侯者」，其說爲近。注「俠甹」〔二〕。甹音普丁反。其義難喻。

【二】集解如淳曰：「窘，困也。」

【三】集解服虔曰：「東郡謂廣轍車爲『柳』。」鄧展曰：「皆棺飾也。載以喪車，欲人不知也。」李奇曰：「大牛車也。車上覆爲柳。」瓚曰：「茂陵書中有廣柳車，每縣數百乘，是今運轉大車是也。」索隱案：服虔、臣瓚所據，云東郡謂廣轍車爲廣柳車，及茂陵書稱每縣廣柳車數百乘，則凡大車任載運者，通名廣柳車，然則柳爲車通名。鄧展所說「柳皆棺飾，載以喪車，欲人不知也」，事義相協，最爲通允。故禮曰「設柳翣，爲使人勿惡也」。鄭玄注周禮云「柳，聚也，諸飾所聚也」。則是喪車稱柳，後人通謂車爲柳也。

【四】集解徐廣曰：「馬車也。」索隱案：謂輕車，一馬車也。

孝惠時，爲中郎將。單于嘗爲書嫚呂后，不遜，呂后大怒，召諸將議之。上將軍樊噲曰：「臣願得十萬衆，横行匈奴中。」諸將皆阿呂后意，曰「然」。季布曰：「樊噲可斬也！夫高帝將兵四十餘萬衆，困於平城，今噲柰何以十萬衆横行匈奴中，面欺！且秦以事於胡，陳勝等起。于今創痍未瘳，噲又面諛，欲摇動天下。」是時殿上皆恐，太后罷朝，遂不復議擊匈奴事。

季布爲河東守，孝文時，人有言其賢者，孝文召，欲以爲御史大夫。復有言其勇，使酒難近。【一】至，留邸一月，見罷。季布因進曰：「臣無功竊寵，待罪河東。【二】陛下無故召臣，此人必有以臣欺陛下者；今臣至，無所受事，罷去，此人必有以毁臣者〔三〕。夫陛下以一人之譽而召臣，一人之毁而去臣，臣恐天下有識聞之有以闚陛下也。」【三】上默然慙，良久曰：「河東吾股肱郡，故特召君耳。」布辭之官。

【一】索隱使音如字。近音其靳反。因酒縱性謂之使酒，即酗酒也。

【二】索隱季布言己無功能，竊承恩寵，得待罪河東。其詞典省而文也。

【三】集解韋昭曰：「闚見陛下深淺也。」

楚人曹丘生，辯士，數招權顧金錢。【一】事貴人趙同等，【二】與竇長君善。季布聞之，寄書諫竇長君曰：「吾聞曹丘生非長者，勿與通。」及曹丘生歸，欲得書請季布。【三】竇長君曰：「季將軍不說足下，足下無往。」固請書，遂行。使人先發書，季布果大怒，待曹丘。曹丘至，即揖季布曰：「楚人諺曰『得黄金百〔四〕，不如得季布一諾』，足下何以得此聲於梁楚閒哉？且僕楚人，足下亦楚人也。僕游揚足下之名於天下，顧不重邪？何足下距僕之深也！」季布迺大說，引入，留數月，爲上客，厚送之。季布名所以益聞者，曹丘揚之也。

【一】集解孟康曰：「招，求也。以金錢事權貴，而求得其形勢以自炫燿也。」文穎曰：「事權貴也。與通勢，以其所有辜較，請託金錢以自顧。」索隱義如孟康、文穎所說。辜較音姑角。正義言曹丘生依倚貴人，用權勢屬請，數求他人。顧錢，賞金錢也。

【二】集解徐廣曰：「漢書作『趙談』，司馬遷以其父名談，故改之。」

【三】集解張晏曰：「欲使竇長君爲介於布，請見。」

季布弟季心，【一】氣蓋關中，遇人恭謹，爲任俠，方數千里，士皆爭爲之死。嘗殺人，亡之吴，從袁絲【二】匿。長事袁絲，弟畜灌夫、籍福之屬。嘗爲中司馬，【三】中尉郅都不敢不加禮。少年多時時竊籍其名【四】以行。當是時，季心以勇，布以諾，著聞關中。

【一】集解徐廣曰：「一作『子』。」

【二】索隱 盎字絲。

【三】集解 如淳曰：「中尉之司馬。」 索隱 漢書作「中尉司馬」。

【四】索隱 籍音子亦反。

季布母弟丁公，【一】爲楚將。丁公爲項羽逐窘高祖彭城西，短兵接，高祖急，顧丁公曰：「兩賢豈相戹哉！」於是丁公引兵而還，漢王遂解去。及項王滅，丁公謁見高祖。高祖以丁公徇軍中，曰：「丁公爲項王臣不忠，使項王失天下者，迺丁公也。」遂斬丁公，曰：「使後世爲人臣者無效丁公！」

【一】集解 晉灼曰：「楚漢春秋云薛人，名固。」 索隱 案：謂布之舅也。

欒布者，梁人也。始梁王彭越爲家人時，【一】嘗與布游。窮困，賃傭於齊〔五〕，爲酒人保〔六〕。【二】數歲，彭越去之巨野中爲盜，而布爲人所略賣，爲奴於燕。爲其家主報仇，燕將臧荼舉以爲都尉。臧荼後爲燕王，以布爲將。及臧荼反，漢擊燕，虜布。梁王彭越聞之，迺言上，請贖布以爲梁大夫。

【一】索隱 謂居家之人，無官職也。

【二】集解漢書音義曰：「酒家作保傭也。可保信，故謂之保。」

使於齊，未還，漢召彭越，責以謀反，夷三族。已而梟彭越頭於雒陽，下詔曰：「有敢收視者，輒捕之。」布從齊還，奏事彭越頭下，祠而哭之。吏捕布以聞。上召布，罵曰：「若與彭越反邪？吾禁人勿收，若獨祠而哭之，與越反明矣。趣亨【一】之。」方提趣【二】湯，布顧曰：「願一言而死。」上曰：「何言？」布曰：「方上之困於彭城，敗滎陽、成皋閒，項王所以不能遂西〔七〕，徒以彭王居梁地，與漢合從苦楚也。當是之時，彭王一顧，與楚則漢破，與漢而楚破。且垓下之會，微彭王，項氏不亡。天下已定，彭王剖符受封，亦欲傳之萬世。今陛下一徵兵於梁，彭王病不行，而陛下疑以爲反，反形未見，以苛小【三】案誅滅之，臣恐功臣人人自危也。今彭王已死，臣生不如死，請就亨。」於是上迺釋布罪，拜爲都尉。

【一】索隱上音促，下音普盲反。謂疾令赴鑊也。

【二】集解徐廣曰：「一作『走』。」索隱上音啼，下音趨。徐廣云一作「走」，走亦趣向之也。

【三】集解徐廣曰：「小，一作『峭』。」

孝文時，爲燕相，至將軍。布迺稱曰：「窮困不能辱身下志，非人也；富貴不能快意，非賢也。」於是嘗有德者厚報之，有怨者必以法滅之。吳楚反時〔八〕，以軍功封俞侯，【一】

復爲燕相。燕齊之閒皆爲欒布立社，號曰欒公社。

【一】集解徐廣曰：「擊齊有功也。」

景帝中五年薨。子賁嗣，爲太常，犧牲不如令，國除。

太史公曰：以項羽之氣，而季布以勇顯於楚，身履軍【一】搴旗者數矣〔九〕，可謂壯士。然至被刑戮，爲人奴而不死，何其下也！彼必自負其材，故受辱而不羞，欲有所用其未足也，故終爲漢名將。賢者誠重其死。夫婢妾賤人感慨而自殺者，【二】非能勇也，其計畫無復之耳。【三】欒布哭彭越，趣湯如歸者，彼誠知所處，【四】不自重其死。雖往古烈士，何以加哉！

【一】集解徐廣曰：「屨，一作『屢』，一曰『覆』。」駰案：孟康曰「屨，履蹈之也」。瓚曰「屢，數也」。

索隱身屨軍。按：徐氏云一作「覆」，按下云「搴旗」，則「覆軍」爲是，勝於「屨」之與「履」。

【二】集解徐廣曰：「或作『概』字，音義同。」

【三】集解徐廣曰：「復，一作『冀』。」

【四】集解如淳曰：「非死者難，處死者難。」

【索隱述贊】季布、季心，有聲梁、楚。百金然諾，十萬致距。出守河東，股肱是與。欒布哭越，犯禁見虜。赴鼎非寃，誠知所處。

校勘記

〔一〕相與信爲任　「信」字原無，據索隱本及集解引如淳説補。按：漢書卷三七季布傳「爲任俠有名」顏師古注：「如淳曰：『相與信爲任，同是非爲俠。』」

〔二〕注俠俜　此三字原無，據索隱本補。

〔三〕以毁臣者　張文虎札記卷五：「宋本無『以』字，與漢書合，疑此衍。」按：景祐本、紹興本、耿本無「以」字。

〔四〕黄金百　「百」下原有「斤」字。王念孫雜志史記第五：「『百』與『諾』爲韻，『斤』字後人所加也。漢書食貨志『馬至匹百金』薛瓚曰『秦以一溢爲一金，漢以一斤爲一金』，此言『黄金百』即是百斤，無煩加『斤』字也。漢書季布傳無『斤』字。」今據删。

〔五〕賃傭於齊　「賃」，本書卷八六刺客列傳「爲人庸保」索隱引欒布傳作「賣」，漢書卷三七欒布傳同。

〔六〕酒人保　本書卷八六刺客列傳「爲人庸保」索隱引欒布傳作「酒家人」，漢書卷三七欒布傳作「酒家保」。

〔七〕項王所以不能遂西　原作「項王所以遂不能西」。王念孫雜志史記第五：「此當從漢書作『項王所以不能遂西』。太平御覽人事部引史記正與漢書同。」今據改。

〔八〕吴楚反時　「吴楚」，原作「吴軍」。張文虎札記卷五：「考證云漢書作『吴楚』，『軍』字誤。」今據改。

〔九〕身屨軍　「屨」下原有「典」字，據索隱本删。按：梁玉繩志疑卷三二：「依漢書『履軍』爲勝，屨亦履也。『典』字當衍，師古云『今流俗書本加「典」字，非』。」

史記卷一百一

袁盎鼂錯列傳第四十一

袁盎〔一〕者，楚人也，字絲。父故爲羣盜，徙處安陵。高后時，盎嘗爲呂祿舍人。及孝文帝即位，盎兄噲任盎爲中郎〔二〕。〔二〕

【一】索隱 音如周禮「盎齊」，烏浪反。

【二】集解 如淳曰：「盎爲兄所保任，故得爲中郎〔二〕。」

絳侯爲丞相，朝罷趨出，意得甚。上禮之恭，常自送之。〔一〕袁盎進曰：「陛下以丞相何如人？」上曰：「社稷臣。」盎曰：「絳侯所謂功臣，非社稷臣。社稷臣主在與在，〔二〕主亡與亡。〔三〕方呂后時，諸呂用事，擅相王，劉氏不絕如帶。是時絳侯爲太尉，主兵柄，弗能正。呂后崩，大臣相與共畔諸呂，太尉主兵，適會其成功，所謂功臣，非社稷臣。丞相如有驕主色。陛下謙讓，臣主失禮，竊爲陛下不取也。」後朝，上益莊，〔四〕丞相益畏。已而絳侯望袁盎曰：【五】「吾與而兄善，今兒廷毀我！」盎遂不謝。

【一】集解徐廣曰：「自，一作『目』。」

【二】集解如淳曰：「人主在時，與共治在時之事。」索隱按：如淳云「人主在時，與共理在時之事」也。

【三】集解如淳曰：「不以主亡而不行其政令。」索隱如淳云「不以人主亡而不行其政令」。按：如説爲得。

【四】索隱莊，嚴也。

【五】正義望，怨也。

及絳侯免相之國，國人上書告以爲反，徵繫清室，【一】宗室諸公莫敢爲言，唯袁盎明絳侯無罪。絳侯得釋，盎頗有力。絳侯乃大與盎結交。

【一】集解漢書作「請室」。應劭曰：「請室，請罪之室。」若今鍾下也。如淳曰：「請室，獄也，若古刑於甸師氏也。」

淮南厲王朝，殺辟陽侯，居處驕甚。袁盎諫曰：「諸侯大驕必生患，可適削地。」上弗用。淮南王益横。及棘蒲侯柴武太子謀反事覺，治，連淮南王，淮南王徵，上因遷之蜀，轞車傳送。袁盎時爲中郎將，乃諫曰：「陛下素驕淮南王，弗稍禁，以至此，今又暴摧折之。淮南王爲人剛，如有遇霧露行道死，陛下竟爲以天下之大弗能容，有殺弟之名，柰何？」上弗聽，遂行之。

淮南王至雍，病死，聞，上輟食，哭甚哀。盎入，頓首請罪。上曰：「以不用公言至此。」盎曰：「上自寬，此往事，豈可悔哉！且陛下有高世之行者三，此不足以毁名。」上曰：「吾高世行三者何事？」盎曰：「陛下居代時，太后嘗病，三年，陛下不交睫，不解衣，湯藥非陛下口所嘗弗進。夫曾參以布衣猶難之，今陛下親以王者脩之，過曾參孝遠矣。夫諸吕用事，大臣專制，然陛下從代乘六乘傳馳不測之淵，[一]雖賁育之勇[二]不及陛下。陛下至代邸，西向讓天子位者再，南面讓天子位者三。夫許由一讓，而陛下五以天下讓，過許由四矣。且陛下遷淮南王，欲以苦其志，使改過，有司衛不謹，故病死。」於是上乃解，曰：「將柰何？」盎曰：「淮南王有三子，唯在陛下耳。」於是文帝立其三子皆爲王。盎由此名重朝廷。

[一]集解瓚曰：「大臣共誅諸吕，禍福尚未可知，故曰不測也。」

[二]集解孟康曰：「孟賁、夏育，皆古勇者也。」索隱賁，孟賁；育，夏育也。尸子云「孟賁水行不避蛟龍，陸行不避兕虎[三]」。戰國策曰「夏育叱呼駭三軍，身死庸夫」。高誘曰「育爲申繻

所殺」。賁音奔也。

袁盎常引大體忼慨。宦者趙同〔一〕以數幸，常害袁盎，袁盎患之。盎兄子種爲常侍騎，〔二〕持節夾乘，說盎曰：〔三〕「君與鬬，廷辱之，使其毀不用。」孝文帝出，趙同參乘，袁盎伏車前曰：「臣聞天子所與共六尺輿者，皆天下豪英。今漢雖乏人，陛下獨柰何與刀鋸餘人載！」於是上笑，下趙同。趙同泣下車。

〔一〕集解徐廣曰：「漢書作『談』字。」

〔二〕索隱案：漢舊儀云「持節夾乘輿車騎從者云常侍騎」。

〔三〕集解徐廣曰：「說，一作『謀』。」

文帝從霸陵上，欲西馳下峻阪。袁盎騎，並車擥轡。上曰：「將軍怯邪？」盎曰：「臣聞千金之子坐不垂堂，〔一〕百金之子不騎衡，〔二〕聖主不乘危而徼幸。今陛下騁六騑，〔三〕馳下峻山，如有馬驚車敗，陛下縱自輕，柰高廟、太后何？」上乃止。

〔一〕索隱案：張揖云「恐簷瓦墮中人」。或云臨堂邊垂，恐墮墜也。

〔二〕集解徐廣曰：「一作『行』。」駰案：服虔曰「自惜身，不騎衡」。如淳曰「騎，倚也。衡，樓殿邊欄楯也」。韋昭曰「衡，車衡」。索隱張晏云「衡木行馬也」。如淳云「騎音於岐反。衡，樓殿邊欄楯也」。韋昭云「衡，車衡也。騎音奇，謂跨之〔四〕」。按：如淳之說爲長〔五〕。案：纂要云「宮殿四面欄，縱者云檻，橫者云楯」也。

【三】集解如淳曰：「六馬之疾若飛。」

上幸上林，皇后、慎夫人從。其在禁中，常同席坐。及坐，郎署長布席，【一】袁盎引卻慎夫人坐。【二】慎夫人怒，不肯坐。上亦怒，起，入禁中。盎因前說曰：「臣聞尊卑有序則上下和。今陛下既已立后，慎夫人乃妾，妾主豈可與同坐哉！適所以失尊卑矣。且陛下幸之，即厚賜之。陛下所以爲慎夫人，適所以禍之。陛下獨不見『人彘』乎？」【三】於是上乃說，召語慎夫人。慎夫人賜盎金五十斤。

【一】正義蘇林云：「郎署，上林中直衛之署。」

【二】集解如淳曰：「盎時爲中郎將，天子幸署，豫設供帳待之，故得卻慎夫人坐。」

【三】集解張晏曰：「戚夫人。」

然袁盎亦以數直諫，不得久居中，調爲隴西都尉。【一】仁愛士卒，士卒皆爭爲死。遷爲齊相。徙爲吳相，辭行，種謂盎曰：「吳王驕日久，國多姦。今苟欲劾治，彼不上書告君，即利劍刺君矣。南方卑溼，君能日飲，毋何，時說王曰毋反而已。如此幸得脫。」盎用種之計，吳王厚遇盎。

〔一〕集解如淳曰：「調，選。」

盎告歸，道逢丞相申屠嘉，下車拜謁，丞相從車上謝袁盎。袁盎還，愧其吏，乃之丞相舍上謁，求見丞相。丞相良久而見之。盎因跪曰：「願請閒。」丞相曰：「使君所言公事，之曹與長史掾議，吾且奏之；即私邪，吾不受私語。」袁盎即跪説曰：「君爲丞相，自度孰與陳平、絳侯？」丞相曰：「吾不如。」袁盎曰：「善，君即自謂不如。夫陳平、絳侯輔翼高帝，定天下，爲將相，而誅諸吕，存劉氏；君乃爲材官蹶張，遷爲隊率，積功至淮陽守，非有奇計攻城野戰之功。且陛下從代來，每朝，郎官上書疏，未嘗不止輦受其言，言不可用置之，言可受采之，未嘗不稱善。何也？則欲以致天下賢士大夫。上日聞所不聞，明所不知，日益聖智；君今自閉鉗天下之口而日益愚。夫以聖主責愚相，君受禍不久矣。」丞相乃再拜曰：「嘉鄙野人，乃不知，將軍幸教。」引入與坐，爲上客。

盎素不好鼂錯，鼂錯所居坐，盎去；盎坐，錯亦去：兩人未嘗同堂語。及孝文帝崩，孝景帝即位，鼂錯爲御史大夫，使吏案袁盎受吴王財物，抵罪，詔赦以爲庶人。

吴楚反聞，鼂錯謂丞史曰：〔一〕「夫袁盎多受吴王金錢，專爲蔽匿，言不反。今果反，欲請治盎宜知計謀。」丞史曰：「事未發，治之有絶。〔二〕今兵西鄉，治之何益！且袁盎不宜有謀。」〔三〕鼂錯猶與未決。人有告袁盎者，袁盎恐，夜見竇嬰，爲言吴所以反者，願至上前口對狀。竇嬰入言上，上乃召袁盎入見。鼂錯在前，及盎請辟人賜閒，錯去，固恨甚。袁盎具言吴所以反狀，以錯故，獨急斬錯以謝吴，吴兵乃可罷。其語具在吴事中。使袁盎爲太常，竇嬰爲大將軍。兩人素相與善。逮吴反，諸陵長者長安中賢大夫爭附兩人，車隨者日數百乘。

〔一〕集解如淳曰：「百官表御史大夫有兩丞。丞史，丞及史也。」

〔二〕集解如淳曰：「事未發之時，治之乃有所絶。」索隱案：謂有絶吴反心也。

〔三〕集解如淳曰：「盎大臣，不宜有姦謀。」

及鼂錯已誅，袁盎以太常使吴。吴王欲使將，不肯。欲殺之，使一都尉以五百人圍守盎軍中。袁盎自其爲吴相時，有從史嘗盜愛盎侍兒〔六〕，〔一〕盎知之，弗泄，遇之如故。人有告從史，言「君知爾與侍者通」，乃亡歸。袁盎驅自追之，遂以侍者賜之，復爲從史。及袁盎使吴見守，從史適爲守盎校尉司馬，乃悉以其裝齎置二石醇醪，會天寒，士卒飢渴，飲酒醉，西南陬卒皆卧，司馬夜引袁盎起，曰：「君可以去矣，吴王期旦日斬君。」盎弗信，曰：「公何爲者？」司馬曰：「臣故爲從史盜君侍兒者。」盎乃驚謝曰：「公幸有親，〔二〕吾不足以累公。」司馬曰：「君弟去，臣亦且亡，辟吾親，〔三〕君何患！」乃以刀決張，〔四〕道〔五〕從醉卒隧直出〔七〕。司馬與分背，袁盎解節毛懷之，〔六〕杖，步行七八里，明，見梁騎，騎馳去，〔七〕遂歸報。

〔一〕集解文穎曰：「婢也。」

〔二〕集解文穎曰：「言汝有親老。」

〔三〕集解如淳曰：「藏匿吾親，不使遇害也。」　索隱案：張晏云「辟，隱也。言自隱辟親，不使遇禍也」。

〔四〕集解音帳。　索隱案：帳，軍幕也。決之以出也。

〔五〕集解如淳曰：「決開當所從亡者之道。」

〔六〕集解如淳曰：「不欲令人見也。」

〔七〕集解文穎曰：「梁騎擊吴楚者也。」或曰得梁馬馳去也。

吴楚已破，上更以元王子平陸侯禮爲楚王，袁盎爲楚相。嘗上書有所言，不用。袁盎病免居家，與閭里浮沈，相隨行，鬬雞走狗。雒陽劇孟嘗過袁盎，盎善待之。安陵富人有謂盎曰：「吾聞劇孟博徒，〔一〕將軍何自通之？」盎曰：「劇孟雖博徒，然母死，客送葬車千餘乘，此亦有過人者。且緩急人所有。夫一旦有急叩門，不以親爲解，〔二〕不以存亡爲辭，天下所望者，獨季心、劇孟耳。今公常從數騎，〔三〕一旦有緩急，寧足恃乎！」罵富人，弗與通。諸公聞之，皆多袁盎。

〔一〕集解如淳曰：「博盪之徒。」或曰博戲之徒。

〔二〕集解張晏曰：「不語云『親不聽』也。」瓚曰：「凡人之於赴難濟危，多以有父母爲解，而孟兼行之。」索隱案：謂不以親爲辭也。今此云解者，亦謂不以親在而自解。

〔三〕集解徐廣曰：「常，一作『詳』。」

袁盎雖家居，景帝時時使人問籌策。梁王欲求爲嗣，袁盎進説，其後語塞。〔一〕梁王以此怨盎，曾使人刺盎。刺者至關中，問袁盎，諸君譽之皆不容口。乃見袁盎曰：「臣受梁王金來刺君，君長者，不忍刺君。然後刺君者十餘曹，〔二〕備之！」袁盎心不樂，家又多怪，乃之棓生〔三〕所問占。還，梁刺客後曹輩果遮刺殺盎安陵郭門外。

〔一〕索隱按鄒氏云「塞」當作「露」，非也。案：以盎言不宜立弟之義，其後立梁王之語塞絶也。

〔二〕集解如淳曰：「曹，輩也。」

〔三〕集解徐廣曰：「棓，一作『服』。」駰案：文穎曰「棓音陪。秦時賢士，善術者」。索隱文穎云棓音陪。韋昭云棓，姓也。

鼂錯【一】者，潁川人也。學申商刑名於軹張恢先所，【二】與雒陽宋孟及劉禮同師。以文學爲太常掌故。【三】

【一】索隱 上音朝，下音厝，一如字讀。案：朝氏出南陽。今西鄂晁氏，謂子朝之後也。

【二】集解 徐廣曰：「先即先生。」 索隱 軹張恢生所。軹縣人張恢先生所學申商之法。

【三】集解 應劭曰：「掌故，百石吏，主故事。」 索隱 服虔云「百石卒吏」。漢舊儀云「太常博士弟子試射策，中甲科補郎，中乙科補掌故」也。

錯爲人陗直刻深。【一】孝文帝時，天下無治尚書者，獨聞濟南伏生故秦博士，治尚書，年九十餘，老不可徵，乃詔太常使人往受之。太常遣錯受尚書伏生所。【二】還，因上便宜事，以書稱説。詔以爲太子舍人、門大夫、家令。【三】以其辯得幸太子，太子家號曰「智囊」。數上書孝文時，言削諸侯事，及法令可更定者。書數十上，孝文不聽，然奇其材，遷爲中大夫。當是時，太子善錯計策，袁盎諸大功臣多不好錯。

【一】集解 韋昭曰：「術岸高曰峭。」瓚曰：「陗，峻。」 索隱 注「術岸高」〔八〕。案：韋昭注本無「術」字。或云術，道路也。峭，七笑反。峭，峻也。

【二】正義 衞宏詔定古文尚書序云：「徵之，老不能行，遣太常掌故鼂錯往讀之。年九十餘，不能正言，言不可曉，使其女傳言教錯。齊人語多與潁川異，錯所不知者凡十二三，略以其意屬讀而已也。」

【三】集解服虔曰：「太子稱家。」瓚曰：「茂陵書太子家令秩八百石。」

景帝即位，以錯爲內史。錯常數請閒，言事輒聽，寵幸傾九卿，【一】法令多所更定。丞相申屠嘉心弗便，力未有以傷。內史府居太上廟壖中，門東出，不便，錯乃穿兩門南出〔九〕，鑿廟壖垣。【二】丞相嘉聞，大怒，欲因此過爲奏請誅錯。錯聞之，即夜請閒，具爲上言之。丞相奏事，因言錯擅鑿廟垣爲門，請下廷尉誅。上曰：「此非廟垣，乃壖中垣，不致於法。」丞相謝。罷朝，怒謂長史曰：「吾當先斬以聞，乃先請，爲兒所賣，固誤。」丞相遂發病死。錯以此愈貴。

【一】集解徐廣曰：「九，一作『公』。」

【二】索隱上音乃戀反。謂牆外之短垣也。又音而緣反。正義上人緣反。壖者，廟內垣外游地也。

遷爲御史大夫，請諸侯之罪過，削其地，【一】收其枝郡。奏上，上令公卿列侯宗室集議，莫敢難，獨竇嬰爭之，由此與錯有卻。錯所更令三十章，諸侯皆諠譁疾鼂錯。錯父聞之，從潁川來，謂錯曰：「上初即位，公爲政用事，侵削諸侯，別疏人骨肉，人口議【二】多怨公者，何也？」鼂錯曰：「固也。不如此，天子不尊，宗廟不安。」錯父曰：「劉氏安矣，而鼂氏危矣，吾去公歸矣！」遂飲藥死，曰：「吾不忍見禍及吾身。」死十餘日，吴楚七國果反，以誅錯爲名。及竇嬰、袁盎進説，上令鼂錯衣朝衣斬東市。

【一】集解徐廣曰：「一云言景帝曰『諸侯或連數郡，非古之制，非久長策，不便，請削之』，上令公卿云云。」

【二】集解徐廣曰：「一作『讙』。」

鼂錯已死，謁者僕射鄧公【一】爲校尉，擊吴楚軍爲將。還，上書言軍事，謁見上。上問曰：「道軍所來，【二】聞鼂錯死，吴楚罷不？」鄧公曰：「吴王爲反數十年矣，發怒削地，以誅錯爲名，其意非在錯也。且臣恐天下之士噤口，【三】不敢復言也！」上曰：「何哉？」鄧公曰：「夫鼂錯患諸侯彊大不可制，故請削地以尊京師，萬世之利也。計畫始行，卒受大戮，内杜忠臣之口，外爲諸侯報仇，臣竊爲陛下不取也。」於是景帝默然良久，曰：「公言善，吾亦恨之。」乃拜鄧公爲城陽中尉。

【一】正義漢書作「鄧先」。孔文祥云名先〔一〇〕。

【二】集解如淳曰：「道路從吴軍所來也。」瓚曰：「道，由也。」

【三】索隱上音其錦反，又音其禁反。

鄧公，成固人也，〔一〕多奇計。建元中，上招賢良，公卿言鄧公，時鄧公免，起家爲九卿。一年，復謝病免歸。其子章以脩黃老言顯於諸公閒。

〔一〕正義 梁州成固縣也。括地志云：「成固故城在梁州成固縣東六里，漢城固城也。」

太史公曰：袁盎雖不好學，亦善傅會，仁心爲質，引義忼慨。遭孝文初立，資適逢世。〔一〕時以變易，〔二〕及吳楚一説，説雖行哉，然復不遂。好聲矜賢，竟以名敗。鼂錯爲家令時，數言事不用；後擅權，多所變更。諸侯發難，不急匡救，欲報私讎，反以亡軀。語曰「變古亂常，不死則亡」，豈錯等謂邪！

〔一〕集解 張晏曰：「資，才也。適值其世，得騁其才。」

〔二〕集解 張晏曰：「謂景帝立。」

【索隱述贊】袁絲公直，亦多附會。攬轡見重，卻席翳賴。朝錯建策，屢陳利害。尊主卑臣，家危國泰。悲彼二子，名立身敗！

校勘記

〔一〕盎爲中郎 「中郎」，漢書卷四九爰盎傳作「郎中」。

〔二〕中郎　漢書卷四九爰盎傳「任盎爲郎中」顏師古注引如淳作「郎中」。

〔三〕兕虎　耿本、黄本、彭本、柯本、凌本、殿本作「虎兕」。

〔四〕騎音奇　「奇」，原作「倚」，據耿本、黄本、彭本、柯本、凌本、殿本改。按：漢書卷四九爰盎傳「不騎衡」顏師古注：「騎，謂跨之耳，非倚也。」

〔五〕如淳之説爲長　耿本、黄本、彭本、柯本、凌本、殿本此下有「如云欄楯者」五字。

〔六〕有從史　「有」上原有「嘗」字。御覽卷四七九引史記無，漢書卷四九爰盎傳同。今據删。

〔七〕道從醉卒隧直出　「直」字原在「隧」上。王念孫雜志史記第五：「『道』讀曰『導』，下屬爲句。『隧』字當在『直』字上，『醉卒隧』三字連讀，『直出』二字連讀。『醉卒隧』者，當醉卒之道也。謂決開軍帳，導之從醉卒道直出也。説苑復恩篇作『乃以刀決帳，從醉卒道出』，『醉卒道』即『醉卒隧』也。」今據乙。按：漢書卷四九爰盎傳作「道從醉卒直出」。

〔八〕注術岸高　此四字原無，據索隱本補。

〔九〕穿兩門　漢書卷四二周昌傳作「穿一門」，通鑑卷一五漢紀七景帝前二年同。

〔一〇〕此條正義疑當在下文「公卿言鄧公」之下。按：漢書卷四九鼂錯傳「公卿言鄧先」顏師古注：「鄧先，猶云鄧先生也。一曰，先者，其名也。」